U0554883

西南半壁

2024

黄乐生　主编

文物出版社

图书在版编目（CIP）数据

西南半壁 . 2024 / 黄乐生主编 . -- 北京 : 文物出版社 , 2024.12. -- ISBN 978-7-5010-8544-6

I. G269.277.13-53

中国国家版本馆 CIP 数据核字第 2024PK1960 号

西南半壁 2024

XI NAN BAN BI 2024

主　　编：黄乐生

责任编辑：刘永海
责任印制：王　芳

出版发行：文物出版社
社　　址：北京市东城区东直门内北小街 2 号楼
邮政编码：100007
网　　址：http : //www.wenwu.com
邮　　箱：wenwu1957@126.com
经　　销：新华书店
印　　刷：宝蕾元仁浩（天津）印刷有限公司
开　　本：787mm × 1092mm　1/16
印　　张：11.25
版　　次：2024 年 12 月第 1 版
印　　次：2024 年 12 月第 1 次印刷
书　　号：ISBN 978-7-5010-8544-6
定　　价：68.00 元

本书版权独家所有，非经授权，不得复制翻印

彩版一　清玄武钮座铜印章正面

彩版二　清玄武钮座铜印章印文

彩版三　袁滋摩崖题刻拓片

彩版四　成都商业街 2 号船棺出土大型漆床

彩版五　商代晚期人首鸟身

彩版六　金沙遗址商周铜龙首

彩版七　韦南康纪功碑

彩版八　兽面瓦当

C 目 录
CONTENTS

编委会

主　编　黄乐生
编　委（以姓氏拼音为序）
　　　　蔡永旭　代文迪　古潇文
　　　　李　楠　罗培红　王朝卫
　　　　吴　缘　薛加友

地　址　四川省宜宾市三江新区
　　　　（临港）长翠路
邮　编　644000
电　话　0831-8248375
邮　箱　xnbb2018@163.com

标本兼治
缓解博物馆拥堵之浅见

高大伦　山西大学考古文博学院院长
南方科技大学教授

今年文博界一大热点是很多博物馆一票难求，特别是像故宫博物院、中国国家博物馆、陕西历史博物馆、秦始皇帝陵博物院、云冈石窟、敦煌莫高窟，如何才能够抢到博物馆参观门票，成为了社会热议话题。虽然大假、长假、旅游旺季一票难求，在一些博物馆早已是常态，但今年更是难上加难。为此，各种媒体报道多，抱怨多；但另一方面博物馆也大倒苦水，说是已多方设法纾困解难，力陈因场地受限，设施、设备、人员超负荷运转达到极限，远超建筑规划设计和展览接待设计最大值等，希望能得到社会的同情和理解。

抱怨归抱怨，解释归解释。抱怨的要多理解对方，解释的也应该积极采取措施缓解拥堵。作为一个有近四十年博物馆从业经历，现在既非博物馆圈内人、也不被看成纯粹观众的我，也许正好符合第三方定位，可以站在比较超脱的立场来看看博物馆方面对如潮的观众和漫天抱怨，可以做哪些工作来增加观众数量，疏导缓解人流。

博物馆一票难求，原因是多方面的。博物馆如果采取一些措施略微缓解或者让其发展缓慢一点，这只是治标；只有上级管理部门和政府重视，拿出实际行动从根本上缓解，这才是治本的办法。

无论治标治本，首先是个态度问题。回溯二十多年前，我国博物馆基本不存在观众拥堵现象。那是 20 世纪 90 年代末期，国家实行双休日和劳动节、国庆节大假后，才开始有个别博物馆参观人数暴增。2007 年起实行的国有博物馆免费开放，才让更多的博物馆迎来了熙熙攘攘的观众。记得 1999 年，我当时所在的四川省博物馆，春节大假一直闭门谢客，我们想打破惯例，尝试 1999 年春节照常开门。做此决定时最忐忑不安的是届时出现没有观众的尴尬场面，因而绞尽脑汁，甚至为了招徕观众想到了给参观者送吉祥礼品的营销妙招。看到今天博物馆观众爆棚，一票难求，不过也就二十来年，沧海桑田，恍若隔世。我们很羡慕嫉妒今天的博物馆从业者，希望千万别把如流的观众视为沉重的负担，而要将其作为进一步办好博物馆的强大动力。这是博物馆人应有的态度。有此态度，才能积极应对，办好博物馆。

据陕西历史博物馆侯宁彬馆长介绍，他们博物馆观众拥堵现象，已无淡旺季之分。相信这是不少博物馆同样的境况。如不积极应对，拥堵现象将会愈演愈烈。

先说治本。治本的第一要务是要通过全面深入调查分析研究，找出拥堵根源，了解现状，深挖潜力，科学预测未来发展趋势，调整博物馆发展建设规划，尽快拿出切实可行的短期、中期、长期解决方案。这就需要专业机构做好针对性市场调查、拿出项目建议书和可行性研究报告并尽快实施。稍加了解就可以看出，虽然说到今天，我国博物馆总数有六千多座，但比起发达国家，无论总座数还是人均座数，我们都有较大的差距。我们国有博物馆种类还有待进一步丰富，藏品资源也过度集中在一些省馆。今天门庭若市的博物馆基本都是在国家实施免费开放前规划建设的。当年规划建设时，恐怕再大胆的预言家也没料到会出现今天的局面。重要的是十八大以来党和国家特别重视文化强国建设，将博物馆作为增强文化自信教育的重要抓手，富裕起来的中国人有了更多的闲暇时间，也更愿意走进博物馆，多种因素叠加导致今天的拥堵现象。最重要的还是不同种类的、优质的博物馆太少。因

此，一是那些一票难求的博物馆实有必要将扩建、新建博物馆提上日程，而且要加快建设。应对非常之事必须要有非常之策。新馆的建设以实用、环保、交通便利为原则，若有老建筑也可以用，这样既可加快建设进度，也可物尽其用。国外许多著名博物馆都是在老旧建筑里，我国早过了那种追求奇形怪状的标志性建筑的思维阶段。二是要尽快建设扶持一批不同种类的博物馆，以适应不同需求的观众，客观上也能实现观众分流。陕西、湖北、洛阳等地的考古博物馆的建成就分流了当地历史博物馆的不少观众。三是要让各博物馆整体的业务水平都有提高——藏品有特色、品级高，展览服务上档次。四是一个城市在推广营销博物馆时，既要让各馆充分自主，单兵作战，也要将博物馆整体打包、整体推介。引导观众对博物馆有更多的了解，从而有更多的选择。五是引导兴趣不同的参观者选择不同的博物馆。举例来说，当一个博物馆门庭若市，一票难求，连满足希望一睹为快的大批观众都很难做到时，很难说它还适合接待研学团队。以西安为例，对历史考古类研学团队来说，若在暑假、大假中，去西安博物院、陕西考古博物馆、大唐西市博物馆，恐怕比去陕西历史博物馆的氛围更好吧。而这些都是需要由博物馆和主管部门特别是教育、旅游部门积极配合，广为宣传引导的。

以上是应对博物馆一票难求需要做

的大事，特别是其中的扩建、新建馆舍。这些大事，一般来说再快也得要三五载。可能会有人说远水解不了近渴。那对博物馆来说，应对眼前看似无解的困局，我认为如果积极主动想方设法，还是大有可为的。已有不少同仁通过各种渠道献计献策。本人也想到几点，略述于下：

延长开放与限时参观并举。延长每日开放时长是每一个人都会想到的招数。一些博物馆其实也已经实施，个别馆甚至都采取每日开放以增加接待量的措施。但受场地、人员编制、经费，特别是文物保护等的若干硬性要求所限，延时不可能太长。延长开放时间与限制参观时间若能结合，料能接待更多的观众。博物馆是公益机构，国有博物馆免费开放，人们可以免费参观，但当求大于供时，应该采取一些措施来最大限度满足最多人数的参观。比如，参观高峰季少接待或不接待耗时较长的研学团队，对一般观众也要限时。国外景点也有参观限时的做法。与限时配套的做法是：团队有导游，散客须集中；成组成队，沿着特定路线参观，这样就能做到进出有序。

调整展品数量。现在很多博物馆的展览特别是基本陈列都是多年前推出的，当时没有考虑到会有如此多的观众。现在就得考虑这个因素，展品摆放得太多，既占用了空间，也会让观众停留时间延长。若认真测算一下，还有调整和精简空间的可能。

适当减少辅助陈列。以前，观众不多，用辅助陈列烘托气氛，增加美感，有助于获得文物承载信息等。但在当下，寸土寸金的展厅，有的复制品，在同城的另一个馆就可以见到真品，有的虚拟展示只是为了增加一点乐趣而已，为了减少接待压力，缓解拥堵现象，权衡利弊，可酌情考虑撤减。

展柜的调整。展厅的展柜，是为放展品而设，是必需的设备，但展柜大小、形状、摆放位置，对空间的利用而言大有关系。好的形式设计，可以因展柜的合理科学设计和摆放，大大节约空间，并让单位时间内的观众量成倍甚至数倍增加，从而减少参观时间。

展线的调整。对拥堵的博物馆而言，科学规划参观路线，可以让观众节约参观时间。比如，流畅科学规划的展线能让观众少走回头路。又比如，文创商品店、咖啡馆、茶馆等宜集中设置在一个地方（展线末尾，国外有的博物馆就径直设置在馆外），比如卫生间宜设在参观路线上。

把平面单展线改为立体的多条平行展线。比如，珍贵的国宝级展品或遗迹，博物馆为他们还规划了较长的游线，游线上也预留了足够的纵深，但靠前靠近观看是人之常情，所以我们常常看到观众都是一定要挤到栏杆前，依凭栏杆无遮挡观看、照相后才会满意离开。如此，我们何不在保证安全和不降低审美视觉效果的前提下，多设数级阶梯，满足观众无遮挡观看照相的愿望呢？

常设展和特展、临展的取舍。一个好的博物馆，要有适当的临展、特展，这是博物馆界的共识。临展、特展既可能是出于引领当地文化潮流、追踪时下文化热点，也可能是为了文化交流互鉴，引入省外、国外大展的目的，也深受参观者的欢迎。毋庸讳言，一些馆也想通过不断举办临展、特展，持续吸引更多观众。但是，长假、大假期间，来观看基本陈列的观众就一票难求，这时再推出临展特展，又会增加一批本地的、只为看临展而来的观众，两批观众叠加，只会堵上加堵。这样说来，特别拥堵的博物馆宜少办临展、特展，或者将临展、特展调到不那么拥堵的季节。若临展、特展非办不可，也可考虑同城馆际调剂，或由上级部门协调给其他不那么拥堵的博物馆来举办。相信这也能起到很好的分流观众的效果。

给最受观众青睐的文物特设陈列间。有不少观众前往某些热门博物馆其实最大的心愿就是想看那几件镇馆之宝（或网红展品）。比较说明问题的例子是：多年前台北故宫博物院大陆观众进馆量猛增，一度成为观众最多来源地。该院的同行曾告诉我，他们调查发现，一部分观众其实是冲着毛公鼎、翡翠白菜和腊肉形石去的，于是他们很快调整了展览，将三件展品从原有展线拿出，特别给它们开辟了一个展室，果然原展线上这三处的人头攒动现象大为缓解，观众整体停留时间也有所下降。他山之石，可以攻玉。据说大陆有的馆受到启发，也开始尝试做类似的调整。

腾出更多办公后勤空间给观众。许多博物馆建筑面积很大，但展览空间只有建筑面积的二分之一，甚至是三分之一，不少新建馆，特别设置有学术报告厅和一到数个中小型会议室，这些空间也可以适当利用，比如请研学团队参观后到此继续讲授座谈，避免参观后在展厅里聚集。

成立同城博物馆联盟。同城博物馆可以组成联盟，共同制订缓解拥堵措施，通过举办展览、突出特色等措施分流观众。

博物馆前门庭若市，馆内人头攒动，这是中国博物馆人百年奋斗最盼望出现的场景。虽然今天这种场景的到来有些突然，超出事业发展规划的预判，令各博物馆有些措手不及，应对吃力，个别甚至有些进退失据，这都是可以理解的。但社会大众喜欢进博物馆的热情已经燃起，我们决不能把观众视为负担。如因我们的反应被动、迟钝，消极应对，从而浇灭了社会大众的热情，就违背了博物馆公益事业单位的服务宗旨。博物馆要先活起来，才能让文物活起来。

要主动应对博物馆拥堵现象，还有一个大背景是：目前文旅已成为许多文物大省重振经济的抓手，旅游业已经是部分省市的支柱产业，博物馆观众多，是大家所乐见的。虽然大多数博物馆都免费开放了，但观众的涌入必然带来相关的交通、吃、住、购物呈现爆发式的增长。博物馆不以营利为目的，但能带动相关产业发展是个客观的存在。相信注意到此现象的政府和相关部门，也在加快文化基础设施建设和博物馆等景点的布局。为此，主动作为，急观众之所急，积极应对的博物馆，将会赢得社会更多的夸赞和尊敬。

博物馆拥堵将会是个长期的问题，在治理上，目前没有毕其功于一役的方案，但只要我们尽心尽力了，将现有接待潜力全部发挥出来了，大馆哪怕每天只能增加百十人，小馆只能增加十来号人，作为博物馆管理者，想想这些人极可能就是从千万里外专程来参观的，我们都该感到无比欣慰。因为，大家知道我们尽力了。相信社会也能充分理解我们所做的种种努力。

石窟寺遗址博物馆
建设发展的路径方向研究

——以石窟寺的遗址特点、文化遗产价值和博物馆组织运营为中心

周永强　四川省文物局博物馆处二级主任科员

摘　要： 石窟寺遗址具有自然性、社会性、人文性、时空性等特点，具有多样化的文化遗产价值。目前我国石窟寺遗址博物馆建设发展不充分、不平衡的问题十分明显。强调建设发展石窟寺遗址博物馆的核心意义在于将博物馆作为组织运营机制引入石窟寺的保护利用工作，从而创新性地以现代博物馆的方式提升石窟寺保护利用水平。

关键词： 石窟寺；博物馆；遗址博物馆；石窟寺遗址博物馆；博物馆建设

石窟寺常常简称石窟，也泛指相关摩崖造像，是我国古代辉煌灿烂文明的集中体现之一，也是中华文明同其他古代文明交流互鉴的历史见证[1]。为提升石窟寺展示利用水平，2020年国务院办公厅下发《关于加强石窟寺保护利用工作的指导意见》，提出"鼓励有条件的石窟寺建设遗址博物馆"[2]。这也引出了新时代新形势下石窟寺遗址博物馆的建设问题。从中国知网文献库及互联网检索情况来看，目前关于石窟寺遗址博物馆建设的专题研究极少[3]。本文立足博物馆行业管理，以石窟寺的遗址特点、文化遗产价值和博物馆的组织运营为中心，尝试对石窟寺遗址博物馆建设发展的路径方向展开初步研究。

一　石窟寺的遗址特点与文化遗产价值

（一）石窟寺的遗址特点

历史上遗存下来的石窟寺属遗址范畴[4]。在遗址特点方面主要表现为：

1. 自然性

石窟寺开凿于自然岩体，与其所处的自然环境浑然一体。其选址、布局、规模、形制等通常需要考虑人员活动与自然环境的相互匹配，如基础资源供给、功能空间布局以及环境氛围营造、景观

利用等。此外，自然环境作用也会时刻影响石窟寺遗址的存续。也就是说，自然性不仅是石窟寺文化遗产要素的重要组成，也会对石窟寺遗址的保护利用产生重要影响。

2. 社会性

与一般的地下考古遗址不同，石窟寺遗址并非"封存"于社会生活之外，而是会在不同时代、地域、人群中以不同方式参与社会生活。相关社会生活也会使石窟寺遗址衍生出超越石窟寺遗址本身的多样化的文化遗产。如重庆大足宝顶山石窟自南宋以来即发展起"上朝峨眉，下朝宝顶"的"宝顶香会"[5]。同时，各地石窟寺遗址往往至今仍在当地生活中发挥着公共活动空间的作用，承载着人们的情感、记忆、生活和发展。

3. 人文性

石窟寺是人类精神活动的产物，是人类基于世界认知与共情而有意识营建的"丰碑"和"看板"式的景观。在叙事上，石窟寺可以直接展现人类现实的创造力、情感关怀、精神追求和对于美好生活的向往。如乐僔始凿敦煌的苦心孤诣，孝文帝改革在云冈中呈现的大刀阔斧以及普通人开龛造像的发心向善。这种对于人文精神的彰显，在石窟寺遗址中显得尤为明显。

4. 时空性

石窟寺遗址的时空性意味着石窟寺处于一种发展演变与场域关联的状态。通过与不同时空主体的交互，围绕石窟寺遗址可以形成丰富的文化遗产，并表现出叙事上的逻辑性和体验上的在场感。如通过参观河南龙门石窟可以清晰地梳理和身临其境地感受到北魏至唐代石窟寺的发展演变。同时，石窟寺遗址的时空性也意味着石窟寺文化在长时段跨区域演进中的体系关联和文化衍生。这种关联性的文化衍生可以作为线索为文化交流、文明互鉴、区域协作提供丰富的内容支撑。

（二）石窟寺遗址的文化遗产价值

综上特点，石窟寺文化遗产可分为不可移动文物（文物本体）、可移动文物（附属文物）、文物环境以及非物质文化遗产和文化传统四类，并由相关遗产要素构成[6]，基本涵盖了石窟寺文化遗产要素的主要内容。此外，石窟寺的文化遗产要素还可以包括以下两点：

场域景观。指石窟寺遗址及其附近形成的广为认可和接受的各种要素形成的具有遗产价值的综合场景。属于整体意义上的遗产识别，在分类上可大致纳入文物环境范畴。如四川乐山大佛，所形成的"江、山、佛、寺"场景，山体连绵拟象的"卧佛"场景以及传统礼佛游览线路等即可纳入场域景观范畴。

文学与口述史。基于长期的社会生活参与，石窟寺相关的文学与口述史创作、记忆与流传也层出不穷。包含了丰富的历史文化价值，可纳入石窟寺非物质文化遗产的构成要素。如四川安岳石窟围绕著名的"左侧卧佛""紫竹观音"

等石窟造像就流传着不少民间文学创作和故事[7]。

当然,石窟寺文化遗产还需要面向当下与未来展开保护利用的创新传承。事实上,当代社会围绕石窟寺遗址保护利用的相关活动必然会带来石窟寺遗址传统形态、环境以及社会参与方式的变化。同时,寻求石窟寺文化遗产与当代社会不同需求场景的跨界融合,才能充分激发和释放石窟寺文化遗产的当代价值。近年来四川广元依托千佛崖与皇泽寺石窟举办的"花朝节""女儿节"等庆典活动即延展出了新的时代记忆与价值。

新时代的石窟寺文化遗产保护利用需要一座沟通过去、现在、未来的桥梁。而现代博物馆恰恰正是一座这样的桥梁,对于当代石窟寺文化遗产的保护利用具有重要应用价值。

二 石窟寺遗址博物馆的建设实践与反思

(一)我国石窟寺遗址博物馆建设实践

石窟寺遗址本身即具有博物馆性[8]。其范围内赋存的大量文物古迹天然即是博物馆藏品,龛窟景观则可视为博物馆天然的展陈。此外,石窟寺遗址的博物馆性还在于石窟寺遗址往往已经从其固有的视域和语境中脱离和超越了出来,而产生了类似博物馆的视域和语境。作为专门的参观场所,来到这里的观众会

自然地对石窟寺遗址展开多角度地审视、认知与体验。这就进一步拓展了石窟寺遗址的价值维度和场所精神,使石窟寺遗址不仅可以是"露天博物馆"[9],也可以是"无墙博物馆"[10]。据 2021 年国家文物局博物馆年报统计数据显示,当年全国年报统计博物馆已达 6183 家,但严格意义上与遗址一体运营的石窟寺遗址博物馆仅有 8 家(表一、二)。同年,国家文物局石窟寺专项调查显示,全国现存石窟寺及摩崖造像则有 5986 处[11]。相较而言,石窟寺遗址博物馆发展不充分、不平衡的问题十分明显。

分析 8 家石窟寺遗址博物馆的年报信息可以发现,相关博物馆均依托全国重点文物保护单位或在控制范围内建立,均由政府或政府文物主管部门设立,可按运营石窟遗址数量分为单遗址和多遗址运营两类。其中,单遗址运营博物馆按展陈方式可分为"原址"和"展厅+原址"陈列两小类。多遗址运营博物馆均为"展厅+原址"展陈,可称为区域石窟遗址博物馆。从博物馆业务情况来看,相关博物馆除了博物馆库房和展厅空间填报率较高外,不少博物馆在教育、公共服务、实验修复空间项下未填内容,藏品数量统计均局限于可移动文物,多数博物馆的年度展览数量较少,在社教活动方面也较多出现数量参差和未填的情况。

综合来看,从"原址"展陈到"原址+展厅"展陈,从单遗址运营到区域性

表一　石窟寺遗址博物馆备案信息对比分析（组织架构）

博物馆备案名称	敦煌研究院	大足石刻研究院（大足石刻博物馆）	云冈石窟博物馆	太原市天龙山石窟博物馆	广元市千佛崖石刻艺术博物馆	皇泽寺博物馆	彬州市大佛寺石窟博物馆	钟山石窟博物馆
所在地区	甘肃	重庆	山西	山西	四川	四川	陕西	陕西
石窟点名称	敦煌莫高窟、天水麦积山石窟、永靖炳灵寺石窟；瓜州榆林窟、敦煌西千佛洞、庆阳北石窟寺	以北山、宝顶山、南山、石门山、石篆山等"五山"石窟为代表（统称大足石刻）	云冈石窟	天龙山石窟	千佛崖石窟	皇泽寺石窟	大佛寺石窟	钟山石窟
博物馆举办者	甘肃省文物局	重庆市文化和旅游发展委员会	山西省人民政府	太原市市文物局	广元市文化广播电视和旅游局	广元市文化广播电视和旅游局	彬州市文化和旅游局	子长市文化和旅游局
隶属层级	省（市、区）	省（市、区）	地（市、州、盟）[省（市、区）]	地（市、州、盟）	地（市、州、盟）	地（市、州、盟）	地（市、州、盟）[县（区）]	其他[县（区、旗）]
博物馆法人类型	事业单位法人	事业单位法人	事业单位法人	事业单位法人	事业单位法人	事业单位法人	事业单位法人	事业单位法人
博物馆馆舍性质类型	依托全国重点文物保护单位或在物保护单位控制范围内建立	依托全国重点文物保护单位或在物保护单位控制范围内建立	依托全国重点文物保护单位或在物保护单位控制范围内建立	依托全国重点文物保护单位或在物保护单位控制范围内建立	依托全国重点文物保护单位或在物保护单位控制范围内建立	依托全国重点文物保护单位或在物保护单位控制范围内建立	依托全国重点文物保护单位或在物保护单位控制范围内建立	依托全国重点文物保护单位或在物保护单位控制范围内建立

数据主要来源：全国博物馆年度报告信息系统（2021年）公开数据

表二 石窟寺遗址博物馆备案信息对比分析（功能业务）

博物馆备案名称	敦煌研究院	大足石刻研究院（大足石刻博物馆）	云冈石窟博物馆	太原市天龙山石窟博物馆	广元市千佛崖石刻艺术博物馆	皇泽寺博物馆	彬州市大佛寺石窟博物馆	钟山石窟博物馆
博物馆库房（是/否/未填）	是	是	是	是	是	是	是	是
博物馆展厅（是/否/未填）	是	是	是	是	是	是	未填	是
博物馆教育空间（是/否/未填）	未填	是	未填	未填	是	未填	是	是
博物馆公共服务空间（是/否/未填）	未填	是	未填	未填	是	是	是	是
博物馆实验修复空间（是/否/未填）	未填	是	未填	未填	是	未填	未填	是
藏品数量（件/套）	6158	820	418	72	0	708	0	0
展览数量	13	10	0 [1]	2	0 [1]	0 [1]	0 [1]	0 [1]
社教活动数量	43	156	2	4	1200	30	5	未填

备注：" "内数据为作者校对

数据主要来源：全国博物馆年度报告信息系统（2021年）公开数据

运营，石窟寺遗址博物馆呈现出了组织形式上的发展演变。不同博物馆在年报信息中明显呈现出认知偏差。这一方面反映了石窟寺遗址博物馆建设及各项业务方面客观存在的短板，另一方面也说明面向石窟寺遗址的现代博物馆建设有必要进一步进行反思讨论。

（二）对石窟寺遗址博物馆建设的反思

目前我国不少石窟寺遗址管理仍局限于传统的以"守"为主。在这样的背景下，强调建设发展石窟寺遗址博物馆的核心意义在于将现代博物馆作为一套系统化与专业化的组织运营机制完整有效地引入石窟寺保护利用工作中，从而创新性地以博物馆的运营方式促进石窟寺保护利用的创新性转化与创造性发展。

博物馆在本质上可视为一种关于文化遗产资源的组织、生产与消费运营机制。在组织端，博物馆通过人、财、物调配形成博物馆组织架构与运营能力；在生产端，博物馆通过藏品管理（征集、保护、研究、交流等）方式，产出展览、社教等一系列文化产品；在消费端，观众与社会则通过博物馆传播和服务等方式接受和消费相关文化产品，进而实现博物馆文化资源的再生产循环。通过引入这一运营机制，石窟寺相关文化遗产资源的保护利用可以形成清晰有效的操作框架，并借助博物馆的平台作用与社会各界建立起更为广泛的联系，进而产生更大的社会效益。

因此，石窟寺遗址博物馆建设的基本思路在于打破"博物馆即建筑"的刻板印象，引入"博物馆作为组织运营机制"的创新思维，以运营效能为中心，立足具体石窟寺的遗址特点，合理确定组织架构，加强业务能力和传播服务，寻求石窟寺遗址博物馆的重点发展方向。

三 石窟寺遗址博物馆的建设路径与重点方向

（一）石窟寺遗址博物馆的建设路径

综上研究，参照各地石窟寺遗址博物馆的建设经验，对于石窟寺遗址博物馆的建设路径可以有以下三点思考：

1. 组织架构建设

组织架构建设是石窟寺遗址博物馆的基本保障。主要包括博物馆的遗址架构和管理架构两个方面。

在遗址架构方面，适宜建馆的石窟寺遗址首先应当具有较高的参观价值。遗址的架构组织需要考虑拟建区内相关遗址的地位价值、数量分布和环境配套等因素。除拟建区仅有单一宜建石窟遗址的情况外，有多个宜建石窟遗址的拟建区可从组织运营效能的角度考虑建设区域石窟寺遗址博物馆，即采用"总分馆"的模式，对拟建区内的宜建石窟遗址进行整合。其中的"总馆"可考虑按现代博物馆建筑标准依托其中条件最优的石窟寺遗址或在非遗址区集中建设，而将其他遗址建设为"分馆"或"现场展区"。

在管理架构方面，利用石窟寺设立遗址博物馆应当依法依规登记、备案为事业单位国有博物馆。按相关政策[12]，石窟寺遗址博物馆可以适当收取门票，但在运营能力有限的情况下，最好设立为公益一类事业单位，并合理采用收支两条线、授权合作、服务外包、绩效激励等方式提高组织运营效能。此外，博物馆的机构内设应充分考虑博物馆行政、运维、安保、收藏、保护、展示、教育、传播、服务等现代博物馆基本功能板块，并根据石窟寺的遗址特点进行资源调配和运营方式优化。

2. 业务能力建设

业务能力建设是石窟寺遗址博物馆功能发挥的核心。主要包括藏品管理、陈列展览、社会教育三个方面。

在藏品管理方面，将石窟寺遗址按博物馆藏品管理要求细化管理，应该成为石窟寺遗址博物馆藏品管理的重要特征。石窟寺遗址博物馆最核心的藏品是石窟寺遗址本身，而不仅是可移动文物。其藏品征集则可面向石窟寺文化遗产的各类要素构成并面向当下与未来做多形态的藏品体系的规模布局。藏品保护除应加强本体修复与项目管理外，也应当注意日常的维护保养与监测。藏品研究则应注意构建适于本馆的石窟寺知识成果体系，并可通过借展等方式加强馆际交流。

在陈列展览方面，石窟寺遗址博物馆的遗址区是天然的基本陈列，也需要按照博物馆方式进行叙事、展线、标识及相关辅助设施设备的规划安装。有条件的石窟寺遗址博物馆可以增设可移动文物及相关藏品为主的专题室内展览。还可以主动策划、制作一批适应不同主题、不同人群需求的高质量临时展览，用于展览输出和巡回。同时，也应当考虑通过引进办展、合作办展等形式加强馆际展览交流。

在社会教育方面，石窟寺遗址博物馆需要主动建立起博物馆社会教育意识。相关社教活动应当围绕石窟寺文化遗产的丰富内容，从人文精神、历史文化、艺术美育、自然科技等角度深入挖掘石窟寺遗址的当代教育价值，扬文明、树新风、促发展。相关博物馆可以面向不同人群、不同地域、不同主题特点，针对性地策划博物馆展览、讲解、课程、讲座、研学、实践、节庆、纪念日等多种形式的活动，并落地"引进来"与"走出去"相结合的政策。

3. 传播服务建设

传播服务建设是石窟寺遗址博物馆提升运营效益的关键。主要包括宣传营销与社会服务两个方面。

在宣传营销方面，目前博物馆的线上宣传营销已成为主流，石窟寺遗址博物馆应当立足不同受众群体的使用习惯偏好建立起自己的线上宣传阵地乃至阵地矩阵，并通过与相关社会融媒体平台合作的方式扩大线上传播效应。此外，石窟寺遗址博物馆还可以通过学术、文旅、版权、文创推广和口碑营销、跨界合作等方式加强线下传播，综合构建线上线下相结合的宣传营销体系。

在社会服务方面，石窟寺遗址博物馆应当按照博物馆参观服务和公共文化服务要求，合理配置预约、安检、寄存、接询、导览、卫生、休憩、餐饮、无障碍等设施设备，执行相关开放及优惠政策，为公众参观服务营造良好环境。此外，石窟寺遗址博物馆还应当主动提高站位，积极参与相关公益活动，部门协作、地区协作，以国家经济社会发展大局为向，为地方和国家文化经济社会发展提供助力。

（二）石窟寺遗址博物馆发展的重点方向

时至今日，博物馆的发展日新月异、方向各不相同，面对高质量的发展目标，石窟寺遗址博物馆在统筹发展的基础上，有必要立足自身实际，寻求重点方向上的发展突破。就此可以从以下三点加以思考：

1. 智慧化

智慧化是当前引领博物馆发展的重要思路，是以数字化、多媒体、互联网、人工智能等科技创新为支撑，集"服务、保护、管理"的三位一体和系统架构。目前，石窟寺的数字化保护利用已基本形成业界共识。高精度的数字采集不仅可以提取和保存大量石窟寺基础信息，也为石窟寺的保护利用提供了新的实现形式。如石窟寺数字高清喷绘、3D打印制作已应用于博物馆室内可移动展陈。在此基础之上，从博物馆的视角出发提出石窟寺遗址博物馆的智慧化发展方向，更重要的是要进一步强调当前正在发展的智能科技的创新应用和基于博物馆功能的系统思维。

2. 景观化

景观化是对石窟寺遗址特点和博物馆核心优势的回应。石窟寺遗址是自然与人文景观结合的空间场所，这种景观性是石窟寺得以诞生的基点，是联系观众与石窟寺之间的重要纽带，也是观众愿意探访石窟寺遗址，了解石窟寺文化的重要动力。而博物馆吸引观众现场到访，实物认知、实感体验、在场思考，则是当代博物馆的独特魅力。石窟寺遗址博物馆通过发现、突出和适当营造符合石窟寺遗址特色的能够愉悦身心、触动心灵的自然与人文景观和场所精神，可以形成自身运营发展的核心竞争力。

3. 体系化

体系化着眼于石窟寺遗址博物馆的组织运营效能，寻求通过体系化运作节约成本、提升质量、创新成果，进而实现单一博物馆无法实现的效益。对于石窟寺遗址博物馆而言，这种体系化的发展方向不仅需要着眼于跨越时空、文化、人群的石窟寺体系脉络，也需要积极参与现代博物馆体系交流互动，还需要扩大视野，寻求不同社会资源体系之间的优化合作。在此基础上，石窟寺遗址博物馆才能实现社会体系资源的优化配置，进而提供自身运营发展动力与活力。

四　结语

当前，我国博物馆事业正处于快速发展与高质量发展并进时期，加强考古成果的博物馆转化、传播与遗址博物馆建设，正在成为这一时期的重要课题。石窟寺遗址博物馆建设有其不同于其他遗址博物馆建设的一面，需要基于不同地区石窟寺的遗址特点和不同建设条件，做进一步的理论研究与实践经验总结，也希望各界就此展开探索，以促进石窟寺遗址博物馆建设运营水平的切实提升。

注释

[1] 国家文物局关于印发《"十四五"石窟寺保护利用专项规划》的通知：文物保发〔2021〕34号［A/OL］.（2021-11-15）［2023-9-29］. http：//www.ncha.gov.cn/art/2021/12/7/art_2237_45091.html.

[2] 国务院办公厅《关于加强石窟寺保护利用工作的指导意见》：国办发〔2020〕41号［A/OL］.（2020-11-04）［2023-9-29］. https：//www.gov.cn/zhengce/zhengceku/2020-11/04/content_5557313.htm.

[3] 中国知网主题关键词检索"石窟寺遗址博物馆""石窟遗址博物馆""石窟寺博物馆"，均无词条直接相关文献。检索"石窟博物馆"，仅出现与"云冈石窟博物馆""天龙山石窟博物馆"等博物馆业务相关的文献。在学者对1985~2019年遗址博物馆研究文献的可视化分析中也未见石窟寺关键词与聚类。孔利宁、裴梦斐：《遗址博物馆研究文献可视化分析》，《博物院》2020年第3期。

[4] 有学者将其划为艺术类遗址。孙霄：《遗址类型研究》，《中国博物馆》1997年第1期，第29~32页。

[5] 李传授、张划、宋朗秋：《大足宝顶香会》，第1~25页，中国文联出版社，2005年。

[6] 陈昀：《中国石窟寺遗产特征研究》，第60~61页，文物出版社，2022年。

[7] 郭钟鸣：《安岳石刻传说》，第1~11页，四川人民出版社，2001年。

[8] 龚乾：《中国石窟中的博物馆功能研究》，《艺术科技》2019年第10期，第11~12页。

[9] 黄洋：《遗址博物馆的起源与演变述略》，《中国博物馆》2015年第4期，第39~43页。

[10] 黄艳：《无墙的博物馆——谈未来博物馆的运营理念》，《中国博物馆协会博物馆学专业委员会2014年"未来的博物馆"学术研讨会论文集》，第104~107页，中国书店，2014年。

[11] 李瑞公布最新石窟寺调查结果，国家文物局召开"十四五"石窟寺保护与考古工作会［EB/OL］.（2021-12-24）［2023-9-29］. http：//www.ncha.gov.cn/art/2021/12/24/art_722_172472.html.

[12] 根据中央有关部门《关于全国博物馆、纪念馆免费开放的通知》（中宣发〔2008〕2号）要求"文物建筑及遗址类博物馆暂不实行全部免费开放"。中共中央宣传部、财政部、文化部、国家文物局关于《全国博物馆、纪念馆免费开放的通知》：中宣发〔2008〕2号［A/OL］.（2008-02-01）［2023-9-29］. https：//www.gov.cn/gzdt/2008-02/01/content_877540.htm.

博物馆馆藏文物预防性保护工作的实践与思考

陈　颢　昆明市博物馆副研究馆员

摘　要：预防性保护是目前国内外文物保护的主要工作方向。本文尝试对当前文物保存的现状进行分析，对其中存在的问题提出相应改进措施。同时，通过对博物馆馆藏文物预防性保护的实践过程及发现的问题进行思考与总结，强调环境控制、监测技术和人员培训的重要性，探讨如何运用预防性保护的方法，有效地保障可移动文物能够得到长久而稳定的保存，以期为博物馆馆藏文物预防性保护工作提供有益的参考和启示。

关键词：预防性保护；博物馆；环境因素

预防性保护概念首次提出的时间可追溯至 1930 年，地点在意大利罗马，当时的国际艺术品保护大会上，大会参与者主张对文物保存环境的温湿度进行控制[1]。在此基础之上，意大利著名物质文化遗产保护与修复理论家切萨雷·布兰迪阐述了他的观点："文化遗产保护的核心原则和优先级应在于对艺术品实施预防性保护，相较于紧急情况下的抢救性修复，其优势显著。"[2] 此理念逐渐在全球范围内的大型博物馆中得到推广。国际文物保护与修复研究中心（ICCROM）对文物预防性保护的定义为：在不危及文物真实性的前提下，延迟任何形式的、可避免的损害所采取的必要的措施和行动[3]。

一　背景介绍

西南地区某博物馆收藏有文物 3949件（套），其中包括一级文物 32 件（套），二级文物 15 件（套）以及三级文物 60 件（套）。

文物承载着辉煌的文明，传承着丰富的历史文化，维系着民族精神，成为中华文明悠久历史和持续发展的实物见证。它们既是传承和弘扬中华优秀文化的历史根基，也是社会主义精神文明建设的深厚滋养以及推动经济社会发展的优势资源。随着"保护第一、加强管理、挖掘价值、有效利用、让文物活起来"的新时代文物工作方针出台，文物预防性保护的重要性进一步凸显。

二 馆藏文物预防性保护现状

西南地区某博物馆位于亚热带季风湿润气候区域。多年平均气温介于13.8℃至19.4℃，1月份的平均气温为7.1℃，而7月份的平均气温则达到23℃。年平均降水量为1352.8毫米，年平均降雨日数为189天。最极端的年份降水量高达2047.8毫米。降雨主要集中在5月至9月，其中6月份降雨量最大。这种气候特点是热量充足、雨量丰富、雨热同期、无霜期长以及全年温暖湿润。然而，这种气候条件对文物的安全保护造成了极大挑战。目前，西南地区某博物馆在文物预防性保护方面所面临的主要问题如下：

（一）相对湿度和温度控制不力

受制于建筑年代、设计理念及预算约束，博物馆在建筑设计上未能充分考虑密闭性。加之，博物馆日常仅依赖空调系统进行温度调节，对湿度控制能力近乎空白。由此导致的温度湿度偏高，以及湿度无法有效控制，对文物的保护工作构成严重威胁。

（二）环境监测手段不足

我国文物预防性保护的理念和工作起步晚，环境监测方面存在明显短板。目前，博物馆缺乏高效的环境监测手段，仅依靠温湿度计进行监测，人工抄录或观察数据。环境监测目标仅限于温湿度，对于影响文物安全的其他因素，如光照、紫外辐射、大气有机挥发物、甲醛、振动等，均缺乏有效的监测手段。

（三）环境控制措施不足

博物馆目前采用空调系统进行环境控制，在一定程度上能调节环境温度，但在文物保存环境湿度控制、环境洁净度控制及文物防震方面，仍存在明显不足。

（四）馆藏文物保存空间不达标

文物保存空间主要包括展厅、展柜、库房、储藏柜等直接存放文物的区域。馆内展柜采购较早，气密性、灯具等方面均存在较大问题，难以对文物实施有效环境控制和保护。库房方面，受历史因素制约，缺乏文物专用柜架，部分采用常规货架，对文物保护力度不足，文物跌落等事故时有发生。

三 馆藏文物预防性保护实践

改善我国博物馆馆藏文物的保存环境，构建高效的环境监测体系，打造完善的文物保存空间，以及实施有效的文物环境调控，是目前国内馆藏文物预防性保护的主要方向。近年来，随着国家文物局文物保护专项资金的推进及应用，文物预防性保护工作得以广泛开展，博物馆也因此取得了显著成效。现阶段，西南地区某博物馆已完成文物预防性保护一期项目的实施，具体内容包括以下

几个方面:

(一) 无线环境监测系统

针对三层和四层展厅及库房配备无线监测终端,根据文物种类、材质及对各类环境的敏感程度,配置包括温湿度、光照度、紫外辐射、大气有机挥发物、甲醛等监测终端,构建博物馆监测体系。同时,设立完善的环境监测办公室,配备专门的文物保存环境监测工作站、数据存储服务器等设备,实现 24 小时不间断的文物环境监测,实时预警环境变化,并对历史数据进行总结和分析。

(二) 环境调控设备

针对三层和四层展厅及库房配置环境调控设备,该设备在密闭性达标的情况下,可有效控制展柜内部的湿度,并根据不同文物材质将湿度控制在适当区间。同时,对展柜内部空气进行净化,确保展示空间的洁净稳定。库房内部采用吊装式恒湿机组配合净化机组,实现对库房温湿度环境的控制,并对不同材质的珍贵文物采用调控功能的储藏柜进行管理,部分囊匣内的文物配置被动调控材料,以确保库房文物环境安全。

(三) 文物展柜

对博物馆一期四层展厅进行提升改造,部分三层展厅的展柜完成气密性改造。通过更换展柜,采用钢结构、金属型材稳定性更强的展柜,并将展柜密闭性提升至空气交换次数≤0.5 次/天。展柜灯具采用可调节照度的无紫外辐射灯光,确保文物展柜内部环境稳定。

(四) 文物柜架

库房配置具有主动温湿度调节功能的恒湿储藏柜。针对珍贵文物,采用具备调湿能力的文物专用储藏柜或恒温恒湿储藏柜,并根据文物材质不同,将其分类至不同储藏柜,控制湿度。从而使珍贵文物处于更为精确的湿度控制环境下,获得更好的保护。

(五) 无酸纸囊匣

为库房珍贵顶级文物配备 600 个无酸文物囊匣,囊匣采用无酸瓦楞纸板、中性奥松板等无酸、无塑化剂材料制成,确保文物物理存放安全,避免酸腐蚀。

(六) 修复设备

提升博物馆文物保护修复工作的效率,奠定长远发展基础,提高文物健康评估和材料检测水平,努力提升博物馆重点文物修复技术水平。

综上所述,博物馆在文物预防性保护方面已取得一定成果,为馆藏文物保护事业的发展奠定了一定基础。

四 馆藏文物预防性保护问题和探索

在西南地区某博物馆文物预防性保护项目的执行过程中,以下几个主要问题值得交流和探讨:

(一) 设备兼容性问题

当前,西南地区某博物馆正推进文物预防性保护二期项目,然而,设备类型、品牌和技术路线等方面与一期项目存在差异。主要的问题表现在无线监测终端的通信频段不兼容以及库房环境调控、智能恒湿文物储藏柜、智能恒温恒湿文物储藏柜、展柜净化恒湿设备的调控和环境数据接收与发送方面的设备不兼容。这些问题显著影响了文物预防性保护的运作。为解决此问题，最终决定从两个方面入手：一是更新设备模块以兼容市场上主流设备；二是加快推动文物预防性保护设备标准的制定，力求实现设备标准的统一。

（二）设备智能化程度不高

除设备兼容性不佳外，环境监测和调控设备之间也存在一定的脱节状况。虽然西南地区某博物馆可通过文物环境监测软件实时获取文物保存环境信息，但这些信息却无法直接作用于调控设备。当环境监测系统发出预警时，需先由人工解除警报，再手动对调控设备发出指令。在值班人员不在场的情况下，这可能导致文物环境的控制受到影响。随着技术的发展，实现环境监测、评估、控制一体化的智慧化文物预防性保护系统已初具规模。如何实现环境监测、评估、控制一体化，成为文物预防性保护发展的关键方向。目前，通过运用 5G 技术和物联网技术，部分前沿技术已在西南地区某大型博物馆得到应用，实现了真正的测控结合。

（三）设备校准及精确度问题

仪器仪表类设备在使用过程中，精确度问题尤为突出。环境监测终端及环境控制终端的传感器在长期使用中容易出现数据偏离的问题。实际应用中，环境监测终端每年可能产生 0.2~0.5 的数据偏离。为此，西南地区某博物馆需每年对环境监测终端进行一次校准。而由于体积和质量等因素，环境控制设备的校准周期更长。数据准确性是文物预防性保护工作的基础要求之一。为降低对文物空间内使用设备的影响，西南地区某博物馆开始尝试使用数据算法模型，通过回归算法实现远程校对偏离值，从而实现文物环境监测终端的远程校准。

（四）关于预防性保护设备能耗问题的探讨

当前，在博物馆的文物预防性保护过程中，各类电器设备应用广泛。无线环境监测设备主要依赖锂电池工作，展柜净化恒湿机、恒湿储藏柜以及恒温恒湿储藏柜均需消耗电力。在长期高湿度或干燥天气条件下，设备需超负荷运行，每日能耗巨大，且满负荷运行导致的电费支出高昂。此外，文物充氮消杀等设备亦存在相同问题。目前，仅能通过变频控制与被动调控相结合的方式来应对这一状况。

（五）特定季节设备维护工作繁重

在当前的展厅展柜净化恒湿机运行中，雨季时常出现满负荷工作情况，水箱频繁满溢，需人工排水。而在冬季干燥时期，空气水分不足，设备持续加湿导致水箱频繁排空。库房内的加湿除湿一体机、恒湿储藏柜等设备亦存在此类问题。如何降低特定季节设备维护工作量，提高维护效率，有待进一步研究。

（六）博物馆展示与文物预防性保护兼容性问题

在文物预防性保护项目中，大量涉及文物展柜的更换，需同时考虑展柜灯光照度、紫外辐射等因素。此外，文物预防性保护所需的净化恒湿设备也需要安装空间。在以文物保护为首要任务的前提下，文物展示受到一定影响，设备空间不足的问题频繁出现。实际操作中，采用集中式环境控制设备以减少空间占用，是一种可行的解决方案。

五 馆藏文物预防性保护的思考

目前，西南地区某博物馆由于经费问题，无法一次性实施全体文物的预防性保护项目。在资金有限的情况下，西南地区某博物馆优先推进了部分展厅的展柜更换及环境调控，同时完成了库房的柜架配置和环境控制，搭建了无线环境监测系统。这一举措为馆内文物预防性保护带来了显著成效，预防和控制能力及水平大幅度提升，珍贵文物病害状况得到有效缓解。此外，该项目也引发了一些关于文物预防性保护的思考与探索。

（一）在文物预防性保护中，环境控制应置于首位。在当前文物保护工作中，完善文物保存环境的监测与调控体系显得尤为迫切。只有通过精确控制环境波动，我们才能真正做到对文物的及时保护和有效养护。

（二）对罕见的环境因素也应给予关注。博物馆文物预防性保护的范围不应局限于温湿度控制，还应包括对污染气体、生物危害、自然灾害等多方面因素的防范。这些因素都可能对文物造成不可逆转的损害，必须引起我们的高度重视。

（三）借助文物预防性保护项目，提升博物馆文物预防性保护能力。既要重视设备的运用，更要关注人才的培训。设备只是工具，真正决定预防性保护成效的，在于人才，只有具备熟练掌握文物预防性保护知识的专家和工作人员，才能在复杂多变的文物环境中准确判断，并采取恰当的保护措施，确保文物的安全与完整。

注释

[1] 周翠微、李敏：《我国馆藏文物预防性保护现状及实践探讨——以自贡市盐业历史博物馆为例》，《文物鉴定与鉴赏》2018年第15期，第110~115页。

[2] 〔意〕切萨雷·布兰迪著，陆地编译：《修复理论》，第123页，同济大学出版社，2016年。

[3] 杨雅魁：《馆藏文物预防性保护的重要性与措施分析》，《收藏与投资》2021年第12期，第69、71页；张小坤：《馆藏文物保管中的影响因素及预防性保护措施》，《文物鉴定与鉴赏》2019年第19期，第3页；王学琪：《展柜微环境空气质量检测与净化系统研究》，第23~34页，硕士学位论文，合肥工业大学，2018年；黄河、吴来明：《馆藏文物保存环境研究的发展与现状》，《文物保护与考古科学》2012年第24期，第13~24页。

四川广元千佛崖
牟尼阁石窟造像考略

唐　林　四川省社会科学院艺术研究中心主任
　　　　四川省人民政府文史研究馆特约研究员

　　摘　要： 在中国美术史及雕塑史上，四川广元千佛崖牟尼阁石窟造像具有很高的知名度，如"石刻与建筑构造结合的典范""石窟中难得的艺术珍品""盛唐造像中的精品""世界石刻艺术之精华"等，不过，它大多仅出现在书籍之中，且是一些较为宽泛的介绍，目前尚无专文。本文从佛坛及造像、背屏、石壁十大弟子像等三个方面较为详细地释读了牟尼阁的各类造像，从而强化了前人如李巳生、辰闻、潘耀昌、罗宗勇等著名学者对牟尼阁石窟造像的地位与影响的评价，对于丰富牟尼阁的研究和广元千佛崖的传播，甚或对于四川石窟申报世界文化遗产，均有一定的积极意义。

　　关键词： 四川千佛崖；牟尼阁；石窟造像；地位与影响

　　石刻是中国一门古老的传统艺术。它以坚实细密的材质和精美的雕刻艺术见长，主要有圆雕、浮雕、透雕等多种技法，风格各异[1]。四川广元的雕刻大师们赋予冰冷的石头以生命，在刀刻斧凿间展现古代蜀人的聪明和智慧。

　　牟尼阁，位于四川广元千佛崖南段下层，即744号龛。刻于盛唐[2]。龛楣有清人题"牟尼阁"三字。敞口、平顶，平面呈前窄后宽的梯形。窟高2.30米，前部宽3.55米，后部宽5.92米，深3.66米。中间凿长方形佛坛。佛坛上设一佛二弟子二菩萨二力士七尊造像，南北壁为十弟子[3]。佛坛为屏风（背屏）式，上后部两端浮雕二通顶菩提树，内有天龙八部。这些构成了一个完整的说法道场[4]。

　　牟尼，梵语muni的音译，意为"寂默"[5]，多指释迦牟尼[6]。阁，楼房的意思。

　　概括来讲，牟尼阁石窟造像可以分为三部分，一是佛坛造像，二是背屏造像，三是石壁十大弟子像。

一　佛坛及造像

佛坛是指安置佛像的坛座，即佛堂内为供奉佛像而造的基坛，或佛堂所安置的佛龛以及寺院须弥坛的总称[7]。

广元千佛崖牟尼阁佛坛（图一、图二）为长方形，置于窟正中，长2.19、宽0.68、高0.14米。佛坛上设一佛二弟子二菩萨二力士等七尊造像，二力士脚侧雕二蹲狮。

图二　四川广元千佛崖牟尼阁佛坛局部
（2005年前拍摄）

（图片采自贺西林：《极简中国古代雕塑史》，第115页，人民美术出版社，2016年）

图一　四川广元千佛崖牟尼阁佛坛
（1998年前拍摄）

（图片采自贺西林：《极简中国古代雕塑史》，第115页，人民美术出版社，2016年）

主佛头（图三）有高肉髻，发式为螺髻，发际线压至前额，眉眼平直[8]，面相丰圆[9]，项后有圆形头光，头上有锥形华盖，盖顶饰摩尼宝珠[10]，外着双领下垂大衣，内着僧祇支，大衣披覆座上，双臂衣纹阴线刻，密集流畅，局部采用贴泥条式。左手反置膝上，托宝珠，右手残。

图三　四川广元千佛崖牟尼阁被盗割的主佛头像（1998年前拍摄）

（图片采自李巳生主编：《中国美术全集·雕塑编·12·四川石窟雕塑》，第27页，人民美术出版社，1988年）

佛坛左侧弟子、菩萨和力士 (图四)。

二弟子[11]。残高 0.98 米。左侧弟子，老者形 (年长者)，身躯瘦削，锁骨突出，左手两指持念珠，虽头部已失，也可推知为持重的老者迦叶；右侧弟子肩宽胸挺，手持经卷，端然正立，该为少者 (年轻者) 阿难[12]。在亲聆释迦牟尼佛教诲的众多弟子中，迦叶与阿难常立于释迦牟尼佛之两侧，成为左右侍者。迦叶为"头陀第一"，"头陀"为苦行派，注重严格戒律，禁欲苦行。阿难为"多闻第一"，"多闻"为学院派，注重探究人生之真谛[13]。

二菩萨[14]。残高 1.04 米。圆形头光，桃形身光、宝缯、发辫披肩袒上身，略显胸肌，斜披络腋，饰项圈、臂钏、手镯，璎珞呈 X 形交叉于腹际，中饰圆璧，胸饰繁细精美。另外环绕体侧饰长璎珞一道。细腰，下着长裙，帔帛横膝上二道绕臂垂体侧，身肢婀娜秀美[15]。

二力士。残高 0.71 米。立于山岩座上，裸上身，有胸肌、乳头，下着短裙，帔帛绕臂垂体侧，身躯均扭曲呈 S 形，作暴戾姿态。力士虽头部全失，但其发达的胸肌臂膀、暴突的颈筋腿骨却给人雄健强悍的力量感，体现出匠师们对人体结构和解剖关系的良好把握[16]。二力士的位置并没有采用北方常见的列于一铺造像最外侧的形式，而是置于菩萨的前下侧，体量小得多，从而使佛坛显得深邃，透视感较强[17]。

佛坛下是一个方形基座的佛座，其侧

图四　四川广元千佛崖牟尼阁佛坛左侧弟子、菩萨和力士

（图片采自罗宗勇主编，王剑平撰文：《广元石窟艺术（中英文本）》，第 94 页，四川美术出版社，2005 年）

面在上下联珠纹间雕饰回形类纹饰，显得表面细密平整，坛之四面和四角采用高浮雕手法，[18] 雕有八头六牙白象和两条龙 (图五)，整个基座威壮奇美，引人注目[19]。

图五　四川广元千佛崖牟尼阁主佛佛座上的六牙白象与龙

（图片采自罗宗勇主编，王剑平撰文：《广元石窟艺术（中英文本）》，第 97 页，四川美术出版社，2005 年）

关于"六牙白象"：《佛本行经》《过去现在因果经》都记述了释迦牟尼入胎所乘之象或者所化之象均为"六牙白象"。大象在印度地位的特殊性，使得印度神话中许多住在天宫中的生物，在外形上都与大象有关[20]。"六牙白象"是释迦牟尼降神母胎、普利众生的象征意象[21]。也就是说，牟尼阁佛座上装饰六头白象，象征着白象驮释迦牟尼降生。

牟尼阁佛坛的造像残缺甚多，且今日所有造像均无头部，但仍不乏唐代石窟群像组合的规模与气势，人物造型也具有唐代造像丰满、自如的特点，力士的雕刻更具现实主义精神，菩萨的帔帛、长裙则颇有"曹衣出水"之风范[22]。

二 背屏

佛坛主佛之项光顶部是一饰有宝珠的华盖，两侧背屏上镂空雕刻出枝繁叶茂的菩提双树和护持佛法的"天龙八部"之龙和阿修罗两身。左为龙神（图六），人形，头戴螺形盔，肩系披巾，身着长袍，腰系带，头左侧一龙。右为阿修罗（图七），三头六臂，头共戴一三珠宝冠，颈雕三道纹，戴手镯，着交领广袖长袍，上二手上举头顶两侧，左托日，右托月；中一手上举肩侧捻指，下二手胸前合十。二供养天人，胡跪于祥云上，束高发髻，面向主佛，着交领广袖长裙，帔帛绕臂曳空[23]，也有人称他们是二飞天[24]。

所谓"天龙八部"，是对佛经中经常提及的天、龙、夜叉、乾闼婆、阿修罗、

图六　广元牟尼阁镂空透雕菩提树中的天龙八部之龙众（局部）

（图片采自罗宗勇主编，王剑平撰文：《广元石窟艺术（中英文本）》，第97页，四川美术出版社，2005年）

图七　广元牟尼阁镂空透雕菩提树中的天龙八部之阿修罗

（图片采自李巳生主编：《中国美术全集·雕塑编·12·四川石窟雕塑》，第27页，人民美术出版社，1988年）

紧那罗、迦楼罗、摩睺罗伽的总称，他们常常陪侍在佛、菩萨身边，并发展成独立展示的艺术题材单元，与如来、菩萨、诸天共同构成了佛教艺术中四大神祇形象[25]。

广元牟尼阁这种菩提双树镂空透雕，枝繁叶茂，直达窟顶，树冠与窟顶壁相连，这是其他石窟寺里罕见的[26]。

"菩提树"，又名云觉树、思惟树，是法显[27]所言的贝多树，玄奘所言的毕钵罗树。"树"在释迦牟尼佛神话世界的建构中具有特殊的象征含义。如释迦牟尼诞生于娑罗树或无忧树下，思惟于阎浮树下，成道于菩提树，般涅槃于娑罗树下。因为释迦牟尼佛是在菩提树荫下成道，菩提意为觉悟[28]。牟尼阁造像后的菩提树，象征性地表现释迦牟尼佛的存在与在场。

释迦牟尼佛为"过去七佛"[29]之一，七佛各自都拥有各自的圣树。"菩提树"是七佛的象征物之一，在圣树供养图中常常可见[30]。

广元牟尼阁最美轮美奂之处就是镂空透雕菩提双树的背屏（图八）。佛坛上的坐佛和两弟子两菩萨像大致是一字形排开的，并没有特意制作背屏，但这些人物高大的身体已经承担了大部分背屏的作用，然后再在他们的头光两侧镂刻出连通着窟顶的菩提树干，

图八　广元牟尼阁作为背屏的众神像、菩提树和天龙八部（局部）
（图片采自罗宗勇主编，王剑平撰文：《广元石窟艺术（中英文本）》，第94页，四川美术出版社，2005年）

在树干间浮雕着人形化的天龙八部护法像[31]。

在这种构图模式中，四川广元的雕刻师把树作为背景，众神像（佛主、弟子、菩萨、力士等）皆倚靠之，于是窟的中央变成了一个立体的背屏，这个背屏与窟顶、底上下相连，将窟分为前后两个室，人们可以绕着做礼拜。背屏镂空透雕，玲珑剔透，精美华丽，庄严中显出妩媚，肃静中显出生机[32]，不仅使窟龛外观精美华丽、别具匠心，而且也增强了窟后壁的能见度和窟内光的层次，因此有着自然真实和绘画的效果[33]。

图九　广元牟尼阁北壁弟子造像（残缺、部分）
（图片采自罗宗勇主编，王剑平撰文：《广元石窟艺术（中英文本）》，第97页，四川美术出版社，2005年）

在广元千佛崖 17000 多尊历代造像石刻中，尤以牟尼阁的镂空雕刻造像最为精细，体现了盛唐四川广元雕塑家的智慧，是千佛崖的石刻艺术精华。

牟尼阁这种菩提双树和天龙八部镂空浮雕，下接主尊，上连窟顶，是四川地区唐代石窟独有的雕刻样式，不仅见于广元，在四川的巴中、夹江、仁寿等地也颇流行。

三 石壁十大弟子像

牟尼阁南北两壁雕释迦的十大弟子像[34]。左右壁各五身，头皆残失。残高1.10~1.15 米，圆形素面头光，双领下垂袈裟，着内衣，足着圆头履。

据佛经记载，释迦牟尼佛前有十大弟子，分别是：1. 舍利弗，智慧第一；2. 目犍连，神足第一；3. 摩诃迦叶，头陀第一；4. 阿那律，天眼第一；5. 须菩提，解空第一；6. 富楼那，说法第一；7. 迦旃延，论议第一；8. 优婆离，持律第一；9. 罗睺罗，密行第一；10. 阿难陀，多闻第一[35]。

由于造像残缺（图十），胡文和、王剑平等学者均未对该窟十大弟子像具体定位、定名，但从他们所着衣物雕刻来看，都是按照躯体大的结构起伏，有条不紊地排列，疏密、长短、粗细都是惨淡经营，达到真实而超脱、有条理且生动的艺术效果[36]，这些造像身着的袈裟反映了唐代僧侣的服饰[37]。

牟尼阁佛坛造像高悬于千佛崖的悬

图十　四川广元千佛崖牟尼阁佛坛造像（盛唐）
（图片采自潘耀昌主编：《中国美术名作鉴赏辞典》，第258页，浙江文艺出版社，1999年）

崖上，表现的是在一座佛坛上佛说法的场面（图十、十一），非常生动。佛与弟子、菩萨、力士，高低、大小、前后错落地立于背屏前，工匠别具匠心地采用了后壁镂空的雕刻手法，提高了细部的能见度，丰富了窟内的光影层次，使单调的石材有了色彩感和空间感，给黑暗的洞窟带来了生气[38]。人物形象生动，立体感强，安排紧凑，富于变化，符合建筑学原理[39]。虽是盛唐时期的作品，

图十一　广元千佛崖牟尼阁示意图
（图片采自胡文和、胡文成：《巴蜀佛教雕刻艺术史·中》，第48页，巴蜀书社，2015年）

历经千余年风霜，但至今依然色彩鲜艳，神韵刀锋犹存，令人叹为观止。

释迦佛说法图和说法像，极盛于北朝、隋代和初盛唐。中晚唐以降，由于经变画占据了主导地位，尊像已不再作为壁画（雕塑）的主要内容[40]。

四 关于四川广元千佛崖牟尼阁的地位与影响的主要评价

李巳生："（广元千佛崖牟尼阁，见图十二）佛侧胁侍二弟子、二菩萨、二力士，菩萨头部已毁，但全像造型之美，不愧是盛唐造像中的精品。"[41]

图十二　广元千佛崖牟尼阁全景残部
（白描，丁立镇绘）

（图片采自四川广元市文物管理所编：《广元石刻艺术画册》，第28页，四川人民出版社，1988年）

辰闻[42]、陈锽[43]："牟尼阁可视为千佛崖盛唐艺术的代表，镂空雕法雕出的背屏式，实是兼美观与实用双重效果于一身的创举，它体现了广元匠师的智慧，也成为千佛崖最具特色的窟制。"

罗宗勇、王剑平："窟中央设方坛，坛上造像，坛后立背屏或浮雕菩提双树，双树间雕天龙八部，此种窟形应是借鉴寺院殿堂佛像的布置方式，将其移植到石窟中来，体现了本地（四川广元）石窟的创新精神。"[44]

李栋："牟尼阁的石像衣纹流畅，造型丰满，佛后是镂空雕刻屏风，增强了石雕多面体的表现效果，是石窟中难得的艺术珍品。"[45]

盛伟："牟尼阁华丽的佛坛，是采用别具匠心的镂空雕刻手法，是石窟寺建筑形式的发展和创新。整个佛坛造像安排得很紧凑，结构完整新颖，富于变化。"[46]

杜飞豹、杜宁："牟尼阁的镂空雕刻为世界石刻艺术之精华。"[47]

李麟："（牟尼阁）镂空雕刻造像，是千佛崖的石刻艺术精华，也是我国罕见的石刻珍品。"[48]

文闻子："牟尼阁中的华丽佛坛，系用镂空雕刻技法，石刻与建筑构造结合的典范。"[49]

刘策、余增德："牟尼阁的镂空浮雕，如来头像后边有两棵凌空直抵屋顶的菩提树，这是其他石窟寺里罕见的。"[50]

史博华等："（牟尼阁）阁内的镂空雕刻，造型奇特，为我国西南地区各大石窟所罕见。"[51]

以上收录于《中国美术名作鉴赏辞典》等书籍。

注释

[1] 《国宝档案》栏目组:《国宝档案:书法碑刻石刻案》,第 253 页,中国民主法制出版社,2018 年。

[2] 刘长久:《中国西南石窟艺术》,第 216 页,四川人民出版社,1998 年。

[3] 段国强主编:《中国文物收藏百科全书·工艺杂项卷·下》,第 333 页,山东美术出版社,2015 年。

[4] 文闻子主编:《四川风物志》,第 352 页,四川人民出版社,1985 年。

[5] 洪启嵩译讲:《白话华严经》第 1 册,第 100 页,上海三联书店,2014 年。

[6] 汉语大词典编纂处编:《汉语大词典(普及本)》,第 1659 页,上海辞书出版社,2012 年。

[7] 广东省民族宗教研究院编:《民族宗教 1000 问·宗教篇》,第 507 页,广东人民出版社,2014 年。

[8] 胡文和、胡文成:《巴蜀佛教雕刻艺术史(中)》,第 47 页,巴蜀书社,2015 年。

[9] 郑炳林、雷玉华等:《川北佛教石窟和摩崖造像研究》,第 38 页,甘肃教育出版社,2016 年。

[10] 主佛面孔是根据胡文和等人的文字介绍而进行描述。1998 年 7 月,当时此窟造像中唯一有头部的主佛头部,与千佛崖第 365 号窟的弥勒佛头部同时被盗割,故现在牟尼阁窟所有造像的头部均不存。其他造像的头部不知何时被割,但据温廷宽发表在《文物》1961 年第 12 期《广元千佛崖简介》的图片来看,1960 年所有造像的头部仍在。

[11] 两像今均无头部,据盛伟发于《四川文物》1986 年第 1 期的《广元千佛崖摩崖造像》,当时还有头部,并对两像进行了描述:两弟子中,老者迦叶满面皱纹,肌肉松弛,双目深陷,有久经风霜之苦的神态;少者阿难胖胖的脸形,浓眉大眼,笑眯眯的,无忧无虑,轻松愉快,焕发出青春的活力。

[12] 潘耀昌主编:《中国美术名作鉴赏辞典》,第 258 页,浙江文艺出版社,1999 年。

[13] 赵艳:《释迦牟尼佛神话研究——以佛传为中心》,第 36 页,博士学位论文,陕西师范大学,2018 年。

[14] 两像今均无头部,盛伟《广元千佛崖摩崖造像》曾有描述,但极简,只说他们"形体、容貌娟雅秀丽和善"。

[15] 罗宗勇主编,雷玉华、王剑平执笔:《广元石窟》,第 26 页,巴蜀书社,2002 年。

[16] 辰闻:《宗教与艺术的殿堂——古代佛教石窟寺》,第 186 页,辽宁师范大学出版社,1996 版。

[17] 潘耀昌主编:《中国美术名作鉴赏辞典》,第 258 页。

[18] 贺西林:《寄意神工:古代雕塑》,第 110 页,生活·读书·新知三联书店,2008 年。

[19] 雍思政主编:《漫话剑门蜀道》,第 276 页,巴蜀书社,2010 年。

[20] 〔德〕施勒伯格著,郭晶晶译:《印度诸神的世界——印度教图像学手册》,第 159 页,中西书局,2016 年。

[21] 赵艳:《释迦牟尼佛神话研究——以佛传为中心》,第 104 页。

[22] 潘耀昌主编:《中国美术名作鉴赏辞典》,258 页。

[23] 罗宗勇主编,雷玉华、王剑平执笔:《广元石窟》,第 26 页。

[24] 马彦、丁明夷:《广元千佛崖石窟调查记》,《文物》1990 年第 6 期。

[25] 刘显成:《巴蜀地区"天龙八部"造(图)像的遗存与研究现状》,《西华师范大学学报(哲学社会科学版)》2017 年第 3 期,第 99 页。

[26] 刘策、余增德编著:《中国的石窟》,第 104 页,上海文化出版社,1997 年。

[27] 法显(334~420 年),东晋司州平阳郡武阳(今属山西临汾)人,中国佛教史上的一位名僧,

一位卓越的佛教革新人物，是中国第一位到海外取经求法的大师，杰出的旅行家和翻译家。

［28］赵艳：《释迦牟尼佛神话研究——以佛传为中心》，第 225~226 页。

［29］也称为"过去七佛"，分别为毗婆尸佛、毗舍浮佛、尸弃佛、拘留孙佛、拘那含牟尼佛、迦叶佛以及释迦牟尼佛。

［30］赵艳：《释迦牟尼佛神话研究——以佛传为中心》，第 226 页。

［31］常青：《崖洞里的灵光：中国石窟寺的奥秘》，第 180 页，中国文联出版公司，1999 年。

［32］李巳生主编：《中国美术全集·雕塑编·12·四川石窟雕塑》，图版说明，第 9 页，人民美术出版社，2006 年。

［33］胡文和：《四川道教、佛教石窟艺术》，第 349 页，四川人民出版社，1994 年。

［34］马彦、丁明夷：《广元千佛崖石窟调查记》，《文物》1990 年 6 期，第 16 页。

［35］郑炳林、雷玉华等：《川北佛教石窟和摩崖造像研究》，第 39 页。

［36］四川广元市文物管理所编：《广元石刻艺术画册》，第 70 页，四川人民出版社，1988 年。

［37］胡文和：《四川道教、佛教石窟艺术》，第 170 页。

［38］邹博主编：《百科知识全书·中国卷·艺术百科·图文珍藏版》，第 66 页，线装书局，2011 年。

［39］李之勤等著：《蜀道话古》，第 159 页，西北大学出版社，1986 年。

［40］敦煌研究院主编：《敦煌石窟艺术全集·2·尊像画卷》，第 16 页，同济大学出版社，2016 年。

［41］李巳生主编：《中国美术全集·雕塑编·12·四川石窟雕塑》，图版说明，第 9 页。

［42］辰闻：《宗教与艺术的殿堂——古代佛教石窟寺》，第 186 页。

［43］潘耀昌主编：《中国美术名作鉴赏辞典》，第 258 页。

［44］罗宗勇主编、王剑平撰文：《广元石窟艺术（中英文本）》，第 12~13 页。

［45］李栋编著：《语词缘起大观》，第 324 页，黄山书社，2007 年。

［46］盛伟：《广元千佛崖摩崖造像》，《四川文物》1986 年第 1 期，第 27 页。

［47］杜飞豹、杜宁编著：《中国旅游指南》，第 640 页，中国旅游出版社，2003 年。

［48］李麟主编：《游遍中国·四川卷 上》，第 225 页，青海人民出版社，2003 年。

［49］文闻子主编：《四川风物志》，第 351 页。

［50］刘策、余增德编著：《中国的石窟》，第 104 页。

［51］史博华等编撰：《袖珍百科——中国风景名胜纵览》，第 437 页，改革出版社，1996 年。

唐《韦南康纪功碑》碑文

蔡永旭　　宜宾市博物院副研究馆员

摘　要： 唐戎州、简州《韦南康纪功碑》同为龟趺碑，完整时形体巨大。碑阳韦南康功德《铭并序》为御制敕书，碑阴刻韦皋《谢赐表》德宗《批答》，因石刻残损而碑文不全。清人对简州《韦南康纪功碑》时存碑文有较详细记载，内容虽不尽相同，但可以得到清时简州《韦南康纪功碑》碑文875字：《铭并序》29行，满格54字，存439字；《谢赐表》13行，满格不少于59字（第13行署款字多体小），存338字；《批答》4行，满格24字，存54字；补记2行，存44字。两碑《铭并序》内容不完全一致，《谢赐表》《批答》平阙有别，源于简州《韦南康纪功碑》的补镌。比勘碑文，可知较为完整《韦南康纪功碑》《铭并序》783字（不含第29行立碑时间3、10字）、《谢赐表》426字、《批答》64字，计1273字（不含结衔、补记71、44字）。戎州《韦南康纪功碑》具有重要的历史、艺术和科学价值。

关键词： 唐碑；韦南康；形制；碑文；价值

一　《韦南康纪功碑》概况

宋人王象之《舆地碑记目》载《韦南康纪功碑》共有4通，名称略有区别，分别是《（眉州）南康郡王纪功碑》《（简州）韦南康纪功之碑》《（资州）唐韦皋纪功碑》《（叙州）韦南康纪功碑》[1]。今天，《韦南康纪功碑》已有两通面世，为比较研究提供了条件。

（一）龟趺形制，完碑巨大

2022年7月，唐戎州《韦南康纪功碑》出土于宜宾市翠屏区合江门街道东顺城街，现存碑座和下半段碑身。碑座总体完整，有趺坐与龟两部分。趺坐近矩形，长2、宽1.9、高0.4米。龟身长、宽与基座相当，高0.9米。碑身宽1.7、残高1.6、厚0.45米，仍正常竖立于碑槽。碑阳碑阴和两侧都刻有行书文字，能释读的约570字。根据碑文字径字距和同期同类唐碑各部位比例，可推测出缺失上半段碑身和碑首高度，即该碑完整时可能高达 5.6 米[2]。

简州《韦南康纪功碑》发现于清道光年间（1821~1851 年），清晰碑文仅数十字，能连读的字数更少，原置于简阳市音乐广场（现人民广场）[3]。根据清人对简州《韦南康纪功碑》记载，可以明确其原为龟趺碑，而且形制巨大。简州《韦南康纪功碑》发现后，时州牧贺星斋修亭刊碑，署成都府知府刘炯撰对，对有"亭护龟趺"文字；曾国才《韦南康纪功碑赋》，有"亭瞻百尺之穹，负之赑屃之背"字句[4]。"龟趺""赑屃"当指龟趺座，表明当时龟趺座仍存。清人刘喜海《金石苑》载："石上下缺，高存九尺五寸，广五尺三寸。"[5] 这里"碑广"指碑宽，尺为清营造尺，每尺 32 厘米，故当时碑宽 1.7、高 3 米。也就是说两碑宽、厚相近，碑身高度超过 3 米，为高大丰碑。

（二）御制敕书碑

两碑碑阳俱刻韦南康功德《铭并序》，碑阴刻韦皋《谢赐表》和德宗《批答》，并有各自补记或结衔。简州《韦南康纪功碑》《铭并序》有"御制""臣通奉敕书"[6]，位于第 2 行上部。戎州《韦南康纪功碑》仅存碑身下段，故第 1 行后是一空行。韦皋《谢赐表》有"言当道监军使李先寿回，奉宣圣旨，及伏奉手诏，赐臣御制""藻饰皆以典成，仰瞻日月之文""诏皇储发挥墨妙，恩荣昭彰于四海，文翰辉映于"等[7]，明确

《铭并序》是皇帝所撰、皇储所书。

（三）简州《韦南康纪功碑》的补镌

同为御制敕书碑，《铭并序》内容当完全一致，但存在多处字词不同情况。《谢赐表》《批答》平阙也不一样，其原因是简州《韦南康纪功碑》的补镌。

清人王昶《金石萃编》载《韦皋纪功碑》，《谢赐表》后有补记"前刺史丁公俛起屋立石，小勒碑文。惟和至□□其□（阙）周饰无不补于前无也。朝议郎使持节简州诸军事，守简州刺史（阙）"[8]。《金石苑》载《唐韦皋纪功碑》，有相同一段（释读出"勒"前"小"字，"前无"释读为"所无"）[9]。补记载明了补镌人为"刺史丁公俛"，补镌范围不限于碑文，还有石碑装饰。

明人曹学佺《蜀中名胜记》载"简县忠清门外，有《唐太子诵书功碑》……《碑目》云《南康郡王纪功碑》，乃宪宗（805~820 年）撰文，太子诵书，贞元十三年（797 年）建。原在龙兴寺，宋天圣五年（1027 年）移在州衙门外颁春亭侧"。又云"在郡市心居民屋下，绍兴丁巳（1137 年）穴土见碑石，太守命工取之，重撤民屋，不果。上录其文，乃《唐御制纪功碑铭并序》，皇太子书。碑面残缺不全，惟碑阴乃开成元年（836 年）皋从孙铤为本州守日记述，其文俱全，遂复之"[10]。这两段主要出自《舆地碑记目》《（眉州）南康郡王纪功碑》《（资州）唐韦皋纪功碑》（内容有一定

区别），但没有注明引自何地何碑，而是直接引了两碑注文[11]。或因曹学佺试图解释丁公俛云云一段，见《（资州）唐韦皋纪功碑》有"穴土见碑石"情况，遂将其直接引入；同时，一并引入《（眉州）南康郡王纪功碑》内容，故在同书中没有再记眉州和资州相关石刻。曹学佺记简州《韦南康纪功碑》引入他地碑刻内容，给人带来了困扰，也引起了前人关注，如《简阳县志》说"南康郡王纪功碑，至在州旧治中一节列入眉州，又以在郡市心至遂覆之一节列入资州，均不知何据，疑有误"[12]。

二　《韦南康纪功碑》碑文

简州《韦南康纪功碑》碑文，清人《金石萃编》《全唐文》《金石苑》都有记载，其中，董诰等编《全唐文》载《剑南西川节度副大使检校司徒兼中书令上柱国南康郡王韦皋纪功碑铭（并序）》《谢赐御制纪功碑铭表》《答韦皋

谢赐纪功碑表批》[13]，内容与《金石萃编》所载相差无几。据《金石萃编》《全唐文》《金石苑》所载相关内容，可知清时简州《韦南康纪功碑》有碑文875字：《铭并序》29行，满格54字，存439字；《谢赐表》13行，满格不少于59字（第13行署款字多体小），存338字；《批答》4行，满格24字，存54字；补记2行，存44字。

由于简州《韦南康纪功碑》的补镌，需要比勘两碑碑文，发现《铭并序》俱29行，满格54字，但有多处字词不同。《谢赐表》文字几乎全部对应，但平阙空格数不一样；戎州《韦南康纪功碑》布局纵有行横无列，有疏密和节奏变化（第3~6行较紧密），但缺第1、7、11行。《批答》平阙有别，简州《韦南康纪功碑》无平阙，满格24字；戎州《韦南康纪功碑》第1行首字顶格，满格22字；其余3行首字前空1格（见下表）。

《韦南康纪功碑》碑文对应表

行数	简州《韦南康纪功碑》			戎州《韦南康纪功碑》	说明
	《金石萃编》	《全唐文》	《金石苑》		
《铭并序》第1行	西，误作四；缺副（有1空格位）		西，误作四；韦，上空2格	韦，按上空2格，字格对应	《谢赐表》为"剑南西川""副大使"
第2行	御，上阙；□□奉；敕，上空1格		御，上空2格；敕，上空11格		按"御"上空2格；[清]翁方纲《跋韦皋

续表

行数	简州《韦南康纪功碑》			戎州《韦南康纪功碑》	说明
	《金石萃编》	《全唐文》	《金石苑》		
					碑》，"（敕书）盖云皇太子臣诵奉敕书也"，"奉"前当"臣诵"2字
第3行	（上阙）□以阴阳；能致（下阙）	（阙）以阴阳；能致（阙）	□地以阴阳；能致□□□□□□□□□□□□□□□□□□□□□□	天下康庶德于永贞非天□□□□君臣合德事□□□□□	天地以阴阳，惯用
第4行	（上阙）□则孰；勋者焉（下阙）	（阙）则孰；勋者焉（阙）	□明则孰□□□□□□□□□□勋者，后空 4 格（下空）		
第5行	（上阙）祖太宗；盛德被于（下阙）	（阙）祖太宗；盛德被于（阙）	□祖太宗；盛德□□□□□□□□□□□□□□□□□□□□	德被于含露者序□□泽流于率土□深□□□□□□□	当"高祖"，"德"对应行格知《金石苑》后半部多记 1 格（前当少记 1 格）
第6行	间生才贤斯实我□（下阙）	闲生才贤斯实我（阙）	间生才贤斯实我□□□□□□□□□□□□□□□□□	贤斯实□□□宗社降威用廉□□者矣□□□□□	"间"，可能是某某年间
第7行	（上阙）□垂佑□□；韦□（下阙）	（阙）垂佑（阙）；韦（阙）	□穹垂佑多难；左金吾大将军韦皋□□□□□□□神□□	左金吾大将军韦皋领剑南西川节度皋天□□□□□□	
第8行	（上阙）而有谋□集□；至则宣（下阙）；朝旨扬国威仁义服（下阙）	（阙）而有谋（阙）集（阙）；至则宣（阙）；朝旨扬国威仁义服（阙）	□而有谋能集大；至则宣□□□德泽布朝旨扬国威仁义服心忠□□□□□□□□□□□□	朝旨扬国威以仁义服其心以信诚通其志□□□□□□□	"心忠"当"其心"

续表

行数	简州《韦南康纪功碑》			戎州《韦南康纪功碑》	说明
	《金石萃编》	《全唐文》	《金石苑》		
第9行	□足弃织□之□;□□矣;云南昔在汉为西域郡□□(下阙)	(阙)足弃织(阙)之(阙);之(阙)矣;云南昔在汉为西域郡(阙)	□□□弃织细之□;之旨矣;云南昔在汉为西域郡□□□□□□□国□□□□□□	云南者在汉为永昌郡魏晋以降道塞因时□□□□□□	"者"较"昔"准确,"西域郡"错误
第10行	(上阙)□龙□;□来朝;天宝巂州将军善能□(下阙)	(阙)龙(阙);(阙)来朝;天宝巂州将军善能(阙)	□□龙兴;毕来朝;天宝巂州将军善能□□□□□□□□□□	宝末州府不能抚绥遂启边疆云南率其所□□□□□□	"蒙"后当"归义","巂州将军善能"当"末州府不能抚";"宝"对应行格,知《金石苑》后半部少记2格(前当多记2格),第11~15行亦如此
第11行	其孙□;节懿;乃□□(下阙)	其孙(阙);节懿;乃(阙)	其孙异;即懿;而心不变易乃用□□□□□□□□□□□□	而心无变易乃册异牟寻为南诏铸金为印□□□□□	"节懿"符合文法,"不"当"无","用"当"册"
第12行	(上阙)为司空;萧何漕运不乏而□□□□□□筹帷幄	(阙)为司空;萧何漕运不乏而(阙)筹帷幄(阙)	□□□□□□□得□□□□□□为司空;萧何漕运不乏而足□□□□筹帷幄□□□□□□	萧何关中转漕足给东师张良运筹帷幄而成□□□□□	"漕运不乏而足"当"关中转漕足给",表达更深刻
第13行	之休□□□□于(上阙)	之休(阙)于(阙)	之休□□□于□□□□□□□庶□□;于后第5字下半部注为"心"	思仁贤诚在于勿贰察等志在于□□□□	"之休"当"思仁"
第14行	□一□之□□□□徒外牧黎庶一时□□;(下阙)□然(下阙)	(阙)一(阙)之(阙)徒外牧黎庶一时(阙);(阙)然(阙)	固一州之□□□□徒外牧黎庶一时安缉;□□□□□卓然□□□□者也日	抗此则其事卓然其□□□□	

续表

行数	简州《韦南康纪功碑》			戎州《韦南康纪功碑》	说明
	《金石萃编》	《全唐文》	《金石苑》		
第15行	（下阙）谨财赋以丰其用故得□□□□□欲来远人之贡赋	（阙）谨财赋以丰其用故得（阙）欲来远人之贡赋	□□□蜀楚宁□□□□□□□□□□谨财赋以丰其用故得□□□□□欲来远人之贡赋；□□□□□□诚之□诚乎已则□□	率忠义之心尊明诚之志□□□□□□□	"故得"后《金石萃编》多记1格
第16行	（下阙）□言前事符响应□云南（下阙）；尊王之（下阙）	（阙）言前事符响应（阙）云南（阙）；尊王之（阙）	□□恩□□则□□□□□□□□□言前事符响应畅云南；尊王之□□□□□□□□□□□关□□者□□	师而西所向风靡不浃辰而□□□□□□□□	
第17行	（下阙）□为纯输琛委贽稽颡（下阙）	（阙）为纯输琛委贽稽颡（阙）	□□蜀境尽复亭□□□□□□□□为纯输琛委贽稽颡（下空）		
第18行	秦汉或（下阙）；面非□□（上阙）	秦汉或（阙）；面非（阙）	秦汉或□□□□□；面非□□□□帝王□□	人之或以力攻或以威制□□□□□□□□□□□□	"秦汉"当"人之"
第19行	（下阙）□谓□□皋一心；集邦家之（下阙）能制□□（上阙）	（阙）谓（阙）皋一心；集邦家之（阙）能制（阙）	矣古□□□□□□□是谓不朽皋一心；集邦家□□□□□□□□□能制□□□折衡□□	集邦家之势致□山立德若长城□□□□□□□□□	
第20行	（上阙）复王□□建（下阙）□言而理此；徒兼中□（下阙）等使宜□（上阙）	（阙）复王（阙）建（阙）言而理此；徒兼中（阙）等使宜（阙）	□□王略克建□□□□□□言而理此；徒兼中□□□□□□等使宜□乎□□	徒兼中书令封南康郡王节度□□□□□□□□□□	

续表

行数	简州《韦南康纪功碑》			戎州《韦南康纪功碑》	说明
	《金石萃编》	《全唐文》	《金石苑》		
第21行	（下阙）书盖;茂勋纪威绩刻□（下阙）	（阙）书盖;茂勋纪威绩刻（阙）	□契稷□□□□□□□□□□□书盖;茂勋纪威绩刻□□□□□□□□□□□臣其词曰	成功刻贞石千载之后庶无愧□□□□□	《金石苑》49字;"威绩"当"成功"
第22行	（下阙）□时之杰我有□（下阙）□□惟□（上阙）	（阙）时之杰我有（阙）惟（阙）	□亦时之杰我有□□□□□□□□□□□惟得人□□□	我有天下心臣四夷我有堤封□□□□□□□□□	
第23行	（上阙）□□□遯;惟臣□□西□（下阙）	（阙）遯;惟臣（阙）西（阙）	□蜀□□遯;惟臣忠良西南□□□□□□□□□□□□□□	以臣之良西南万里委赞来王昔闻□□□□□□□□□	"忠"当"之",《金石苑》后少记1格(前半部当多记1格)
第24行	（上阙）□□□□□唯一;（下阙）苟能建绩功曰不朽□□（下阙）	（阙）唯一;（阙）苟能建绩功曰不朽（阙）	□时而□□□唯一;有苟能建绩功曰不朽爰□□□□□□□□□□□□□	殁且不朽爰刻贞砥固昭厥后永□□□□□	"功曰"当"殁且"
第25行			□□□□□□（此行上泐下空）		
第26行	（上阙）忠之;时杰纯诚□于□（下阙）	（阙）忠之;时杰纯诚（阙）于（阙）	□韦□□□元忠之;时杰纯诚□于□□□□□□□□令□□□□□□□□□	时杰纯诚□于□□□节承德□□□□复旧□□□□□□	
第27行	（上阙）宜刻金石用表忠勋□□　股肱（下阙）	（阙）宜刻金石用表忠勋（阙）股肱（阙）	□□□□□□汉于□□宜刻金石用表忠勋朕以元首股肱实□□□□□□□□□□□□□□□□□□□□	股肱实为万国纪功□德望□□□□□以□□□余自为序□	
第28行	（上阙）□念忠贤存于梦寐□□□谅当体予（下阙）	（阙）念忠贤存于梦寐（阙）谅当体予（阙）	□□□□□□□于□□□□□令□□□□永念忠贤存于梦寐想卿真谅当体予怀（下空）	□予怀□□□□□安以□□□不□及	

续表

行数	简州《韦南康纪功碑》			戎州《韦南康纪功碑》	说明
	《金石萃编》	《全唐文》	《金石苑》		
第29行	元和三年四月廿五日勒□		元和二年四月廿五日勒	廿日□立	简州碑,当"二年"
《谢赐表》第1行	(阙)□言当道;御制□(阙)	(阙)言当道;御制(阙)	(上阙)言当道;御制□□□□□□□□□□□□□□□□□□		《全唐文》无平阙,不空格
第2行	徒荷　乾坤	徒荷乾坤	徒荷乾坤	徒荷　　乾坤	"乾"上空1/3格
第3行	□物推诚;加以天□词锋生□(阙)	(阙)物推诚;加以天(阙)词锋生(阙)	待物推诚;加以天纵词锋生□□□□□□□□□□□区□文明□□	包罗六情涵泳九流弘武德以尚宸区市文明□□□化指忠	明无不照,惯用
第4行	何足等夷□□(阙)	何足等夷(阙)	何足等夷臣□□□□□□□□□□宸里□□怀蛮□	京运拥旗□□□□□□□□□□怀蛮密于□	
第5行	(阙)□奉成规以柔远岂敢言功仗　神武;展效□臣等□□(阙)	展效(阙)臣等(阙)	(阙)奉　成规以柔远岂敢言功仗　神武;展效人臣守□□□□□□□□□□□□□□□□□□之后思	人臣行	"成""神",分别上空2、3/1、2格
第6行	文□倬轶于古今臣□庆幸□(阙)	文(阙)倬轶于古今臣(阙)庆幸(阙)	文武倬轶于古今臣之庆幸□□□□□□□□□□□□□□□	文义倬轶于古今臣之庆幸臣之以	"武"当"义"
第7行	征□惠□;清□难陈□遇于上□(阙)	征(阙)惠(阙);清(阙)难陈(阙)遇于上(阙)	征不惠指;清大难陈力遇于上□□□□□□□□□□□□□□□□□□		

续表

行数	简州《韦南康纪功碑》			戎州《韦南康纪功碑》	说明
	《金石萃编》	《全唐文》	《金石苑》		
第8行	（阙）□集大绩此皆□仗天威在臣何有又云宣皇风□□□□布	（阙）集大绩此皆（阙）仗 天威在臣何有又云宣皇风（阙）布	（上阙）集大绩此皆克仗 天威在臣何有又云宣皇风开 德	忠而有谋继集大绩此皆□仗天威在臣何有又云宣	
第9行	功以为微臣□力□□□□（阙）	功以为微臣（阙）力（阙）	功以为微臣之力□□□□□□□□□□□□□杰之材□□	功以为微臣之力	
第10行	云一心奉 国百虑□公又云永光史策名臣□□一□（阙）	云一心奉 国百虑（阙）公又云永光史策名臣（阙）一（阙）	云一心奉国百虑在公又云永光史策名臣之首□□□□□□□□□□□□□□□□□□□□	云一心奉 国百虑在公又云永光史策名臣之□□春秋一□殁	"国"上空2/2/3格
第11行	特 诏皇储发挥□妙；辉□于	特 诏皇储发挥（阙）妙；辉（阙）于	诏皇储发挥墨妙；辉映于		"诏"上空3/2格
第12行	（阙）去造期于尽命以理戎蛮无□受 恩至深□□□陈之□□□□□（阙）	（阙）去造期于尽命以理戎蛮无（阙）受恩至深（阙）陈之（阙）	（上阙）元造期于尽命以理戎蛮无任受恩至深无知所陈之□□□夙（下阙）	于尽命以理戎蛮无任受恩至深不知所陈之至待湟夙夜□	"去造/元造"当"无造"，"无知"当"不知"
第13行	司□兼中书□成都尹充剑南西川节度□大使□节度□□□□□□□□□□□□□□□		司□兼中书令成都尹充剑南西川节度副大使知节度事管□□度营田□□□□□□	营田观察处置统押近界诸蛮及西山八国云南安抚等使上柱国南康郡王韦皋上表	管内，辖区；支度，官名
《批答》第1行	卿元臣上宰道赞缉熙贞谅□彝忠□□（阙）	卿元臣上宰道赞缉熙贞谅（阙）彝忠（阙）	卿元臣上宰道赞缉熙贞谅秉彝忠□□□尽□□□	彝忠义成性尽事君之节	简州碑前3行每行24字，戎州碑第1行22字

续表

行数	简州《韦南康纪功碑》			戎州《韦南康纪功碑》	说明
	《金石萃编》	《全唐文》	《金石苑》		
第2行	之才寅亮中枢怀柔远俗□□宁息□□(阙)	之才寅亮中枢怀柔远俗(阙)宁息(阙)	之才寅亮中枢怀柔远俗封陲宁息蒸庶义□□清□明□将	封陲宁息蒸庶义安勋	戎州碑第2~4行,首字上空1格
第3行	□列于金石礼亦宜之卿将顺□心远(阙)	(阙)列于金石礼亦宜之卿将顺颐(阙)心远(阙)	纪列于金石礼亦宜之卿将顺为心远□□□□□□□□见	宜之卿将顺为心远兹	"颐"当"顺"
第4行	(阙)所谢知	(阙)所谢知	(阙)所谢知		简州碑本行4字,戎州碑当12字(末字存痕迹)

注:①《金石苑》载简州《韦南康纪功碑》有分行和字格标识,是碑文比勘基础;较《金石萃编》《全唐文》释读出更多碑文,但没有释读出《铭并序》第4行"焉"、第5行"被于"、第9行"足"和第20行"复";与《金石萃编》《全唐文》三者间不同字词,同时戎州《韦南康纪功碑》亦缺部分,选择符合文法或有它证者,有《铭并序》第6行"间/闻"、第11行"节/即"、第29行"二/三",《谢赐表》第12行"无(造)/去、元(造)"。②《铭并序》行格当一致,但《金石苑》第5行前半部少记1格,第10~15行前半部多记2格,第23行前半部多记1格,当是误记。《谢赐表》行格按简州《韦南康纪功碑》,因戎州《韦南康纪功碑》缺行,且缺字较多;《谢赐表》第4行不少于59字;戎州《韦南康纪功碑》第3行行末"□化指忠"处简州《韦南康纪功碑》第4行行首,且至少还缺1字才合文法,即"谐"前当为"□化指忠□",加上后面54字格。《批答》行格按戎州《韦南康纪功碑》。③两碑不同字词,以戎州《韦南康纪功碑》为准,有《铭并序》第8行"其心/心忠"、第9行"者/昔""永昌/西域"、第10行"末州府不能抚/巂州将军善能"、第12行"关中转漕足给/漕运不乏而足"、第13行"思仁/之休"、第18行"人之/秦汉"、第21行"成功/威绩"、第23行"之/忠"、第24行"殁且/功曰",《谢赐表》第6行"义/武"、第12行"不(知)/无(知)"。④两碑文字完全对应的有:《铭并序》第1行"铭并序"、第5行"德被于"、第6行"贤斯实"、第7行"左金吾大将军韦皋"、第8行"朝旨扬国威以仁义服"、第9行"云南""在汉为""郡"、第10行"宝"、第11行"而心""变异乃"、第12行"萧何"、第13行"于(勿贰)"、第14行"卓然"、第15行"诚之"、第18行"或"、第19行"集邦家之"、第20行"徒兼中"、第22行"杰我有"、第24行"不朽爱"、第26行"时杰""于"、第27行"股肱实"、第28行"予怀",《谢赐表》第2行"徒荷乾坤之德拜恩"、第3行"区""文明"、第4行"怀蛮"、第5行"人臣"、第6行"于遐迩文""倬轶于古今臣之庆幸"、第8行"集大绩此皆""仗天威在臣何有又云宣"、第9行"功以为微臣之力"、第10行"云一心奉国百虑在公又云永光史策名臣之"、第12行"于尽命以理戎蛮无任受恩至深",《批答》第1行"彝忠"、第2行"封陲宁息蒸庶义"、第3行"宜之卿将顺为心远"。⑤据上下文可知数字,有《铭并序》第1行"剑南"、第2行"臣诵"、第3行"天"、第5行"高"、第10行"归义",《谢赐表》第3行"明"、第13行"徒""内支"。

综上，目前已知《韦南康纪功碑》《铭并序》783 字（不含第 29 行立碑时间 3、10 字），《谢赐表》426 字、《批答》64 字，计 1273 字（不含结衔、补记 71、43 字），录文如下。

（一）碑阳铭文

剑南西川节度副大使检校司徒兼中书令上柱国南康郡王　韦皋纪功碑铭并序/

御制臣诵奉　敕书/天地以阴阳□□□□□□□□□□忠贤作弼宣翼赞之力用能致□□□天下康庶德于永贞非天□□□□君臣合德事□□□□□/□明则执□□□□□□□□柔之略致恢复之勋者焉☑/高祖太宗受□□□□□□□□□□区握乾符以垂统廓宇宙而贞观盛德被于含露者序□□泽流于率土□深□□□□□□宗重光克□□□□□□□□□□庭御大灾清大难佐□□间生才贤斯实我□□宗社降威用廉□者矣□□□□□□□/□穿垂佑多难□□□□□□□□□谋猷仗忠义之臣以□□□镇乃命左金吾大将军韦皋领剑南西川节度皋天□□□□神□□/□而有谋能集大□□□□□□□□其镇抚之宜至则宣□□□德泽布朝旨扬国威以仁义服其心以信诚通其志□□□□□□/□□足弃织细之□□□□□□□人知国家有安抚之□□□之旨矣云南者在汉为永昌郡魏晋以降道塞因时□□□□□□□/□□龙兴大定区夏□□□□□毕

来朝献开元中诏以蒙归义为云南王天宝末州府不能抚绥遂启边衅云南率其所□□□□□□□□/□□□□□□西川其孙异牟寻□□□归内附朕嘉其诚节懿□□□□时值抢攘而心无变易乃册异牟寻为南诏铸金为印□□□□□□□/□□□□□□得□□□□□为司空而九土以平契□□□而五教以敷萧何关中转漕足给东师张良运筹帷幄而成□□□□□□□之□□□□□□朕深惟德化之未远风□□□□悯此元元以图无疆思仁贤诚在于勿贰察等志在于□□庶□□□□□/□□□□纳苍□□□□□以一旅之师固一州之□□□□徒外牧黎庶一时安缉□□□抗此则其事卓然其□□□者也曰□/□□□蜀楚宁□□□□□□谨财赋以丰其用故得□□□□□欲来远人之贡赋□□率忠义之心尊明诚之志诚乎已则□□□□/□□恩□□则□□□□言前事符响应畅云南□□□□以致遒迩尊王之师而西所向风靡不浃辰而□□关□□者□□/□□蜀境尽复亭□□□□□□□□为纯臣输琛委贽稽颡☑/

□□□德以□□□□□□□□则□代之贤忠良之佐□□□□岂虚也哉昔人之或以力攻或以威制□□□面非□帝王□□/□矣古□□是谓不朽皋一心奉国百□□□□义之忧集邦家之势致□山立德若长城□能制□□□折衡□□/□复王略克建□□□□□□□□□言而理此皋之忠勋斯□□□

□□检校司徒兼中书令封南康郡王节度
□□等使宜□乎□□□□/□契稷□□□
□□□□□□□□书盖详诸家谍矣兹所
□□□□□□茂勋纪成功刻贞石千载之后
庶无愧□□臣其词曰/

　　□□□□□□□□□□□□鸿
烈尊主以忠持危以节□□□亦时之杰
我有天下心臣四夷我有堤封□□惟得人
□□□□□/□蜀□□逭□□□□吾
□□及此小康实杖忠贤抚绥□□□吾
事以臣之良西南万里委贽来王昔闻□□
□□□□□□□□□时而□□□惟一
□□□□前闻异时同致保族承家□□
□有苟能建绩殁且不朽爰刻贞砥固昭厥
后永□□□□□□□□/□□□□□
□□/

　　□韦□□□□元忠之□□□□□
□□□□文武之全才道□□实维时杰
纯诚□于□□□节承德□□令复旧□□
□□□□/□□□□□□汉于□□□
□□□□宜刻金石用表忠勋朕以元
首股肱实为万国纪功□德望□□□□以
□□□余自为序□□/□□□□于□
□□□□□令□□□永念忠贤存于梦寐
想卿真谅当体予怀□□□□□安以□□
□不□及/廿日　□立/元和二年四月
廿五日勒

　　（二）碑阴铭文

1.《谢赐表》

　　▨言当道监军使李先寿回奉宣
圣旨及伏奉　　手诏赐臣　　　御制
□□□□□□□□□□□□□□□□

□□□□□□□□□/▨华光荣加于望外藻饰皆
以典成仰瞻　　　日月之文徒荷　　　乾
坤之德拜　　　恩□□□□□照臣□诚
□□□□□□□□□□□□□□/▨明无
不照德无不容待物推诚爱人以礼四门载
辟百揆时叙加以天纵词锋生□□□包
罗六情涵泳九流弘武德以尚宸区市文明
而□/□化指忠□谐于律吕舒词义正于典
谟虽汉称五叶魏有三祖校词比义何足等
夷臣□□□□京运拥旗□□□□□

　　宸衷□□怀蛮密/于□□奉　成规以
柔远岂敢言功仗　神武以清边才将展
效人臣守□□□□□□□□□□□
□□□□□□□□□□之后思/▨录微功
俯纤　睿藻恩光照曜于遐迩文义倬轶
于古今臣之庆幸臣之庆幸□以□□□□
□□□□□□□□□□□/▨为
言非臣敢望征不惠指踪归于　　　圣主
清大难陈力遇于上□□□□□□□□□
□□□□□□□□□□□□□□□□/
忠而有谋继集大绩此皆克仗　天威在
臣何有又云宣　皇风开　德□□□
□□□□□□□□□□□□□□□□
□□□□□/▨率伏南诏凤禀　成策
得以宣明岂敢贪天之功以为微臣之力□
□□□□□□□□□□□□□□□□
□□杰之材□□□□/　眷私又云一心
奉　　国百虑在公又云永光史策名臣
之首春秋一□殁□□□□□□□□□□
□□□□□□□□□□□□□/▨特
诏皇储发挥墨妙　　恩荣昭彰于四海

文翰辉映于□□□□□□□□□
□□□□□□□□□□□□□□/□无
造期于尽命以理戎蛮无任受　　恩至
深无知所陈之至待湟夙夜□/贞元二十年
十一月二十日光禄大夫检校司徒兼中书
令成都尹充剑南西川节度副大使知节度
事管内支度营田观察处置统押近界诸蛮
又西山八国云南安抚等使上柱国南康郡
王韦皋　上表/

2.《批答》

卿元臣上宰道赞缉熙贞谅秉彝忠义
成性尽事君之节/　□□之才寅亮中枢怀
柔远俗封陲宁息蒸庶乂安勋/　清□明□
将纪列于金石礼亦宜之卿将顺为心远兹/
□□□□□□□见　□所谢知/

三　戎州《韦南康纪功碑》价值评估

戎州《韦南康纪功碑》的出土是宜
宾的一次重要考古发现，有必要评估该
碑的历史、艺术和科学价值。

（一）该碑记载了韦皋重要官职变
化、大政方略及取得成果、重开四川通
往云南交通道路等重要历史信息。韦皋
（745～805年），中唐名臣，入主剑南西
川后，于贞元十年（794年）与南诏达
成了"贞元会盟"[14]，使唐王朝在唐蕃
关系中逐步取得了主动地位，为后来双
方和好奠定了基础。韦皋是当时西南各
民族交流、融合的重要历史人物，《韦南
康纪功碑》是见证这段历史的代表性文
化遗产，具有重要历史价值。

（二）该碑保存有较完整的龟趺座，
对研究古代碑刻形制变化和唐碑特点有
重要参考价值。由于古人往往更关注石
刻文字部分，完整碑座留存下来的反而
不多，碑座是石碑的重要组成部分，同
样具有相当价值。同时，碑文有御制敕
书《铭并序》，有韦皋《谢赐表》德宗
《批答》，有结衔补记等，形式多样，具
有重要的艺术价值。盛唐时期，碑刻发
展达到了鼎盛阶段，形制、书体、文体
都极尽完美[15]；史载德宗工诗、顺宗
（碑文中太子诵）善隶[16]，当时敕书有
"巧于用典""文理缜密"等特点[17]。

（三）该碑出土地为初始安放位置，
对探索唐戎州城范围、戎州津渡和城市
发展有重要科学价值。唐德宗时韦皋开
都督府，于三江口创筑土城[18]。石碑发
现于明叙州城墙东北转角处，距三江口
还相当远，唐城规模当小于明城，应更
靠近三江口一带。唐花台寺石刻紧临三
江口，是一个例证。宜宾古城选址在临
近岷江一侧的三江口，存在向西、向北
扩展的趋势，满足地势较高而少受江水
泛滥之害的基本条件。石碑安放位置，
或为唐戎州城岷江津渡[19]。

（四）韦皋重开进出云南石门路，云
南盐津《袁滋题名摩崖石刻》有"差巡
官监察御史马益，统行营兵马，开路置
驿"，"持节册南诏使御史中丞袁滋，副
使成都少尹庞颀，判官监察御史崔佐时，
同奉恩命，赴云南，册蒙异牟寻为南

诏"[20]，这些册封使节取道戎州到达云南。韦皋为宜宾留下了《天池晚棹》一诗：雨霁天池生意足，花间谁咏采莲曲。舟浮十里芰荷香，歌发一声山水绿。春暖鱼抛水面纶，晚晴鹭立波心玉。扣舷归载月黄昏，直至更深不假烛。

总之，该碑与韦皋相关的戎州都督府、戎州城、石门路等地，共同组成了宜宾唐时重要的文化遗产。

注释

[1]　[宋] 王象之撰：《舆地碑记目》卷四，文渊阁《四库全书》本，第 682 册，第 562 页，上海古籍出版社，1987 年。

[2]　蔡永旭：《宜宾出土唐戎州〈韦南康纪功碑〉初探》，《四川文物》2024 年第 2 期，第 103 页。

[3]　袁守新等：《韦皋与韦南康纪功碑》，《四川文物》2005 年第 6 期，第 79 页。

[4]　民国《简阳县志》卷二十《经籍篇》，第 47 叶，民国十六年丁卯四川官印刷局代印。

[5]　[清] 刘喜海撰：《金石苑》第 4 册《唐韦皋纪功碑》，第 1 叶，清道光二十八年序刊来凤阁刻本。

[6]　[清] 翁方纲撰，沈津辑：《翁方纲题跋手札集录·跋韦皋碑》，第 159 页，广西师范大学出版社，2002 年。

[7]　[清] 刘喜海撰：《金石苑》第 4 册《唐韦皋纪功碑》，第 4~6 叶。

[8]　[清] 王昶撰：《金石萃编》卷一百五《唐六十五》《韦皋纪功碑》，第 14 叶，清嘉庆十年经训堂刻本。

[9]　[清] 刘喜海撰：《金石苑》第 4 册《唐韦皋纪功碑》，第 6 叶。

[10]　[明] 曹学佺著，刘知渐点校：《蜀中名胜记》卷八，第 112 页，1984 年，重庆出版社。

[11]　[宋] 王象之撰：《舆地碑记目》卷四，第 567、569 页。

[12]　民国《简阳县志》卷二十《经籍篇》，第 42 叶。

[13]　[清] 董诰等：《全唐文》卷五五《德宗皇帝》，第 597~598 页，中华书局，1983 年；卷四五三《韦皋》，第 4626~4627 页；卷五四《德宗皇帝》，第 584 页。

[14]　《旧唐书》卷一三《德宗本纪》，第 379~380 页，中华书局，1975 年；[宋] 欧阳修、宋祁等《新唐书》卷一五八《韦皋列传》，第 4935 页，中华书局，1975 年。

[15]　王鹏江：《唐碑研究》，第 27 页，博士学位论文，首都师范大学，2006 年。

[16]　[后晋] 刘昫等：《旧唐书》卷一四《顺宗宪宗上》，中华书局，第 410 页。

[17]　熊碧：《唐代敕书的文学特色》，《湖南城市学院学报》2012 年第 4 期，第 76 页。

[18]　光绪《叙州府志》卷八《城池》，第 1 叶，光绪二十一年新镌版存公局刻本。

[19]　蔡永旭：《宜宾出土唐戎州〈韦南康纪功碑〉初探》，《四川文物》2024 年第 2 期，第 103 页。

[20]　丁长芬：《石门路与昭通——从唐袁滋题名摩崖石刻谈起》，罗培红主编《西南半壁（2018）》，第 117~121 页，文物出版社，2018 年。

渠县历史博物馆藏清玄武钮座铜印章刍议

邓　林　渠县文物保护和利用中心（渠县历史博物馆）文博馆员

摘　要：渠县历史博物馆收藏有一枚清代玄武钮座铜印章。长期以来，对此枚印章未能予以正确释读。结合实物资料及相关研究成果发现，笔者认为此印章应为雷霆都司北极驱邪印，并对印文内涵进行初步探讨。

关键词：明代；道教；法印；北极驱邪；雷霆都司

道教印章在道教文献、金石材料中早有记载，考古发掘中亦有出土，此外亦不乏私人收藏。渠县历史博物馆收藏有一枚清玄武钮座铜印章（彩版一、彩版二、图一），本文拟对这枚印章的性质、印文及其内涵进行初步探讨。

图一　清玄武钮座铜印章背面文

一　印章概述

铜质，碑形钮，印面边长 6.5 厘米，厚 0.9 厘米，高 5.2 厘米，印面上部为一线连接的三个圆圈，左右两侧分别为"雷霆都司""北极驱邪"云篆文字，中部图案为一鸟兽人身形象，其上方有一"印"字，下方有一"罡"字，印背有"玄武"图案。

二　印章性质

据笔者初步统计，已发现的同类或相似法印就有 15 方（详见后表）。此类印章多为方形，边长 5~7 厘米不等。从材质来看，此类印章多为铜质。从年代来看，多集中在明代，有 9 方，其余 6 方印章年代不详。从发现地来看，此类印章多在陕西、四川、贵州等地发现，在四川、贵州等地的羌族、苗族等地区至今仍在沿用。王育成将其归入"北极驱邪院印"之列，李远国在考释后将此类印章称之为"雷霆都司北极驱邪印"[1]。综上，无论是从印文、质地、图案等多方面来看，渠县历史博物馆馆藏清玄武钮座铜印章基本与此类印章一致。因此，渠县历史博物馆馆藏清玄武钮座铜印章应为"雷霆都司北极驱邪印"，此印为道教重要法印的一类。

雷霆都司北极驱邪印实物汇总表

序号	图片	印文	年代	材质	尺寸	来源
1		北极驱邪、雷霆都司	明	铜	印高 3.2 厘米，边长 6.5 厘米，印台厚 0.7 厘米	西安市博物馆藏[2]
2		北极驱邪、雷霆都司	明	铜	印高 4.2 厘米，边长 6 厘米，印台厚 0.7 厘米	西安市博物馆藏[3]
3		北极驱邪、雷霆都司	明	铜	印高 4.2 厘米，边长 5.5 厘米，印台厚 0.7 厘米	西安市博物馆藏[4]
4		北极驱邪、雷霆都司	明	铜	印高 3 厘米，边长 5.3 厘米	西乡县文管所藏[5]
5		北极驱邪、雷霆都司	明	铜	印高 5.7 厘米，印面边长 6.4 厘米	岐山县博物馆藏[6]

续表

序号	图片	印文	年代	材质	尺寸	来源
6		北极驱邪、雷霆都司	不详	铜	印高 6.4 厘米，边长 6.5 厘米	贵州省博物馆藏[7]
7		北极驱邪、雷霆都司	不详	铜	印高 6.3 厘米，边长 6.3 厘米	贵州省博物馆藏[8]
8		北极驱邪、雷霆都司	明	铜	不详	四川省成都市出土[9]
9		北极驱邪、雷霆都司	明	铜	印高 3.8 厘米，边长 5.5 厘米，印台厚 1.5 厘米	贵州省镇宁发现[10]
10		北极驱邪、雷霆都司	明	铜	印高 4 厘米，边长 5.3 厘米	私人收藏[11]
11		北极驱邪、雷霆都司	不详	铜	印高 3 厘米，边长 7 厘米	私人收藏[12]

续表

序号	图片	印文	年代	材质	尺寸	来源
12		北极驱邪、雷霆都司	明	铜	不详	陕西省出土[13]
13	无图	北极驱邪、雷霆都司	不详	不详	不详	四川省阿坝自治州茂县发现[14]
14	无图	佛法僧宝、雷霆都司、北极驱邪	不详	不详	不详	四川省阿坝自治州茂县发现[15]
15	无图	北极驱邪、雷霆都司	不详	不详	不详	四川省阿坝自治州茂县发现[16]

三 印文考释

（一）"北极驱邪"的含义

此印之"北极驱邪"应代表"北极驱邪院印"。北极驱邪院印，又名"都天统摄三界鬼神之印"。《上清灵宝济度大成金书》卷二五称此印"建北帝斋，以代灵宝大法司印及行雷法一应文移通用"[17]，又称灵宝大法司印"建坛前一应行移文牒关札上用及中下界中状方函名字重封处用一印"[18]。《上清灵宝大法》卷二七称"凡一切申奏符檄帖牒则用灵宝大法司印"，进而对北极驱邪院印与灵宝大法司印的功用进行了辨析，"若受天心而行北斗醮自从本法合用驱邪院印，既进品洞玄而行北斗醮通用灵宝大法司印"[19]。《道法会元》卷二五○称北极驱邪院印"乃驱邪院所行章表封印"[20]。《上清骨髓灵文鬼律》卷下称"诸造驱邪院印，方一寸八分，以金玉为之，篆以天文（雷劈木造者听），召六丁六甲使者结界守护。置讫，以红朱傅印面上，先闻上界（应造法中印记惟此），次同所授官花押字样，关东岳照会讫，方得使用"[21]。所谓"北极"，是指"天之中极，万象之所会"，乃紫微大帝之治所。据《道法会元》卷二六五，"紫微北极玉虚大帝，上统诸星，中御万法，下治丰都，乃诸天星宿之主也，北极驱邪院是其正掌也"[22]。紫微大帝为北极驱邪院的主神。北极驱邪院则是掌判鬼律，征召神将吏兵用以驱邪辅正的权威机构[23]。印面上部为一线连接的三个圆圈指三台星，也可代表三台星君。《太上感应篇》卷一"又有三台北斗神君"注："三台共有六星，每台二星。上台司命，中台司功，下台司录。上帝署为天曹。俾主生死养寿夭。"[24]道教认为，三台乃中天之大化，北斗之华盖[25]。也有人认为，此三个圆圈代表道教的最高神——三清神[26]。三清神指元始天尊、灵宝天尊、道德天尊[27]。中部有一鸟首人身图。王育成认为，该形象为"道教神系雷部主神雷祖之化身雷公"[28]。在唐宋墓葬中已有鸟首人身俑出土，该形象即为道教雷神，北宋中叶以后，不同形象的雷神相继以明器的形式在墓葬中频繁出现，与道教雷法的兴起和影响有很大关系[29]。雷神下有一"罡"字，此图为雷神步罡踏斗图。步罡踏斗是斋醮时礼拜星斗、召请神灵的法术，具体步骤为：在醮坛上占方丈之地，铺设罡单，罡单以四灵、二十八宿和九宫八卦组成，象征九重之天，高功脚穿云鞋，在罡单上随着道曲，沉思九天，按星辰斗宿之方位，九宫八卦之图，以步踏之，即可神驰九霄，启奏上天[30]。在道教看来，祈禳北斗、步罡踏斗可以消灾解厄、保命延生[31]。此外，《道法会元》卷五六还记载有"步罡诀法"，称"雷法五部所净符图宝印文又须得罡步诀节方得其灵也"[32]。

（二）"雷霆都司"的含义

此印之"雷霆都司"应代表"雷霆都司印"[33]。雷霆都司印，道书中亦称"雷霆都司符玺""雷霆都司之印""雷部通真达灵金玉之章"，为邵阳雷公四大法印（雷霆都司符玺、三五邵阳雷公之印、雷部通真达灵金玉之章、魁台总领雷霆号令之玺）之一，且雷霆都司符玺与雷部通真达灵金玉之章的印文基本相同，仅在功用上稍有差异（一为印符牒用，一为申奏呼召用）。《道法会元》卷五七称"雷霆都司印"用于"申发文字，召都司将吏用之"[34]。《道法会元》卷一二三对此印有更详细的论述，其"雷霆都司符玺"下称："雷霆火师曰：元始上帝付授三洞飞仙、五岳丈人，其符玺皆玉为之，黄帝得之佩印登天。雷公风后二君得之，相继仙去。许都仙得之，同吴猛丁义统领邵阳雷公，以此符玺照其毒龙，是时毒龙两目迸血，方始斩之，其印为尸氛所触则微裂小缝，后复祭谢乃合如旧。邵阳雷公随此驻扎守护。玺式旁附小字'印符牒用'。"[35]该书"雷部通真达灵金玉之章"下又称"此印专为申奏而设，乃天门雷门识认之私。其印文方圆各有法则，印文为'雷霆都司之印'，方圆厚阔各一寸一分。凡召雷部将吏及邵阳雷公皆以此印符牒谓之暗号，大有报应。昔邵阳将军得遇六波天君，密付此印同雷部辛天君于海南，授予陈泥丸真人，传流至此。印式旁附小字'申奏呼召用'"[36]。《上清灵宝济度大成金书》卷二五称"雷霆都司印"用于

"行雷法诸事，文移通用"[37]。

（三）雷霆都司北极驱邪印的出现

雷霆都司印与北极驱邪院印在宋元时期即已在道教中流传使用。年代最早的北极驱邪院印实物为乌兰察布博物馆收藏的一方宋代北极驱邪院石印[38]，而年代最早的雷霆都司印为中国国家博物馆收藏的一方宋代雷霆都司铜印[39]。道教认为，紫微北极大帝的职能为：职掌天经地纬，以率三界星神和山川诸神，是一切现象的宗王，能呼风唤雨，役使雷电鬼神。如《九天应元雷声普化天尊玉枢宝经集注》卷上曰："北极紫微大帝掌握五雷也。"[40] 雷霆都司亦有"役使风雨，驱除神怪，诛斩妖魅，祈雨祈晴"[41] 等职能。雷霆都司为"北帝专司之所，列官分职，佐玉机之政。凡世间水潦旱魃，悉请玉枢院禀听施行。至于雷霆斧钺，庆赏刑罚，有条不紊，悉有司存。天心有雷，但不专耳"[42]。由于雷霆都司与北极驱邪院在职司上的此种关系，加之北极驱邪院印与雷霆都司印皆有"行雷法文移通用"之功用，遂致集"雷霆都司"与"北极驱邪院"职能于一体的雷霆都司北极驱邪印的出现。

此外，此印印背的玄武形象应象征道教的真武大帝。真武大帝亦称"真武""玄武"，道教尊称为"镇天真武灵应祐圣真君"[43]，被奉为北方主宰之神与水神。龟蛇为真武大帝的护法大将[44]。在西乡县文管所、洋县博物馆、略阳县文管所、岐山县博物馆收藏的北极驱邪院印印背上，即有"披发跣足、足踏龟蛇、手持楔矛"的真武神形象[45]。

四　结语

综上所述，渠县历史博物馆馆藏清玄武钮座铜印章应为道教的重要法印"雷霆都司北极驱邪印"，可将其定名为"清玄武钮座'雷霆都司北极驱邪'铜印章"。雷霆都司北极驱邪印作为道教的一类重要法印，是重要的道教文物，具有较高的历史文化价值。渠县古称"宕渠"，先秦至两汉魏晋时期是賨人的主要聚居地之一，而賨人有信奉巫觋鬼道的传统习俗。渠县历史博物馆馆藏的雷霆都司北极驱邪印从侧面反映了明清时期道教在包括渠县在内的川东地区持续流行与传布的情况。

注释

[1] 李远国：《"夜郎王印"还是"道教法印"：贵州镇宁铜印的考辨》，《中华文化论坛》2010 年第 4 期，第 106 页；李远国、卢崀永：《道教法印秘藏》，第 218、219 页，灵宝出版社，2002 年。也有学者称其为"北极驱邪院印"，见刘合心、何建武《道教符印解读（一）》，《文博》2006 年第 4 期。

[2] 刘合心、何建武：《道教符印解读（一）》，《文博》2006 年第 4 期，第 21、23 页。

[3] 刘合心、何建武：《道教符印解读（一）》，《文博》2006 年第 4 期，第 21、23 页。

[4] 刘合心、何建武：《道教符印解读（一）》，《文博》2006 年第 4 期，第 22、23 页。

[5] 刘合心、何建武：《道教符印解读（一）》，《文

博》2006 年第 4 期，第 20、21 页。

[6] 刘合心、何建武：《道教符印解读（一）》，《文博》2006 年第 4 期，第 20、21 页。

[7] 孙志强：《古代道教用印观念的嬗变与道教"篆书式"法印印文形变规律研究》，《西泠艺丛》2018 年第 11 期；王育成：《道教法印令牌探奥》，第 118 页，宗教文化出版社，2000 年。据李远国所述，该印高 6.3、边长 6.5 厘米，与王育成在《道教令牌探奥》书中所述稍有出入，见李远国：《"夜郎王印"还是"道教法印"：贵州镇宁铜印的考辨》，《中华文化论坛》2010 年第 4 期。

[8] 孙志强：《古代道教用印观念的嬗变与道教"篆书式"法印印文形变规律研究》，《西泠艺丛》2018 年第 11 期。

[9] 李远国：《"夜郎王印"还是"道教法印"：贵州镇宁铜印的考辨》，《中华文化论坛》2010 年第 4 期，第 105 页。

[10] 李远国：《"夜郎王印"还是"道教法印"：贵州镇宁铜印的考辨》，《中华文化论坛》2010 年第 4 期，第 105 页；李飞：《黔史两题：从"夜郎王印"到余庆司副长官墓》，《贵州文史丛刊》2020 年第 2 期。

[11] 李远国、卢崑永：《道教法印秘藏》，第 11 页。

[12] 洪白坚、李远国：《论道教法印的功用与文化价值》，《二十一世纪中国道教展望——茅山中国道教文化研讨会会议论文集》，第 367 页，2001 年。

[13] 伏海翔编：《陕西新出土古代玺印》，第 82 页，上海书店出版社，2005 年。

[14] 李远国、卢崑永著：《道教法印秘藏》，第 218、219 页。

[15] 李远国、卢崑永著：《道教法印秘藏》，第 218、219 页。

[16] 李远国、卢崑永著：《道教法印秘藏》，第 218、219 页。

[17] 《藏外道书》第 17 册，第 99 页，巴蜀书社，1992 年。

[18] 《藏外道书》第 17 册，第 95 页。

[19] 《道藏》第 30 册，第 904 页，上海书店、文物出版社、天津古籍出版社，1988 年。

[20] 《道藏》第 30 册，第 533 页。

[21] 《道藏》第 6 册，第 917 页。

[22] 《道藏》第 30 册，第 625 页。

[23] 李志鸿：《道教天心正法研究》，第 140 页，社会科学文献出版社，2011 年。

[24] 中国道教协会、苏州道教协会：《道教大辞典》，第 72 页，华夏出版社，1994 年。

[25] 李远国：《"夜郎王印"还是"道教法印"：贵州镇宁铜印的考辨》，《中华文化论坛》2010 年第 4 期。

[26] 刘合心、何建武：《道教符印解读（一）》，《文博》2006 年第 4 期。

[27] 李远国：《神霄雷法：道教神霄派沿革与思想》，第 153~162 页，四川人民出版社，2003 年。

[28] 王育成：《道教法印令牌探奥》，第 117 页。

[29] 白冰认为，唐宋墓葬出土之人首鱼身俑、人首蛇身俑、人首龙身俑、猪首人身俑、鸟首人身俑、鳖首人身俑、牛首人身俑、马首人身俑、捧镜女俑、鼓及负鼓力士俑皆为道教雷神或与雷神有关之物。见白冰：《雷神俑考》，《四川文物》2006 年第 6 期；白冰：《四川五代两宋墓葬中的猪首人身俑》，《四川文物》2007 年第 3 期；张勋燎、白冰：《中国道教考古》第 6 册，第 1657~1669、1733~1738 页，线装书局，2006 年。

[30] 张泽洪：《道教神仙信仰与祭祀仪式》，第 146 页，文津出版社，2003 年。

[31] 李远国、李黎鹤：《道教符法的历史研究》，《天府新论》2021 年第 4 期。

[32] 《道藏》第 29 册，第 146 页。

[33] 《道藏》第 29 册，第 136 页。

[34] 《道藏》第 29 册，第 150 页。

[35] 《道藏》第 29 册，第 594 页。

[36] 《道藏》第 29 册，第 594、595 页。

[37] 《藏外道书》第 17 册，第 99 页。

[38] 李兴盛、包龙梅：《乌兰察布博物馆收藏的几方古代官印》，《北方文物》2001 年第 2 期，第 54 页。

［39］王育成：《道教法印令牌探奥》，第 106、107 页。

［40］张兴发：《道教神仙信仰》，第 229 页，中国社会科学出版社、北京中软电子出版社，2001 年。

［41］《道藏》第 53 册，第 1 页。林晓君将雷霆都司的职能概括为"管理水旱灾害""祈雨雪、灭虫害""降妖魔、驱邪恶、治病疗伤"三大职能，见林晓君《福建博物院藏明代道教铜方章考释》，《福建文博》2021 年第 4 期，第 40 页。

［42］《道藏》第 29 册，第 136 页。

［43］勇刚：《真武大帝》，《中国道教》1988 年第 2 期，第 18 页。

［44］任宗权：《道教章表符印文化研究》，第 134 页，宗教文化出版社，2005 年。

［45］刘合心、何建武：《道教符印解读（一）》，《文博》2006 年第 4 期，第 20 页。

云南碑刻里的民族共同体

刘建超　昭通学院人文学院讲师

王紫阳　昭通学院人文学院历史学本科生

摘　要：云南地处西南边陲，从早期僰人、白蛮群体，到后期南诏、大理政权，完成了地域性和民族性的初级统一体，并在不断发展中逐渐成为中华民族共同体的一员。碑刻以其独特的载体特质，在民族融合、华夏一体进程中发挥了特殊的记录作用。无论是昭通《孟孝琚碑》、唐代袁滋题字摩崖，还是曲靖《段氏与三十七部会盟碑》《爨宝子碑》《爨龙颜碑》，都在多民族国家的发展过程中，充当了历史的见证者和记录者。

关键词：碑刻；民族共同体；边疆治理；文化交流

项目基金：2024年昭通学院大学生创新创业训练计划《鲁甸碑刻整理与数据库建设》阶段性成果。

一　秦汉时期

先秦时期云南地区的族群主要包括氐羌、百越和百濮等。"庄蹻入滇"为史书所见关于云南的最早记载，但除却官方兵戎，民间亦当有部分交流。至汉代，云南被正式纳入官方管理体系，楚文化、滇文化、中原文化在此交织融汇，流行于中原地带的刻碑纪事也逐渐传播到了这里。地处交通要道的昭通，古有"锁钥南滇，咽喉西蜀，东控黔西"之称，在华夏一体的进程中发挥着独特的区位优势。

清光绪二十七年（1901年），昭通白泥井梁堆出土《孟孝琚碑》（以下简称《孟碑》），该碑高1.33、宽0.96米，碑首残缺，碑侧左刻青龙，右刻白虎，碑底刻玄武，隶书15行（图一）。碑文记载了汉代孟孝琚的生平事迹，是目前云南出土的最古老的碑刻，也是现今云南唯一记载墓主人姓氏的汉代石刻。《孟碑》刻立于东汉，此时中原地区的丧葬刻石文化正在盛行,《孟碑》的刻立证明了当时此流行风尚所及范围之广。该碑的刻立者为孟孝琚父亲的"故吏"。"自东汉以降,名卿士大夫死而立碑,门生故吏往往寓名其阴,盖欲附托以传不朽尔。"故吏为师尊乃至师尊家属刻碑颂德,亦符合汉代察举制之下的故吏报师尊擢用之恩的习俗[1]。在碑文撰写方面,该碑"文辞古茂,字画遒劲",呈现隶楷互变的态势,梁启超言其"足破北方南圆之陋见""可征汉隶、今隶递嬗痕迹"[2],袁嘉谷称其"简朴古茂,与五凤地节石相类,非永平褒斜石刻、中岳泰室比也",方树梅称其"决为当代老经师手笔……为海内汉碑第一,金石家无不肃然起敬",赵藩称其"文辞书法皆东汉人矩度……乃古汉碑第一……"先贤学者把《孟碑》誉为"滇中第一石",而《孟碑》也有力地证明了在汉晋时期,云南就与中原地区有着密切的文化交流,自身已拥有较为先进的文化,绝非世人所认为的"南蛮",由云龙也因此称《孟碑》"足以征滇省文化输入之早"。

另外,《孟碑》记载孟孝琚"十二随官,受韩诗,并通孝经二卷,博览群□,比德于玉,乃改名为璩,字孝琚"。《孝经》为儒家经典,比德于玉即《礼记》孔子回复子贡时所说"昔君子比德于玉焉!温润而泽,仁也"。同时,《说文解字》载"璇(璿),美玉也",《诗经》载"佩玉琼琚""投我以木瓜,报之以琼

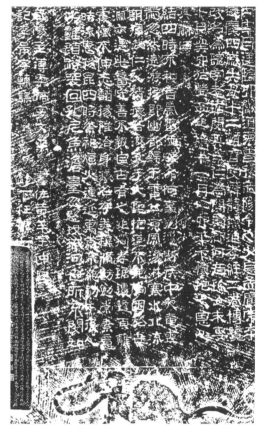

图一　孟孝琚碑拓片（昭通人士　许云藏）

琚"。琼、琚皆为美玉。孟孝琚字、名含义相类,这与中原地区起名与字的做法相同。以上种种,均说明此时的云南地区已经接受到中原文化的熏陶与影响。

《孟碑》使我们重新认识了云南历史和云南文化与中央王朝的交流与关系,有力证明了云南地区自古以来就与中原地区有着密切的文化渊源,是祖国不可分割的一部分。

二　魏晋时期

秦汉以来对云南的治理经营,带去了大量的中原人。及至魏晋,云南地区

出现了一批以汉姓为主的氏族豪强。《华阳国志》载朱提郡（现昭通市）有"朱、鲁、雷、兴、仇、递"等大姓，建宁郡（今曲靖市）有"大姓焦、雍、娄（雷）、爨、量（董）、毛"等大姓。此时云南地区被称为南中，爨氏渐掌大权。该时期典型碑刻为爨氏碑刻，这些碑刻深刻揭示了南中大姓统治下的云南与中原地区深入交流与发展的历史进程。

《爨宝子碑》出土于清乾隆四十三年（1778年）的曲靖市杨旗田村。碑首半圆，碑高1.83、宽0.68、厚0.21米，碑额"晋故振威将军建宁太守爨府君之墓"，故又称"晋故振威将军建宁太守爨府君墓碑"。该碑立于东晋太亨四年（405年），是丧葬刻石的一种。《爨龙颜碑》今存曲靖市陆良，立于刘宋武帝大明二年（458年），碑高3.38、上宽0.13、下宽1.46、厚0.25米。该碑浮雕蟠龙并朱雀、白虎，中穿一洞，左右镌日月，日中有鸟，月含蟾蜍。

二爨碑刻记载了爨宝子的生平以及爨氏家族的历史渊源。《爨宝子碑》载："晋故振威将军建宁太守爨府君之碑……大亨四年（立）……"振威将军是魏晋时期的四品官员。爨氏虽然称霸南中，但自称"晋故振威将军"，说明此时南中依然遵奉晋朝为正统，只是"大亨"为晋安帝壬寅年（402年）年号，晋安帝后又改称年号元兴和义熙，大亨四年（405年）实际应为义熙元年（405年）。爨氏远在边

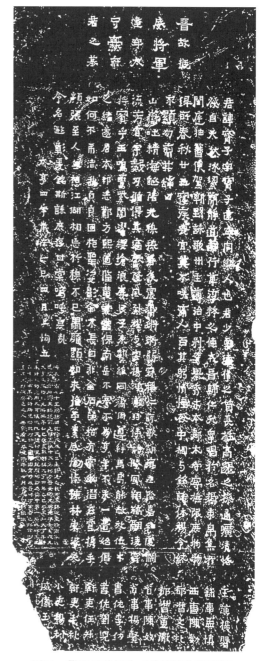

图二　爨宝子碑拓片（曲靖博物馆馆藏）

陲，不知年号更迭，所以继续沿用大亨，既符合历史常理也符合彼时爨氏的社会心理。《爨龙颜碑》言："君讳龙颜，字仕德，建宁同乐县人。其先世则少昊颛顼之玄胄，才子祝融之眇胤也……蝉蜕

河东，逍遥中原。"据碑文介绍，爨氏为少昊、颛顼、祝融的后代，而少昊为黄帝之子，颛顼为黄帝之孙，而祝融亦为颛顼之后。虽有附会之意，但爨氏自认黄帝后裔，表明其深受中原文化影响，而且对中原文化有较强的认同感。同时，碑刻还论及爨氏祖上为河东郡，即山西省夏县地区，这都说明南中之地的大姓，作为南迁的汉人，始终保持着对中原的向心力，而这种向心力正是中华民族形成的基础。

《爨宝子碑》文辞古雅，古风盎然，使用的正是两晋时期的骈文。在书法方面，其字体雄劲，介于隶、楷之间，反映了隶书向楷书过渡的历史。《爨龙颜碑》同样笔力苍劲，运笔继承汉碑特色，方中有圆，也是由隶书向楷书过渡的典型代表。种种迹象表明，二爨碑刻所表现出来的书法特点，与同时期中原地区的嵩高灵庙碑、东晋王氏家族墓志等书法特点有相似之处，说明这一时期的云南与中原的书法也是有一定关联。

当然，除二爨碑刻外，还有爨龙骧墓石、《爨深碑》、《爨云碑》等碑刻，这些碑刻的存在都表明爨氏治理下的"南中"与中原地区有着密切的文化交流。虽然此时中央王朝的控制力量消长不定，但移民带来了大量的汉族元素，体现在碑刻上即为丧葬碑石的刻立，表现出较强的文化向心力。

三 唐宋时期

唐王朝疆域辽阔，"前王不辟之土，悉请衣冠；前史不载之乡，并为郡县"。虽云南亦有地方政权建立，譬如南诏、大理，但正是云南地区的"局部小统一"促进了中国政治体制的"大统一"。这一时期的碑刻当以《南诏德化碑》、袁滋题字摩崖等为典型代表。

《南诏德化碑》现存大理市太和村，高 3.02、宽 2.27 米，为大历元年（766年）刻立。开元二十三年（735 年），南诏统一其他五诏，实现了云南的初步统一，南诏王皮罗阁被唐王朝册封为"越国公""云南王"。天宝战争，南诏与唐王朝关系疏离。大历元年，南诏王阁罗凤思归唐王朝，刻立了该碑。《新唐书》载："我上世世奉中国，累封赏，后嗣容归之。若唐使至，可指碑澡祓吾罪也。"[3] 显示了南诏对中原王朝强烈的认同感。"册汉帝而继好"，为整个碑文的思想核心，表达了南诏各族真诚而强烈的心愿，坚定地表明自己是中华民族的一部分。南诏由乌蛮建立，有自身的乌蛮语言，且深受白蛮语言与风俗习惯的影响。《蛮书》载：南诏人"大虫谓之波罗，犀谓之矣，带谓之佉苴，饭谓之喻，盐谓之宾，鹿谓之识，牛谓之舍，川谓之赕，谷谓之浪，山谓之和，山顶谓之葱路，舞谓之伽傍……"[4] 但实际上，《南诏德化碑》却由汉文撰刻，这与南诏政权曾经推行汉文的历史相符，从侧面反映出西南地区各民族的交流与融合，更反映出云南文化与中原文化的深远发展。

袁滋题字摩崖现存昭通市豆沙关，为唐德宗贞元十年（794年）刻立。摩崖长0.44、宽0.36米，全文8行。天宝之乱，南诏与唐朝不问使者30余年。贞元九年（793年），云南王异牟寻重新向唐朝表示"归大国"的意愿。贞元十年（795年），袁滋等人奉命出使南诏，册封异牟寻为"南诏王"，在路过五尺道（现豆沙关）时有感而发，刻石纪事。碑文介绍了册封异牟寻的一行官员以及刻石的缘由。今日，五尺道依旧下临朱提江水，山高巍峨，渊深万丈。峭壁陡崖蜿蜒隐现，僰人悬棺迎风而立，可想当年册封之艰辛。袁滋等人以国事为重，以民族大义为先，不辞辛苦，不辱使命，最终完成了册封异牟寻的千古义举。时人权德舆诗云：

> 西南使星去，远彻通朝聘。
> 烟雨僰道深，麾幢汉仪盛。
> 途轻五尺险，水爱双流净。
> 上国洽恩波，外臣遵礼命。
> 离堂驻骖驭，且尽樽中圣[5]。

同时，袁滋摩崖的书写形式采用从左到右的书写形式，之所以如此，正是因为袁滋摩崖采用了古代彝族的行文方式。质言之，袁滋摩崖的刻工为当时的彝人。昭通是彝族的发祥地之一，摩崖的刻立邀请了彼时的彝族文人，这符合

当时的社会现实，也符合文化交流、彝汉融合的历史背景。

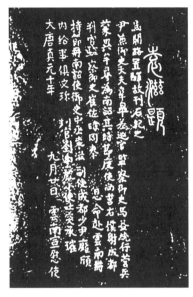

图三　袁滋题字摩崖拓片（昭通博物馆馆藏）

从"云南王"到"南诏王"的转变过程，从《南诏德化碑》到袁滋题字摩崖的刻立，不仅说明唐王朝对南诏既有政权的政治认可，也标志着唐王朝正式将南诏纳入其藩属范围。南诏国是云南当地民族相互融合以及与汉人相互融合形成的政治实体，是民族大融合的产物，实现了云南地区的局部统一，而正是这种"小统一"促进了中国的"大统一"，促进了中国西南边疆的开发，对政治与文化的统一起到了促进作用，有力助推了中华民族共同体的形成。

四　元明清时期

元朝疆域辽阔，多民族共同发展的国家政策，强有力地推动了中华民族观

念的构建，也进一步加强了多元一体的民族观念和历史观念。明代，朱棣强调华夷一家；清代，康熙帝强调"朕统御宇内，率土生民，皆朕赤子"[6]。天下统一观念已经深入人心，边疆治理与国家建设得到空前巩固，中华民族已经成为不可分割的整体。

《元世祖平云南碑》为云南行省平章政事也速答儿于元大德八年（1304年）奏请刻立，现存大理市三月街。该碑分上下两截，上30行，每行20字；下28行，每行25字。碑文所言，云南"秦汉郡县也，负险弗庭""地居徼外，历世所不能臣"，到元朝"云南平，列为郡县""今其民衣被皇朝，同于方夏"，说明云南虽历宋辽金战乱，但此时再次归入中央王朝管辖范围。"方夏"二字表明云南各族对中华民族的认可与归属，"万国一家，孰为要荒"更彰显了元朝大一统的疆域观念与国家认同。行省制度确保了元王朝对云南能够进行强有力的一体化施政，大理市《加封圣诏碑》反映出了元王朝对云南边疆的文化治理。《加封圣诏碑》高3.00、宽1.2、厚0.20米，碑额"加封圣诏"，刻螭龙捧日。碑文记载了至大二年（1309年），太保、三宝奴丞相上奏元武宗，言称各朝皇帝虽赠予孔子圣号，却没有为此立碑。如今皇帝已将加封孔子"大成至圣文宣王"的圣旨晓谕全国，更应为此立碑纪事。元武宗准此。刻碑勒石的请求由云南行省咨请，并颁发全国，说明此时云南地区已

经对中原文化完成了自发性向自觉性的过渡，而中央王朝对云南地区的治理也已经趋向内地化、一体化。

明清两代对云南的治理实施了改土归流的政策，表现出了因地制宜特色。《罗婺贤代铭》位于昆明市禄劝彝族苗族自治县。碑高0.80、宽2.06米，彝文镌刻。碑文内容为明代武定土知府彝族凤氏家族的族谱——从宋代罗婺土司酋首阿白阿俄到明代继承人凤昭时期的相关历史。《武定军民府土官知府凤世袭脚色记》刻于明弘治十三年（1500年），碑高1.00、宽2.10米，汉文镌刻，为武定军民府第八代传袭土知府凤英所题。碑文内容为女土官商胜自归顺明朝伊始，直至凤英时期共约130年间的历史。楚雄市元谋县卡莫摩崖桃源峡彝文石刻为明末环州土司李氏刻立。该碑高0.60、宽0.85米，彝文镌刻，叙述了李氏土官自明代嘉靖间起，守护经营大、小环州共十六代384年的历史。

从凤氏到李氏土官的碑刻中，我们看到了中央王朝对边疆云南地区的治理，也看到了云南地区对中央王朝治理的认可。彝文刻立，强有力地说明了在少数民族聚居的地区，治国理念在基层社会得到了广泛的传播。汉字的发展，影响了其他少数民族的叙事习惯和方式，土官碑刻正是在这种文化交融影响之下的结晶。

水利碑刻自汉代始便已于中原刻立，而云南水资源丰富，明清时移民大量入

滇，水利纠纷事件时有发生，因此水利碑刻也开始大量出现。《大理卫后千户所为申明旧制水利永为遵守事碑》现存于大理市凤仪镇红山村，明嘉靖四十三年（1564年）刻立，主要记载了大理卫后千户整顿水利、惩治豪强、申明旧制的事情。该碑刻由官府主动，以国家行政法规出发，在碑石上刻立公文，赋予此碑独特的法律属性和制度属性。《永卓水松牧养利序》现存于大理下关镇吊草村，清光绪三十二年（1906年）刻立，记载了村民商定水利、放牧等方面的村规民约的事情。该碑由民间刻立，是民众将村规乡约等民间"法律"规范主动纳入强制有力的国家法律规范中来的代表，显示了地方基层对规则的认同与坚持，也体现了民众对国家法规的支持与传承。

水利碑刻是民间意志与官方意志的整合，彰显了官方行政行为与民间规范的互动，是民间与官方的纽带，两者共同致力于地方治理，保持了基层社会的稳定与平衡，从而确保了家国社会的构建与发展，维护了国家的统一与民族团结。

总结

2020年1月，习近平总书记在云南考察时对云南提出新要求——在民族团结进步示范区上不断取得新进展。先秦时期云南地区已与中原地区发生联系，有了初步的文化交流。秦汉魏晋时，云南正式纳入中央版图，中央政权在云南地区实施了边疆治理的各种措施。隋唐时期，社会开放包容，各民族进一步团结，文化交融进一步发展。宋元时，多民族共存，云南的文化与政治治理趋于全国一体化。明清时，云南地区实行的灵活协调的基层多元治理范式，为当代民族团结与边疆治理提供了有益的经验借鉴。

总之，经过几千年的融合与发展，各民族共同开拓和守护了祖国辽阔的疆域，共同促进了统一多民族国家的建构与发展，这一过程又通过不同的形式被记录下来。碑刻作为历史书写，作为一种历史记忆与文化符号，见证着中国地方治理的嬗变，也蕴含着中华民族共同体意识的民族基因。

注释

[1] 唐靖：《东汉〈孟孝琚碑〉书法风格及其历史定位》，《中国书法》2018年第9期。

[2] 梁启超：《饮冰室文集》，第56页，中华书局，1989年。

[3] [宋] 欧阳修、宋祁：《新唐书》卷二二二《南诏传》，第6271页，中华书局，1975年。

[4] [唐] 樊绰著，向达校：《蛮书校注》，中华书局，第216页，1962年。

[5] [唐] 权德舆著，郭广伟校：《权德舆诗文集》（上），第62页，上海古籍出版社，2008年。

[6] 西藏社会科学院西藏学汉文文献编辑室：《亲征平定朔漠方略》，第122页，中国藏学出版社，1994年。

浅析战国时期的床具

董　杨　四川省文物考古研究院工作人员

　　摘　要： 考古所见最早的床具出于战国时期墓葬中，以这一时期床具为研究对象，通过梳理相关考古资料和文献记载，对床的结构特征、装饰工艺、使用及陈设等做初步探讨。战国床具主要出土于楚地和蜀地的高等级墓葬中，数量极少，但俱是精工细作，大量运用髹漆、雕刻、彩绘等工艺，带顶盖、有床门以及可折叠的床在这一时期也已出现。当时的床主要用于寝卧，坐非其常用功能，同称为"床"而用于坐的坐具可能是文献中的"匡（筐）床"。床的摆放位置也较为固定，系头板一侧靠墙，置于寝居中部，室内再以床为中心放置其他器具。

　　关键词： 战国时期；床具；使用；陈设

　　基金项目： 2023年四川省文物博物馆领域青年课题"战国时期床具研究"（课题编号：SCWW2023C40）。

　　床作为中国传统家具的重要组成部分，历史由来已久。甲骨文"床""梦""疾""疒""妆"等字的形态中均有"床"的形象[1]，《诗经》中也有"乃生男子，载寝之床""或息偃在床"等有关床的记述[2]。但迄今为止，战国以前的床都只见于文字形象与文献记载，尚无实物资料可供讨论，现今所发现最早的床的实物资料出自战国时期墓葬中。而目前研究古代床具的学术论文多集中于对汉代以来床的探讨，早期床具的专门研究还较为缺乏，大都见于家具史综合研究[3]，研究对象主要为信阳、包山楚墓出土的床具，因此部分著述在认识上还存在一些偏差，如言古时的床均单面上下[4]，大型架子床迟至汉晋时期才出现[5]，床顶盖可能由汉代承尘演变而来[6]等。因此，本文系统搜集了考古出土的战国时期床具资料，综合文献记载，对当时床具的特征、使用、陈设等做初步探讨。

一 考古出土战国时期床具

考古出土的战国时期床具数量极少，根据现已发表的资料，较完整可复原者仅4件，余皆为构件或残件，集中出于楚地和蜀地。

（一）楚地床具

楚地床具主要见于信阳长台关楚墓、正阳苏庄楚墓以及荆门包山楚墓中。

信阳M1、M2、M7各出土1件漆木床。信阳M1木床下葬时被拆散，置于左后室中部，由床身、床栏、床足三部分构成。床身系四边框架与一横四纵五根床撑榫接而成，四周有竹木制成的方格床栏，两边床栏中部各留一供人上下的缺口，床身四隅及两侧正中设床足六只。床长225、宽136、通高42.5厘米，床栏高18.5厘米。通体髹黑漆，床身周围绘朱色连云纹，床足表面透雕两个相对的卷云纹（图一）[7]。信阳M2木床原亦被放于左后室，因盗掘而散落于前室、左后室和后室。其与信阳M1床形制相似，

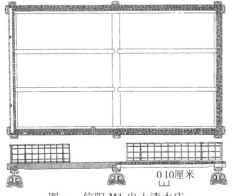

图一 信阳M1出土漆木床
（采自《信阳楚墓》，第43页，图三〇，文物出版社，1986年）

但床帮、床栏等构件皆残损。床帮残长133厘米，床足高23.5厘米。通体髹黑漆，床帮外雕方格，格内镂谷纹，床足透雕对称卷云纹[8]。此外，信阳M7简报也提及该墓右侧室正中出有一"复合式木质床榻"[9]，但具体形制、尺寸等暂未介绍。

正阳苏庄M1出有与信阳M1、M2床具形制相近的漆木床构件13件，每件两端都有锯痕。通体髹黑漆，床帮纹饰同信阳M2床帮一样，先雕出方格，再在格内镂刻谷纹[10]。

包山M1、M2亦出有漆木床及床构件。包山M2床具出于西室南端，复原后为1件折叠床。整床由两个尺寸与结构完全相同的半边拼合而成，分床身、床栏和床足三部分。床身系床挡、床枋及六根横撑等构成的长方形框架，四周设竹木条方格床栏。两侧床栏中部各留一57.6厘米的缺口，缺口两边呈台阶状收缩。床身下接立柱与足座，床足四角作曲尺形，中部为长条形。床长220.8、宽135.6、通高38.4厘米，床栏高14.8厘米。通体髹黑漆，足座未见磨损。折叠方法为先取下中部四根横撑，再脱出中横撑处钩状栓钉，取下两根中横撑，其后将两个方形框架两侧床枋分别内折即成。折叠后床架长135.6、宽15厘米[11]（图二）。包山M1南室还出有床构件6件，包括床门一对、床栏两对。床门四周边框由木质横栏与竖栏榫接而成，外侧竖栏两端均削有长1.5厘米的椭圆形

榫头，门框内为稍细的十一根木质横栏及四根竖栏。门宽54.3、高68.2厘米（图三）。床栏的边框和横竖栏接合方式与门相同，内有横栏四根，竖栏多为三个一组。床栏规格分别为长149.5、宽18厘米和长112.8、宽17.8厘米[12]。M1床门宽度与包山M2床栏缺口长度相近，且竖栏上下两端又分别削成榫头，推测其原应榫接于床身和床顶部构件上，原床可能装有床架或顶盖。

图二　包山M2漆木床（复制件）
展开与折叠情况
（采自《包山楚墓》，图版三七，
文物出版社，1991年）

图三　包山M1出土床门
（采自《包山楚墓》，第33页，
文物出版社，1991年）

（二）蜀地床具

蜀地床具主要出于成都商业街船棺

葬、蒲江飞龙村盐井沟M1和青白江区双元村M154中。

成都商业街2、9、11号船棺内均出有多件漆木床构件。其中2号船棺床构件经修复为一大一小两件漆床。小型漆床残存床头板、侧板和床足等7个构件，缺失床尾板与床撑。其头板、侧板、足皆由整木制成，再以榫卯接合。整床一头平整，另一头略上翘，四周无围栏，四只床足均呈"亚"字形。床侧板长约194、宽20.5厘米，床头板长96.5、宽25.5厘米，床足高15.2厘米。通体髹黑漆，头板、侧板外侧与床足内外侧均施彩绘，饰朱、赭二色绘制的变形回首状龙纹、窃曲纹和蟠螭纹等[13]（图四）。大型漆床出土时尚存25个构件，包括床头板、尾板、侧板、床撑、立柱、床梁和顶盖构件。复原后床身形制与小型漆床相近，只尺寸和构件细节有差。床身四角各榫接一根立柱，上承顶盖，床梁和顶盖构件上皆有作对接记号的刻划符号。床侧板中部亦与楚地床具一样各留一缺口，似利于上下。床头板长130、宽35.2厘米，侧板长253～254.8、宽15.6～26.4厘米，头尾立柱分别长92、108厘米，床梁分别长133.8、320、318厘米，顶盖构件长98.4～100厘米之间。通体髹黑漆，除床撑外其余构件皆有彩绘，多饰朱、赭二色绘制的回首状龙纹、蟠螭纹等[14]（彩版四）[15]。9号船棺出土与2号棺大型漆床相似的顶盖构件9件，其形制尺寸基本一致，完整者长103.2～

114.5 厘米。通体髹黑漆，末端有彩绘[16]。11 号船棺出土床头板和尾板各 1 件，形制、纹饰与 2 号棺漆床相类。床头板长 104、宽 24 厘米，尾板长 103、宽 21.3 厘米[17]。

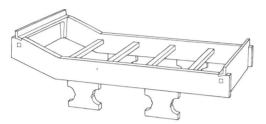

图四　成都商业街 2 号船棺出土小型漆床
（采自《成都商业街船棺葬》，第 30 页，
文物出版社，2009 年）

成都双元村 M154 亦出土床板 2 件、床足 3 件，形制、纹饰与商业街船棺葬小型漆床相近，不过纹饰较后者精美，工艺也更复杂。床板一头上翘，床足作"亚"字形，皆残损。表面髹黑漆，床板饰朱、赭二色绘制的回首龙纹、菱形纹、蟠螭纹、变形凤鸟纹等，床足外侧阴刻菱形纹、三角纹等，中部刻蟠螭纹，四周饰变形凤鸟纹，左右两侧绘回首龙纹[18]。

蒲江飞龙村 M1 也出有床侧板、床撑等木构件数件。其中床侧板 2 件，头部上翘似烟斗，尾部略内收，侧面和底面分别有 6 个、2 个卯孔。床撑 6 件，圆形木条，两端砍削成长方形。墓内还有形制相同的木器座 4 件，疑为床足，底面呈长方形，底部向上弧收成平顶，顶部中间有一长方形榫头。床侧板残长 168、144 厘米，宽 4 厘米，床撑完整者长 70 厘米，床足高 9.2 厘米。原床应为一件窄床。构件均未见髹漆[19]。

考古出土战国床具相关信息一览表

出土地点	床具（构件）	墓葬年代	墓主身份地位	资料来源
河南信阳长台关 M1	漆木床 1 件	战国早期偏晚	楚国士大夫	《信阳楚墓》
河南信阳长台关 M2	漆木床 1 件	战国早期偏晚（晚于信阳 M1）	楚国士大夫	
河南信阳长台关 M7	"复合式木质床榻"	不早于战国中期	楚国贵族	《文物》2004 年第 3 期
河南正阳苏庄 M1	漆木床构件 13 件	略早于战国晚期	楚国士大夫	《华夏考古》1988 年第 2 期
湖北荆门包山 M1	木床门 2 件、床栏 4 件	战国中期（略早于包山 M2）	楚国元士	《包山楚墓》
湖北荆门包山 M2	漆木（折叠）床 1 件	战国中期（公元前 316 年）	楚国大夫	

续表

出土地点	床具（构件）	墓葬年代	墓主身份地位	资料来源
四川成都商业街2号船棺	漆木床2件	战国早期	古蜀开明时期王族或蜀王家族	《成都商业街船棺葬》
四川成都商业街9号船棺	漆木床顶盖构件9件			
四川成都商业街11号船棺	漆木床头板1件、尾板1件			
四川成都双元村M154	漆木床板2件、床足3件	战国早期稍晚	古蜀国高等级贵族或开明氏王族上层人物	《考古学报》2020年第3期
四川蒲江飞龙村M1	木床侧板2件、床撑6件、疑似床足4件	战国末期至秦	开明王朝旧族，在其家族中有较高身份地位	《成都考古发现（2011）》，第338~372页

从表中可见，战国时期床具主要出土于楚地以及受楚文化影响的蜀地开明王朝贵族墓葬中，出土床具墓葬的墓主人身份地位均较高，这应与楚蜀两地当时的葬制葬俗有很大关系。

二 战国时期床具使用

（一）战国床具的铺叠及使用

从床具周边遗物的出土情况可大致推知战国时期床的铺叠方式。包山M1床门、床栏与一髹漆木枕相叠，信阳M1床附近也出土竹木合制枕1件。包山M2床东侧散置编连线朽烂的苇帘，床上叠放草席2件、竹席1件，草席上为1件已腐烂的绢面丝绵衾。经修复，苇帘宽度与折叠床框两浅槽间的距离相合，帘杆总数量乘以直径所得尺寸与两床框内长尺寸基本相等，故苇帘原为铺设于床上的床屉，分两床置于床的两半部浅槽内。床上的草席、竹席和丝绵衾宽度均在118~135厘米之间，原应铺于苇帘之上[20]。信阳M1床旁放有卷着的竹席6件，均以薄篾编成，应为床上所铺之席。床上铺席有一定讲究，如《诗·小雅·斯干》所言"下莞上簟，乃安斯寝"[21]，包山M2遣策中也将各类席分列，其中简263所记"一寝席"即专门的卧席[22]。另外，成都商业街2号船棺与9号船棺还出土有竹笆片，后者所出竹笆片保存情况较好，均经细致加工，表面较平整，规格大小基本一致，长度与2号船棺小型漆床宽度相同，极可能用于这种小型漆床上。竹笆片上依次叠压有草垫、竹席，草垫朽残严重，竹席长约200、宽约90厘米，原本亦可能铺于小型漆床上。蒲江飞龙村 M1 也出土百余根断裂竹片，似为竹笆片。综上，战国时期床具的铺叠应是先于床身浅槽内放苇帘或竹笆片作床屉，再在床屉上铺几层草席、草垫或略粗糙的竹席，其上再放细密贴身的簟席，最后置竹木枕和丝绵衾。

此外，带顶盖的床上还可能会张设寝帐等织物，以防虫、保暖或避尘。

（二）战国床具的坐卧功能探讨

研究普遍认为，汉代的床兼具坐与卧双重功能。不过先秦时期床是否坐卧两用还存在一定分歧，部分研究认为先秦时期的床同汉代一样具有"一具多用"特点，既是坐具，也是卧具[23]，有学者进一步指出床的含义在东周时期发生了第一次变化，文献中出现专指坐具的"床"，其时"床"已泛化为坐具和卧具[24]；也有学者推测这一时期的床很矮，主要用于坐[25]；还有研究提出当时可卧的床可用于坐，而专为坐的床不能用于卧[26]，卧床虽也可坐，但一般不用于正式的会客、宴饮之所[27]；另有研究指出床初只用作卧具，战国时出现高起的坐具之后，由于高起坐具宽广如床，也称坐床，战国时期坐床较为少见，东汉以后逐渐普遍[28]。以下也对此问题试作探讨。

先秦文献中床多与"寝"关联，如前述《诗经》中"载寝之床"，另《管子·大匡》："孟阳代君寝于床。"[29]《左传·襄公二十一年》："方暑，阙地下冰

而床焉，重茧衣裘，鲜食而寝。"[30] 出现床与坐相连的记载仅有两处，一是《仪礼·士丧礼》"主人由足西，床上坐，东面"[31]，二是《礼记·内则》"少者执床与坐，御者举几，敛席与簟，县衾箧枕"[32]。前者为丧礼仪式，暂无法确知坐床是否系日常行为，后者所在《礼记》虽记载先秦礼制，但成书于汉，可能会受当时礼俗的影响，故这两则材料还不能说明战国时期床可用作日常坐具。同时，无论考古出土床具，还是文献中的床，都有一定的私密性。考古出土床具大都有围栏，包山 M1 出有床门，蜀地出土的床带有床顶盖，这些床在设计上即强调空间分割，非开放之所。文献中《周礼·天官冢宰·玉府》"掌王之燕衣服、衽席、床第，凡亵器"[33] 将"床第"与"亵器"相连，《左传·襄公二十七年》"床第之言不逾阈，况在野乎?"[34] 也说明"床第"的私亵之意。此外，已出土的战国床具体量较大，床体较重，不适合随意移动，除作行器的折叠床外，其余应是固定置于个人寝居，虽可用于闲坐，但这种私物不会用于正式的会客、宴饮等礼仪场合，且蜀地之床造型多为一头上翘，其设计初衷亦非日常坐具。要之，战国时期这类床具应主要用于寝卧，虽不排除坐的情况，但并非其常用功能，亦不会用于正式的礼仪场合。

根据文献记载，当时同称为"床"的坐具极可能是"匡床"，或曰"筐

床"。《庄子·内篇·齐物论》云："与王同筐床，食刍豢"[35]，《商君书·画策》言："是以人主处匡床之上，听丝竹之声，而天下治。"[36] 其具体形制暂不得而知，有依"匡"字字义释为方床、正床，也有依其形释为三面有屏或围栏的床，还有按其本义"筐"释为四周有编排若栏杆之床。不过就文献材料和字形来看，匡床应系天子、诸侯等统治者专用之物，是比席更高级的坐具。至汉代，文献中坐床的记载变得非常常见，一方面可能是卧床的使用范围较先秦有所扩大，用来燕坐的频率较前代高；另一方面，或也因当时文献记载将卧床与各类坐具多称为"床"。

三 以床为中心的室内陈设

如前所述，考古出土的战国时期床具体量均较大，床体较重，床足等小部件在频繁移动中也极易受损，因此不适宜"随用随置"，同时床在这一时期主要发挥寝卧功能，无须像席、几、案等器具一样在寝居、会客、宴饮、讲学等多个场合使用，故应有较为固定的摆放位置。而就出土床具的形制来看，基本都是四面设围栏，两侧中部留大小一致的缺口供人上下，即使是蜀地带顶盖的大型漆床也是四面围合中部开口，故这一时期卧床的摆放位置应与后世三面围合的拔步床、架子床和罗汉床等有一定差别。后世这几类床基本是床长边带围栏一侧靠墙放置，若战国时期的床也如是

摆放，则势必会与其设计初衷相悖。所以当时的床应是床头板一侧靠墙置于寝居中部，以相对固定的床为中心，周围再放置其他"随用随置"器具。而从出土床具墓葬的随葬品摆放位置可大致推测战国时期起居空间陈设，其中包山 M2 折叠床所在西室虽主要放置行器，但因同为起居之用，其所代表的室内陈设应与固定寝居无太大差异，因此一并纳入讨论。

首先，卧房内可能会放置坐席与几案，根据需要随用随置。包山 M1 床同室西部卷放一竹席，其上有拱形足长漆几 1 件。信阳 M1 床东北有 H 形几和栅形足雕花几各 1 件，H 形几主要用于凭倚，面板较宽的雕花几可能兼作凭倚与皮物之用，床西侧为一金银彩绘案。信阳 M7 床周围散置木案。成都商业街船棺葬中亦有 H 形漆几和大型漆案等。蒲江飞龙村 M1 床附近也有 3 件小木案。故当时燕居寝处可能会置专门的坐席，如包山 M2 遣策简 263 中跽坐用的"蹝席"，席上放几，几可根据需要择其一或不同类几摆放于不同位置，席前置案，恰如《荀子·礼论》所言"疏房、檖貌、越席、床笫、几筵，所以养体也"[37]。

其次，卧房中可能会摆放一些盛物或置物之器。信阳 M1 床西北有盛装削、锥、刻刀和毛笔等竹简修治工具的文具箱 1 件。信阳 M7 床周围有放铜镜等物的竹笥。包山 M2 床同室亦出土数件盛放丝织物、麻鞋、冠饰等生活用具的竹笥。

蒲江飞龙村 M1 有直径 140 厘米的竹筐。这些木箱、竹笥、竹筐应为当时常用的盛物器具。此外，信阳 M1、M2 床附近还出有一类漆木圈形架，作置物之用。

再次，床附近可能会放乐器。信阳 M7、正阳苏庄 M1、成都双元村 M154 床周边都有漆木瑟出土。包山 M2 床下有瑟柱。包山 M1 床构件附近亦放置木瑟、木竽、有柄鼓各 1 件。先秦时期乐在政治、文化教育、伦理道德等方面都发挥着重要作用，从考古资料可见，即使是在所谓"礼崩乐坏"的战国，乐在人的生活中也占据着重要地位。当时于寝居中放置乐器应比较常见，或用以弹奏自娱，或欣赏乐人演奏。床上鼓乐亦见于文献记载，如《孟子·万章上》："象往入舜宫，舜在床琴。"[38]

最后，在寒冷时节室内也会放置铜炭炉以烧炭取暖。信阳 M1 床附近出有三足铜炉 1 件，炉中尚有木炭。《周礼·天官冢宰·宫人》载："凡寝中之事，扫除，执烛，共炉炭。"[39]《左传·定公三年》亦言："（邾庄公）自投于床，废于炉炭，烂遂卒……"[40] 可见当时在床旁放炭炉应较普遍。

四 结语

现存战国时期床具主要出于楚、蜀两地的高等级墓葬中，数量极少。虽不能就此知悉战国时期床具全貌，却也可从中窥得一斑。其时大型架子床和有足床具已经出现，且大都是四周设围栏，两侧中部留缺口以上下，虽普遍较低矮，但与榻有明显差别。床具的制作也达到了相当高的水平，多通体髹漆，并大量运用雕刻、彩绘等工艺，甚至设计出了可折叠存放的床。当时床的铺叠方式是在床身底部放置苇帘或竹笆片，再在其上铺几重草席、草垫或略粗糙的竹席，粗席上又放细密贴身的簟席，最后置竹木枕和丝绵衾。床具主要用于寝卧，虽不排除坐的情况，但并非其常用功能，亦不会用于正式的礼仪场合，同称为"床"而用于坐的坐具极可能是文献中所提及的"匡（筐）床"。这一时期床的摆放位置较为固定，系头板一侧靠墙置于卧室中部，卧室内再根据需要置坐席与几案，另放盛物或置物之器、乐器等，寒冷季节还会放炭炉取暖。

注释

[1] 徐中舒主编：《甲骨文字典》，第 768、836、837、839、1317 页，四川辞书出版社，2014 年。

[2] [汉] 毛亨传，[汉] 郑玄笺，[唐] 孔颖达疏：《毛诗正义》卷一一《小雅·斯干》、卷一三《小雅·北山》，[清] 阮元校刻：《十三经注疏》，第 437、463 页，中华书局，1980 年。

[3] 胡德生：《中国古代家具》，第 1~4 页，上海文化出版社，1992 年；胡文彦著：《中国家具鉴定与欣赏》，第 14 页，上海古籍出版社，1995 年；聂菲著：《中国古代家具鉴赏》，第 48 页，四川大学出版社，2000 年；李宗山著：《中国家具史图说》，第 94~96 页，湖北美术出版社，2001 年；董伯信编著：《中国古代家具综览》，第 30、31 页，安徽科学技术出版社，2004 年；聂菲、

张曦著：《良工匠意：中国古代家具沿革考述》，第45~47页，百花文艺出版社，2016年。

［4］张勃：《宗法制度对中国家具的影响》，第24页，硕士学位论文，中南林业科技大学，2010年。

［5］徐毅、徐长玉：《我国床的发展研究》，《家具》2002年第4期，第38页。

［6］聂菲、张曦著：《良工匠意：中国古代家具沿革考述》，第47页。

［7］河南省文物研究所：《信阳楚墓》，第19、21、42、43页，文物出版社，1986年。

［8］河南省文物研究所：《信阳楚墓》，第83~85、105页。

［9］河南省文物考古研究所、信阳市文物工作队：《河南信阳长台关七号楚墓发掘简报》，《文物》2004年第3期，第34页。

［10］驻马店地区文化局、正阳县文化局：《河南正阳苏庄楚墓发掘报告》，《华夏考古》1988年第2期，第36、38页。

［11］湖北省荆沙铁路考古队编：《包山楚墓》，第92、93、118、120~123、450~453页，文物出版社，1991年。

［12］湖北省荆沙铁路考古队编：《包山楚墓》，第20、23~25、32~33页。

［13］成都文物考古研究所编著：《成都商业街船棺葬》，第75、77~80页，文物出版社，2009年。

［14］成都文物考古研究所编著：《成都商业街船棺葬》，第80~90页。

［15］图片采自《四川日报》2023年11月14日第11版，大型漆床复原后的实际形制与考古报告中的复原示意图略有不同。

［16］成都文物考古研究所编著：《成都商业街船棺葬》，第106、108、109页。

［17］成都文物考古研究所编著：《成都商业街船棺葬》，第117、119、120页。

［18］成都文物考古研究院、青白江区文物保护中心：《四川成都双元村东周墓地一五四号墓发掘》，《考古学报》2020年第3期，第418、419页；《四川成都双元村船棺内发现古蜀国彩绘漆床》，

《文物鉴定与鉴赏》2018年第6期，第80页。

［19］成都文物考古研究所、蒲江县文物管理所：《蒲江县飞龙村盐井沟古墓葬》，成都文物考古研究所编著：《成都考古发现（2011）》，第346~351页，科学出版社，2013年。

［20］吴顺青等：《包山二号楚墓部分遗物的清理与复原》，湖北省荆沙铁路考古队编《包山楚墓》，第453页。

［21］［汉］毛亨传，［汉］郑玄笺，［唐］孔颖达疏：《毛诗正义》卷一一《小雅·斯干》，［清］阮元校刻：《十三经注疏》，第437页。

［22］刘彬徽等：《包山二号楚墓简牍释文与考释》，湖北省荆沙铁路考古队编《包山楚墓》，第370、395页。

［23］张吟午：《楚式家具概述》，楚文化研究会编：《楚文化研究论集》第四集，第614页，河南人民出版社，1994年；翟睿：《中国秦汉时期室内空间营造研究》，第94、95页，博士学位论文，中国艺术研究院，2009年；葛安伟：《秦汉时期室内空间营造研究》，第64页，硕士学位论文，燕山大学，2012年。

［24］杜小钰：《考古所见先秦两汉的床及其礼俗初探》，《东南文化》2008年第2期，第75页。

［25］陈曦：《先秦至秦汉家居设计文化观念之演变》，第16页，硕士学位论文，南京理工大学，2006年。

［26］胡德生：《浅谈历代的床和席》，《故宫博物院院刊》1988年第1期，第68页；王俊著：《中国古代床文化》，第14页，中国商业出版社，2022年。

［27］李宗山著：《中国家具史图说》，第158页。

［28］崔咏雪著：《中国家具史·坐具篇》，第50页，（台北）明文书局，1989年。

［29］黎翔凤撰，梁运华整理：《管子校注》卷七《大匡》，第337页，中华书局，2004年。

［30］［周］左丘明传，［晋］杜预注，［唐］孔颖达疏：《春秋左传正义》卷三四《襄公二十一年》，［清］阮元校刻：《十三经注疏》，第1971页。

［31］［汉］郑玄注，［唐］贾公彦疏：《仪礼注疏》卷三六《士丧礼》，［清］阮元校刻：《十三经

注疏》，第 1134 页。

[32] ［汉］郑玄注，［唐］孔颖达等正义：《礼记正义》卷二七《内则》，［清］阮元校刻：《十三经注疏》，第 1462 页。

[33] ［汉］郑玄注，［唐］贾公彦疏：《周礼注疏》卷六《天官冢宰·玉府》，［清］阮元校刻：《十三经注疏》，第 678 页。

[34] ［周］左丘明传，［晋］杜预注，［唐］孔颖达疏：《春秋左传正义》卷三八《襄公二十七年》，［清］阮元校刻：《十三经注疏》，第 1997 页。

[35] 蒋礼鸿撰：《商君书锥指》卷四《画策》，第 111 页，中华书局，1986 年。

[36] ［清］王先谦撰：《庄子集解》卷一《内篇·齐物论》，第 24 页，中华书局，1987 年。

[37] ［清］王先谦撰，沈啸寰、王星贤点校：《荀子集解》卷一三《礼论》，第 347 页，中华书局，1988 年。

[38] ［清］焦循撰，沈文倬点校：《孟子正义》卷一八《万章上》，第 622 页，中华书局，1987 年。

[39] ［汉］郑玄注，［唐］贾公彦疏：《周礼注疏》卷六《天官冢宰·宫人》，［清］阮元校刻：《十三经注疏》，第 676 页。

[40] ［周］左丘明传，［晋］杜预注，［唐］孔颖达疏：《春秋左传正义》卷五四《定公三年》，［清］阮元校刻：《十三经注疏》，第 2132 页。

论三苏祠馆藏苏氏族谱中的谱传书写

王　倩　眉山三苏祠博物馆文博馆员

袁志敏　眉山三苏祠博物馆文博馆员

刘宇飞　眉山三苏祠博物馆文博馆员

徐　丽　眉山三苏祠博物馆研究馆员

摘　要：作为国内最大、保存最为完好的三苏遗迹遗址，三苏祠收藏了来自全国各地的苏氏族谱。谱传作为其重要组成部分，数量大，形式多，呈现了身份各异、正面出色的传主形象。族人通过学习谱传，既可吸收传主优良品质，习学其才能，从而形成风清气正的家风、族风；亦能尊祖敬宗，树立宗族自豪感，从而延续代际，维持族性，让宗族不散。同时，具有促进文明社会创建的当代价值与认识家族、地域、社会、时代的史料价值。此外，从传播接受学的角度看，谱传作为连接先祖与后人的桥梁，在传播接受主体（传主）、传播接受媒介（传记类文本）、接受者（后世族人）也存在很多特殊性，具有一定研究价值。

关键词：三苏祠馆藏；苏氏族谱；谱传；特殊性；价值

基金项目：西华大学地方文化资源保护与开发研究中心开放课题"三苏祠博物馆馆藏苏氏族谱家风家训研究"［2022DFWH014］。

族谱，又称家谱、宗谱，是同姓家族共同构建的历史记忆。传记作为其重要组成部分，用来记述重要人物的生平事迹等各个方面，具有重要的宗族价值、历史价值、教育价值等。作为国内规模最大、保存最为完好的三苏遗迹遗址，

三苏祠是保存三苏文献最多的历史文化类专业博物馆，收藏了来自全国各地的苏氏族谱。本文欲以谱传这一特殊体例为切入点，探寻苏氏族谱谱传的特殊性及诸多益处。传记是以人为主体的文体，本文将与人物基本情况相关的文本尽可

能纳入其中，展现谱传体例的多元性特征。

一 馆藏苏氏族谱谱传概览

三苏祠馆藏苏氏族谱大部分为全国各地苏氏后代捐赠，每一家谱中收录的传记内容繁多、体例多样。同其他族谱相类，载有大量"本传"，专门记述家族中有影响、有功绩的男子，如《苏章列传》《苏洵传》《苏轼传》《苏辙传》等传记被各族谱收录。除此之外，苏氏族谱中还载有其他特殊传记体例，包括墓志铭、祠堂记文、颂赞、典故、传奇、引文、评传、年表等。其中墓志铭，也可称为碑传文，借墓碑铭文，以凝练文字对逝者一生做盖棺定论，传扬其德才、功绩，如《赠职方员外郎苏君墓志铭》《老苏先生墓志铭》等。颂赞文按出处可分为两类，一类为敕文、御制赞文，乃皇帝颂赞之辞，对人物一生行迹、德能作全面简要概括、赞美。权威加持下，人物传颂力度得到一定程度提升。如《广安邻水苏氏宗谱》收录的《三大荣封》，记载了汉宣帝对苏武的敕文，宋哲宗对苏序、苏洵、苏轼、苏辙及四人妻子的敕文，宋孝宗对苏轼的敕文，宋神宗对苏迈的敕文，对人物突出方面作肯定，增加了传主的感召力和后人的宗族自豪感；一类为非官方赞文，如《广安邻水苏氏宗谱》中的《再槿 焕文 坤仪 玉堂 四先生合赞》《再衍赞》出自普通修谱人之手，传主也非名震古今之人，但对其的赞誉

对本支脉族人亦具有引导作用。典故、传奇，在一定意义上可视为"别传"，对正传人物的相关资料与叙事方式做为补充。传奇文体虽有虚构成份，但在一定程度上亦能对人物高义卓行的塑造与宣传起加持功用，利于教化。如《云南盐津县长沟苏氏族谱》中收录的《东坡教学传奇》《东坡借地传奇》言东坡在凌云山上设馆教学与借地之事，传扬其仁爱民本思想以及文章盖世之才。典故，以精炼的语言言明历史人物和历史故事，并形成固定的指代性，如《新兴县苏氏族谱》引用《三字经》《幼学故事琼林》所载的苏氏典故——"苏秦，锥刺股""苏老泉，二十七，始发愤，读书籍""文采则眉山轼辙""感苏琼之言厚""负笈千里，苏章从师"。最后，苏氏族谱中还有祠堂记，如《常州府重建东坡先生祠记》对苏轼常州行迹加以渲染。值得注意的是，《广安邻水苏氏宗谱》中出现"往哲引""功名仕宦引""孝子引"，此类引文置于各类人物群集之前，对其作总评，塑造"开门见山"的"模式"印象。这种"总分"传记体例，让后世在宗祖上形成分类意识，并逐渐固化为集体记忆。由上可知，苏氏族谱中的传记在体例上，除"正传"外，还存在许多特殊体例，并且在数量上后者远超前者。它们除充当"别传"，补充相关人物事迹外，更重要的是对人物各方面恰当恳切、深刻全面地解读，便于宗族教化与后世接受。

三苏祠馆藏苏氏谱传一部分是摘录前人撰文，一部分为后人增补，撰写者身份各异。摘录部分，有墓志铭，为与逝者存在特殊关系（友人、同僚、夫妻、兄弟）的官宦或文人所撰；同时其时间选择上一般为宋之前，因为明清后史料增多，纪念文体多元化，墓志铭主导地位被取代；加之对墓志发掘和编印的忽视，所以苏氏族谱收录的宋以后的墓志铭较少。又祠堂记文，一般为三苏行旅遗址遗迹地的地方官吏为纪念三苏，修建亭庙而写，如《常州府重建东坡先生祠记》为明万历三年常州知府施观民所写。又颂赞、传奇等文类，摘录自他人之作。而后人增补部分，主要集中在本传。撰写者或为后代子孙，因深悉传主生平，并且创作动机带有亲情作用下的真情实感，笔调去生硬化，记载更为详实、更具感召力。如《广安邻水苏氏宗谱》中的《仁江公传》乃江公外甥孙李世桢谨志。传文中提及："公有七子二女，公之次女予之母。予自束发从公受书，故详悉其履历。"李世桢为江公外孙，加之从小师从之，备受濡染，以至于对传主有深刻了解，"举其超出寻常口碑乐道着数事言之"[1]。或为友人同僚。因日常接触，对人物各方面亦很了解。如《广安邻水苏氏宗谱》所载《再槿先生传》乃再槿先生于修谱上的共事者——周宪章纂修，周氏因"修谱朝夕与居"，知先生"为名士裔""又吾族中之孝子、悌弟""壮志未消""有胆识""办

族学、修宗谱"，以至于"爰为之志，以示后昆"[2]。或为后世修谱者出于敬重而作。相较于前两者，这一撰写者群体大多和传主接触较少甚至没有，史料大多源自遗迹考察与族人口头传述，如《万怡公传》。无论是摘录还是后人增补，对于撰写者而言，除客观身份外，还应该具有一定的才华、学识、认知以及品德修养，方能准确发掘并完整清晰呈现传主方方面面，并作客观评价。

除传记体例与作传者外，传主更是应重点关注的对象。毕竟传主才是谱传的主体，是纪念弘扬的重点。传主为家族成员，但存在差异性。首先，地位名声不同。一部分处于社会上层，名声超越本族，震耀古今，如苏洵、苏轼、苏辙、苏武、苏味道等见名于经传之士，以明先祖的出色，增强族人宗族自豪感；另一部分处于社会中下层，未被收入正史，多凭借在本族的声望、贤德等因素入传。并且后者在谱传中所占份量呈加重趋势，这表明对"辨支脉"意向的增加。此外，传主身份存在不同。或为儒贤官宦，一般为有名望的儒家士大夫，如三苏父子，谱传中记载了苏轼一生行迹，显其器识之闳伟、议论之卓荦、文章之雄隽、政事之精明、德行之高卓。除远祖外，近宗亦不乏功名仕宦。如广安邻水苏忞公，学优登仕，忠义贤良，清慎不苟，岁凶赈济，复除苗贼，保卫地方安全。或为孝子贤孙，苏氏家训中极力推崇孝道，认为"人身为父母所生，

故孝为百行之原"[3] "穷国法，先定奖孝之条，而圣门首教，事亲之道，孝者，所以先百行而冠八德也，故希圣"[4]，并由此收录了大量孝子事迹加以宣扬。如广安邻水苏氏一脉照顾病重母亲的仁江公、四川筠连一脉割股救父母的苏奎章。或为商人，主要为近世之祖。古代士占主导地位，人们奋斗目标以及对优秀的定义普遍倾向士大夫；而近世，商人地位逐渐提升，财富亦成为出众者的衡量标准。苏氏族谱传记中收录了很多商人形象，如广安邻水仁斗公，幼年家贫，靠母亲做针线养家，成年后，奋发有志，大创基业，成地方显赫之家。或为乡贤，如广安邻水才耀公以务农为业，劝人从善、平息邻里冲突，德行闻名乡里。或对家族有贡献者，如苏演公雪洗族愤，为祖增光：土豪杨子华，仗依财势，谋占家族荼江衙姑山始祖坟地，演公辞官诉讼此事，最后衙姑山判给本族。或为贞洁烈妇，这类女性以德、才著称，既有儒家伦理道德规范下的女性应有的贤良、守节，也有男性群体的所具有的才华、能干。如苏洵之妻程氏，履行妇职，孝恭勤俭，贤良淑德，有才识，重子女教育，肩负家庭重担，经营纺织业，使得三苏能专心治学，终成大儒；苏轼之妻王氏，温柔贤淑，知书达理，沉静自持，红袖添香伴读书，聪慧颖悟，善于观察和分析，幕后听言，助力分辨人情是非。除有名望的三苏妻妾外，普通妻女亦有入谱现象，多为近世。如广安邻

水李氏，不厌夫家窘迫，为让丈夫安心游学，以针黹助薪火，后遇地方霸主强暴，力拒之，宁死守贞。又如汪洋蒲氏，资禀慈和，勤女功，循妇道，喜读书，事父母，奉舅姑，孝、贤、能、德皆具。

综上可知，虽然传主时间跨度大，从远祖到近宗，身份多样，涉及各阶层，但入选者存在共性：或有德，即在君臣、父子、兄弟、夫妇、朋友人伦关系中，恪守忠、孝、悌、忍、善等儒家伦理道德；或有才，在文章、艺术等方面有钻研，并取得一定成绩；或有能，并非好逸恶劳，而是自力更生，在商贸、农耕、手艺等方面有本领，并且开创或壮大夯实了基业；或对家族、乡里有贡献……由此可见，苏氏族谱谱传中的传主多为能让亲者效仿、尊者赞扬的正面形象，符合真、善、美的正面标准。

二 馆藏苏氏族谱谱传的特殊性

从传播接受的角度而言，谱传乃连接先祖与后世的桥梁。因家族特性，使得传播接受主体（传主）、传播接受媒介（谱传）、接受者（后世）也有特殊性。

传播接受主体的特殊性主要体现在以下几个方面。其一，血缘性与宗族性。能否入谱？必要条件并非为其他传记文学看中的才德、功绩、地位，而是"本族人"，或开宗，或续流，传主间存在一定的血缘关联或亲属关联。其二，生命存在状态为已故。其他传记类文本书写

的对象除历史人物外，还包括现世人物；但是谱传传主必须为已逝族人，这与谱传的纪念特性相对应。其三，其他传记类文本在选择传主的时候会更倾向于考虑社会性因素。而谱传的传主入选标准更多以家族地位和影响力为主，社会地位为辅，以至于出现大量不见经传的普通人。并且在传主编排上也存在独特性。不同于史传，谱传传主未进行分类编排，而是一并罗列，最多有时间上的序列。其四，于传主数量上，其他传记类文学传主可能存在多人，并有主次之分；但谱传传主一般为单人立传。其五，对"三苏"的突出强调。苏氏堂号有异，虽源自同一始祖，"苏氏出于高阳，而蔓延于天下"[5]；但是随着朝代的更替、地域的迁移与阻隔，所宗各不同："眉之苏，皆宗益州长史味道；赵郡之苏，皆宗并州刺史章；扶风之苏，皆宗平陵侯建；河南河内之苏，皆宗司寇忿生。"[6] 然而各族谱皆在宣扬三苏上有着力，收录关于三苏的传记和三苏所作文章。这表明皆有借三苏名气光耀家族、引导族人树立宗族自豪感、增强宗族向心力和凝聚力的意图。最后，最为重要的一点是女性入传。"在欧苏谱法中，不书女、不书继娶、不书妾已成为定例，到了明清这种规定被打破。"[7] 苏氏族谱并未遵循先祖苏洵的撰谱思想，而是沿袭明清后的相关规定，收录了一些女性传记，这在一定程度上是为了满足修谱需要：在族训家规中，有"夫妇"

"闺门""女工""教子""妇贤"等关于女性德行的内容，女性便自然入谱发挥教化功用。

接受者也存在特殊性。因为家谱乃一家之书，传播接受范围固定化、窄化，一般为本族，甚至本支，不具有社会广泛性。这样一来，接受主体与接受者乃同族人，存在一定的亲属关系，以至于接受者便会产生特殊的接受情感与接受动机。其他接受行为中，接受者多出自敬仰而习学之。而谱传接受者的接受情感，一方面包含对族规的遵循，具有被动强制色彩；另一方面包含对已逝先祖的亲情认可与家族归属感。那么在接受目的上，并非仅仅是为了习学传主而壮大自身；还为了尊族敬宗、光耀苏门、清正家风。这样一来便会产生特殊的接受效果：较之于其他接受行为成长自我的"向内"化，谱传接受行为更多的是"向外"的"为族"，"向内"为己最终也会指向"向外"，利于宗族的壮大、稳固、延续。

最后，传播接受媒介也存在特殊性。由于传主身份的多元性、时间跨度大以及接受者阶层与文化程度的不同，传记这一文体为统一传播接受媒介的最好形式。首先在体例上，为了全面展示传主，三苏祠馆藏苏氏族谱谱传形式多样，不仅包括本传，还包括墓志铭、颂赞、传奇、典故等众多文本样式。特别是墓志铭弥补了宋以前女性传记的缺失；皇帝敕文，增加传主的号召力，整体拔高宗族的地位，增加族人的荣誉感。此外，谱传作为家谱中的特殊的故事性文本，在撰写规范上存在一些特殊性。谱传基本的写作格式一般会包含传主的个人基本信息（如姓名、祖先、家世、生卒、葬娶、子女）、生平事迹、主要成绩等，还原其真实一生，让后世窥一传而知全貌；大篇幅讲述人物突出点，或德、或为官、或为文；交代作传缘由；最后补充赞语，对传主作客观评价。但是鉴于传记类文本体例、传主身份、作传者的不同，谱传写作规范呈现多元变化趋势。其一，对于女性传主，不同时代记述方式不同。据统计，女性传记类文本，主要为墓志铭、本传。因宋代以前，女性一般不入正传，一般以墓志铭记载；但明清后，社会女性意识增强，传主和作传者趋向平民化，女性入传成常态。因此，苏氏族谱中的女性谱传，墓志铭为宋时作，正传为近现代。其二，同一族谱对不同传主撰写规范不同。身份地位高、德行出众、功绩显赫者，文本篇幅更大、对突出点的撰写更细，如《再樵先生传》《苏演公传》；对"无竣绝可惊之行"但又值得习学的传主，简要概述其方方面面，整体篇幅小，如《万怡公传》《仁斗公传》。其三，不同族谱谱传撰写规范存在差异，具有地域色彩。如云南盐津县苏氏族谱中收录的族人所作的《文忠公本传》，较之于摘录的《宋史·苏轼传》，侧重于写苏轼在常州的行迹，因为此脉祖籍在江苏常州。其四，

篇章结构布局上存在差异，开头或撰写缘由、或为个人基本信息；结局或为赞语，或罗列文学创作，或写死亡等；或整篇评价，或整篇讲故事。可见，苏氏族谱谱传不存在固定的撰写规则，呈多元变化态势，这样更能多角度、多形式、更准确塑造传主形象。

三 馆藏苏氏族谱谱传的价值

传主的选择、谱传的撰写，要同本族族规家训相呼应，而作用对象为族人，因此发挥着一定的教化价值。苏洵《苏氏族谱后录下篇》言："故洵既为族谱，又从而记其所闻先人之行……昔吾先子尝有言曰：'吾年少而亡吾先人，先世之行吾不及有闻焉。'……其子孙犹不忍去其父祖之故，以出仕于天下，是以虽有美才而莫显于世。及其教化洋溢，风俗变改，然后深山穷谷之中，向日之子孙，乃始振讯，相与以宦于朝，在其才气，则既已不若其先人质其敦厚，可以重任而无疑也。而其先人之行，乃独隐晦而不闻，洵窃深惧焉。于是记其万一而藏之家，以示子孙。"[8] 表明修谱目的在于：因害怕先人之行隐晦而不闻，于族谱中记所闻先人之行，以示子孙，从而实现"教化洋溢，风俗变改"。苏氏后世亦遵循并继承了苏洵的修谱思想，重视谱传教化价值的发挥，提出："家之有宗谱，犹国之有实录也……有美德则旌而表之，如硕儒、孝子也、节妇也、贞女也，使人知有所劝……意美法良，其由

来也久矣。"[9] 表扬美德，劝勉后人习学之。因此，馆藏苏氏族谱收录大量谱传，并在其中宣扬传主的教化方式和教育内容，同时传主本身德行亦是习学对象。首先，当传主为教育者时，族人可习学其多样化的科学合理的教育方法。第一，因材施教，针对性教学，这见于苏序、苏洵的教子法。苏洵《名二子说》针对苏轼、苏辙不同性格进行教导，担心苏轼锋芒太露，放心苏辙善处祸福之间。苏序因子苏涣"喜受学"而独教之，使其获功名而开宋代眉山出仕之风；而对苏洵，因"壮犹不知书"，亦不强求[10]。第二，顺其自然，引导式教学。如苏序教育苏洵，不强求，以兄长之成绩激发其发奋读书。第三，以身作则，言传身教。如三苏于南轩读书，苏洵发奋读书的状态会起带动之用；程夫人不残杀雀鸟，不发宿藏，教育苏家人仁爱、廉洁。第四，故事教育，更符合青少年接受模式。程夫人通过讲述范滂传的故事，启发苏轼从小树立忠义报国之志。第五，四方为师，老师并不固定为某一人、某一处。如苏洵带子求学四方，各地游览；苏辙笑向诸孙说："四方有余师，十室岂无朋。"[11] 其次，族人应习学传主德行等各方面。族谱所选择传主及其事迹要以家训为标准，因此族人能从传主身上学习的内容大致分为以下几个方面：第一，"国"的层面，怎样处理与国之间的关系，即忠义报国、仁政爱民、遵纪守法等，这多见于仕宦类传主。如通过阅

读《文忠公本传》《亡兄子瞻端明墓志铭》中苏轼各地政绩，可学其"忠言谠论，不顾身害，凛凛大节，见于立朝"[12]。第二，"家"的层面，怎样处理与家之间的关系，即尊祖睦族、敬长慈幼、葬亲继后等。如广安邻水再槿先生、苏演公、才耀公，可学他们的宗族精神。第三，"人"的层面，正确处理父母、兄弟、子女、夫妻等其他社会群体的关系，如《云南盐津县长沟苏氏族谱》中《味道公本传》载："公性至孝，通朝籍，每出必候问起居。友爱其弟，初终如一。平生与物无忤，受人之惠，虽微必报，恒分俸以济人之乏。心无适莫浑，浑然不见圭角。小人有所触犯，置之不问，闲居无事，坦坦如也。及遇事明敏奋发，庶务满前，应刃立解，拔根适节，自得其宜，防微杜渐，不欲人知。"[13] 从孝亲、悌弟、报恩、宽容等方面肯定苏味道的德量、气节。第四，"自身"层面，包括德、能两方面，修身立德以成贤者，钻研事业（文章、学术、为政、经商、务农等）以得功绩。族人可习学传主贤德，涵养自身品德素养，纠正不良思想行为；可学其择业，吸收其经验，壮大自身本领。当这一行为普遍化、无意识化后，自然形成风清气正的家风、族风。谱传教化价值除作用于家风形成外，还对宗族建设起着关键性效用。明苏国珍《万历戊申重修〈毗陵苏氏宗谱〉序》道："谱者，所以正宗派也，所以昭百世代也，所以

明字讳也，所以别长幼也，所以知亲戚也。"[14] 明苏大《大宗小宗说》道："敬宗而尊祖，所以维持族姓，使不散也。"[15] 族谱的详细传述，可以让族人看到先祖的德才兼备、光彩夺目而产生自豪感，从而尊族敬宗，正宗派，延续代际，维持族姓，使宗族不散。综上可知，宗族以谱传为媒介，具有对族人进行教化，遵循家训族规，促成好家风，并且明正、振兴家族的作用，使宗族延续之。另外，苏氏族谱作为整个社会的文化财富，谱传所反映的德行对于当今整个社会也具有重要作用，利于社会道德规则的优化、社会文明风尚的形成。

除教化价值外，苏氏族谱谱传还存在一定的历史文化价值。对于人物本身而言，能补充其他传记文本资料的不足或缺失，使得后人的认识更加全面和深刻。对于家族而言，谱传能"配合"世系表，从纵向上展现家族史的发展脉络，从横向上增加对先祖的详细介绍与家族家风、事业创拓等方面信息。对于地域甚至国家而言，从每一支脉的苏氏族谱谱传，可了解该地域社会风俗、社会生活，苏氏后世遍布全国各地，超出家族看全国，能认知传主所处时代文化、政治、生活等方面。同时，逆向思维看，苏氏作为"名门望族"，不仅反映地域与时代社会文化，在一定程度上对地域、时代风气起到一定推动作用。

注释

[1] 苏建国等：《武功郡苏氏宗谱广邻三修》，第41页，2008年。

[2] 苏建国等：《武功郡苏氏宗谱广邻三修》，第40页，2008年。

[3] 苏廷瑜等：《云南省盐津县长沟苏氏族谱》，第138页，2004年。

[4] 苏建国等：《武功郡苏氏宗谱广邻三修》，第78页，2008年。

[5] ［宋］苏洵撰，曾枣庄、金成礼笺注：《嘉佑集》卷十四《苏氏族谱》，第373页，上海古籍出版社，1993年。

[6] ［宋］苏洵撰，曾枣庄、金成礼笺注：《嘉佑集》卷十四《族谱后录上篇》，第379页，上海古籍出版社，1993年。

[7] 杜鹃：《明清徽州女性传记研究》，第53页，硕士学位论文，华中师范大学，2021年。

[8] ［宋］苏洵撰，曾枣庄、金成礼笺注：《嘉佑集》卷十四《族谱后录上篇》，第384~387页，上海古籍出版社，1993年。

[9] 苏廷瑜等：《云南省盐津县长沟苏氏族谱》，第298页，2004年。

[10] ［宋］曾巩：《元丰类稿》卷四十三《墓铭》，第9页，四库全书本。

[11] ［宋］苏辙撰，将宗许、袁津琥、陈默笺注：《苏辙诗编年笺注》卷二十《再次前韵示元老》，第1698页，中华书局，2019年。

[12] ［宋］苏轼撰，［南宋］朗晔注，《经进东坡文集事略》卷首《御制文集序》，第3页，《四部丛刊》景宋本。

[13] 苏廷瑜等：《云南省盐津县长沟苏氏族谱》，第60页，2004年。

[14] 苏廷瑜等：《云南省盐津县长沟苏氏族谱》，第37页，2004年。

[15] 苏廷瑜等：《云南省盐津县长沟苏氏族谱》，第46页，2004年。

试析古蜀青铜器中的
儒家思想元素

李雨馨　陕西师范大学历史文化学院硕士研究生

摘　要：儒家是对中国影响最深远的学派之一，孔子之前儒学便已开始萌芽，儒者队伍开始建立，直到春秋时期才由孔子提出"仁""礼"等基本核心理念，奠定了儒家思想的基础。作为先秦思想文化的重要载体，青铜器蕴含了丰富的儒家思想元素，古蜀青铜器同时受中原和本土文化的影响，展现出了独特的"儒"思想表现风格。

关键词：古蜀；青铜器；儒家思想

基金项目：本文为国家社科基金西部项目"中国古代青铜器发生学研究"（项目批准号：19XKG009）的成果。

　　儒家思想深植于中华传统思想土壤之中，其主要思想皆可在孔子之前的思想文化中找到源头，直到春秋时期才由孔子创立基本的核心理念。青铜器是先秦时期思想文化的最重要载体，其中也蕴含着丰富的儒家思想元素，从青铜器铭文中可直接找寻证据，天亡簋铭文"乙亥，王又大豊，王同三方，王祀于天室……"[1]，何尊铭文"……复禀王豊福自天……佳武王既克大邑商，则廷告于天……"[2]，大盂鼎铭文"不（丕）显文王，受天有大令（命）"[3]，都反映了天命对于王朝的重要性，体现祭祀之礼和天命观的思想，

遂公盨铭文中反复出现"德"，体现了周人德治思想。作为中国青铜文化的重要组成部分，古蜀青铜器中也蕴藏着一定数量的儒家思想元素。

一　孔子之前的儒家思想

　　《汉书·艺文志》记载："儒家者流，盖出于司徒之官。"[4]《淮南子·齐俗训》曰："故尧之治天下也，舜为司徒。"[5]《尚书·舜典》和《史记·五帝本纪》中都记录了舜协助尧"慎徽五典，五典克从"[6]，以"五常之教"[7] 教化百姓。《史记·五帝本纪》还记录了："舜曰：

契，百姓不亲，五品不驯，汝为司徒，而敬敷五教，在宽。"[8] 同样的语录在《尚书》中也有记录，契是商人始祖。通过上述文献可得尧舜时期便有任教化之命的司徒之官的存在，司徒之官由部落首领担任，体现了这一时期的教化局限于部落之内，五典应是"仁义礼智信"五常的前身，范围也随之扩大到整个社会。胡适《说儒》一文深耕殷商部落与儒家起源的关系，认为"儒是殷民族的教士"[9]，这一时期儒被赋予宗教祭祀的神职功能。无论是"司徒之官"还是神职儒士，都可称为"王官"，二者均说明了儒和儒家思想是三代以来的产物。

孔子曾自谦："述而不作，信而好古。"[10]《史记》记载："孔子乃因史记作春秋……据鲁，亲周，故殷，运之三代。"[11] 孔子重视历史传承，是三代以来思想的集大成者，六经是儒家思想的经典来源。孔子评价《诗经》"思无邪"，《诗经》中展现的纯洁正直的标准为儒家思想的建立提供了基础，《诗经》中有多处对"心"的不同层面的表达，不仅体现了认识自我的唯心意识，还展现了"德心""仁心"等为政之道。《小雅·天保》"民之质矣，日用饮食"和《大雅·抑》"质尔人民，谨尔侯度，用戒不虞"皆对"质"进行了描述，为后来孔子的"文质"思想提供基础。《尚书·洪范》的"治道"理论与《孔子》中"修身、齐家、治国、平天下"主张内核一致。《尚书》《周易》《左传》《国语》中均有对"天"的记录，已赋予"天"自然意义之外的带有帝王、主宰、命运的含义，类似于《周易》"夫大人者，与天地合其德"[12] 的言论对儒家"天人合一"的观念产生了深刻影响。

二 古蜀青铜器中的"天人观"

中国哲学中"天人观"占有举足轻重的地位，"天"包含主宰（至上神）、天空、命运、自然、道德法则等不同内涵。中国古代社会的发展受自然条件的影响较大，人与自然密不可分。先秦时期人们战胜自然的力量尚弱，祭祀盛行，目的是祈求神灵以庇护自身。《左传·成公十三年》云"国之大事，在祀与戎"，祭祀也是统治者通天的手段。古蜀地区祭祀活动频繁，体现为大量祭祀类青铜器的产生，这些青铜器充分展现了古蜀天人合一的思想。

三星堆和金沙遗址出土多件青铜立人像，生动地反映了古蜀成员形象与祭祀礼仪。三星堆二号坑出土一件"青铜大立人像"，由人像和底座两部分构成，总高2.62米，人像高1.72米，头戴天目冠，身穿龙纹长袍，双手抱握于胸前。人像立于高台上，结合冠服特征应是拥有神职的巫师，在祭祀活动中处于中心地位，是古蜀人原始宗教崇拜下的精神偶像，有学者认为此人像为"神、巫、王"于一体的最高统治者之象征[13]。除大立人像外，两处遗址还出土许多小型持物青铜人像。三星堆二号坑出土一件小型跽坐人像，两臂向前伸直，双手握一枚玉璋。金沙遗址出土一件立人像，身着短袍，头戴帽圈，双手呈上下环握状立于胸前，与青铜大立人像类似。人像手中所握为何物至今仍不清晰，但学者们关于人像角色的意见一致，结合手握玉璋人像的形象，认为立人像都是具有直接通天属性的人物，用于满足首领统治政权的需要。

太阳崇拜是古蜀人信仰体系的重要组成部分，他们面对神秘的自然世界，认为象征光芒的太阳是保佑整个民族的神。在蜀地，太阳形象常常与鸟成组合出现，神鸟具备沟通天地的作用，因此，古蜀的神鸟信仰也十分盛行。三星堆与金沙遗址出土多件青铜鸟，可直观反映对鸟的崇拜。另一类器物是人首鸟身像（彩版五）[14]，如三星堆出土的立于神树顶端的鸟人，脸部有明显佩戴面具的痕迹，面具应是为了遮住人像原本模样助其乔装成神祇的工具，学者们普遍认为这一类半人半鸟的人像是巫师或神的形象[15]，鸟形象体现了人们崇拜鸟能够上天的功能，从而将这一元素加入人像的设计来达到与天界神灵交流的效果。

《管子·水地》："龙生于水，被五色而游，故神。欲小则化为虫蠋，欲大则藏于天下，欲上则凌于云气，欲下则入于深渊。"[16] 龙具有上天入地的超自然力量，是古人沟通天地的媒介。金沙遗址祭祀区和三星堆祭祀坑出土多件龙形器（彩版六）[17]，其中三星堆青铜龙形器具有代表性。三星堆青铜鸟足神像顶端站立着的青铜人手中握有一件龙首权杖，脚底另俯卧一条龙；1号祭祀坑出土的青铜柱形器柱首是一条长有羊角和山羊胡须的龙。不仅如此，青铜大立人像的衣服主体纹饰同样为龙纹。权杖和大立人像是王权和神权的代表，人们通过装饰龙纹和龙形象，为对话天地神祇增添力量。青铜神树在祭祀活动中具有通天的天梯的功能。三星堆出土的8棵青铜神树中 I 号神树体量最大（图一），由树座、树干、树枝和龙四部分组成，通体分为三层，神树的一侧攀附着一条头上长角的神龙，整体造型飘逸灵动，昂首挺胸，体现了祭祀的神性。金沙遗址迄今未有神树的发现，但是出土多件类似神树残件，体现了此地与三星堆一脉相承的信仰。神树以神话中的昆仑、灵山、建木作为原型，是沟通宇宙的象征，反映了先民的天人观念。

图一　三星堆 I 号神树[18]

三 古蜀青铜器中的"中庸之道"

中庸之道最早由孔子提出，其主张"中庸之为德也，其至矣乎！民鲜久矣"[19]，认为中庸是一种最高的道德标准。《说文解字》对中庸二字的定义为"中，内也，从口。丨，上下通"[20]，"庸，用也，从用，从庚。庚，更事也"[21]。这说明"中庸"意为"用中"，郑玄同样认为："名曰，'中庸'者，以其记中和之为用也，庸，用也。"[22] 因此，中庸的含义是适得其中、执两用中。中庸思想还体现在"仁"与"礼"的统一，"仁"注重内在修养，"礼"注重外在约束，修身治国要取二者之中，使其相辅相成，互相制约。中庸思想虽是孔子首次提出，但在春秋以前已经萌芽，古蜀地区青铜器体现了中庸之道在器物设计上的运用。

张光直先生认为商代崇尚两分观念，从宫殿到卜辞排布再到青铜器纹饰都体现了两分格局[23]。古蜀地区青铜器纹饰图案虽极具特色，但也充分吸收中原特点，三星堆和金沙遗址青铜器都出土了大量带有兽面纹这一充满对称美纹饰的青铜器。除青铜容器外，三星堆青铜神树上同样饰有兽面纹。青铜器是等级划分的象征物，中庸之道即正确地遵循礼制。青铜酒器是殷商时期重要的礼器，在殷墟及周边贵族墓地中均可见大量的青铜酒器，三星堆及金沙遗址出土青铜尊及青铜罍体现了对于礼制的遵循。三

星堆三号祭祀坑南部出土的铜顶尊跪坐人像，由大口尊和跪坐人像上下两部分组成，中间由一块方形平板隔开，跪坐人像呈双手作向前合握状。此前在三星堆二号祭祀坑也发现了铜顶尊跪坐人像（图二）。这一类器物体现了古蜀祭祀文明，在祭祀的重要场合，头顶尊体现了古蜀人对尊的重视，同时象征着权威与财富[24]。

图二　三星堆二号祭祀坑铜喇叭座顶尊跪坐人像[25]

夏礼遵循列器，商礼遵循同形（图三）。三星堆二号坑分别出土大小成列、形制一致的三件铜兽面和两件铜尊；四号坑出土了三件"尺寸相当，造型一致"[26]的铜扭头跪坐人像；三号坑出土一件人像托举组合器，托举方座上饰有四件铜觚，形制大小相同，遵循商偶数同

三星堆遗址			
	K2③：228	K2③：221	K2③：217
竹瓦街窖藏			

0　　10厘米

图三　三星堆"列器"与竹瓦街"同形"现象[27]

形的礼制[28]。彭州竹瓦街窖藏分别于1959 年和 1980 年出土两件形制基本相同的兽面纹罍[29]和两件涡龙纹罍[30]，遵循了偶数同形的商礼。古蜀还拥有特定的三件成套的礼制，三星堆器物坑常见三件套现象，部分器物的形制和纹饰也常与"三"有关[31]。金沙遗址祭祀区、彭州竹瓦街窖藏等古蜀遗址同样出土三件成套、大小相似、形制相若的铜器[32]。此外，金沙遗址出土的一部分青铜容器的金属材料来源与中原西周早期金属来源一致，表明古蜀地区在西周时期对中原周王朝的尊崇，两地青铜铸造业存在紧密联系[33]，这符合中庸思想下的礼制。

四　古蜀青铜器中的"文质论"

《说文解字》对"文""质"二字的定义分别为"文，错画也，象交文"[34]"以物物相赘"[35]。从中可以得出"文"本义为交错的纹理，富有线条美，给人以良好的审美体验；"质"的本义为价值的交换，蕴含内在的价值观念。《论语》曰："文质彬彬，然后君子。"[36]孔子代表的儒家提倡文质统一，即注重事物的表里如一。文质论在器物设计思想上体现为物体形式与功能的统一。古蜀地区青铜器的设计不仅包括器物的实用功能，还展示了属于古蜀文明的祭祀和宗教精神，充分体现了文质论的思想。

铜铃是一种响器，形似钟，由内置铜舌碰撞内壁发声。铜铃在古代社会的功能有许多：优雅娱乐的乐器、祭祀场合的礼器、车马器的装饰品等，具体用处可根据铜铃出土时的具体位置、大小组合及伴出物进行判断。蜀地出土铜铃数量繁多，主要集中于三星堆和金沙遗址，三星堆二号坑出土铜铃 43 件[37]，金沙遗址梅苑地点出土铜铃 12 件[38]，主要形制为合瓦形。

三星堆出土铜铃风格独特，具有强烈的古蜀宗教色彩，除合瓦形铜铃外，二号坑出土一件鹰形铃 K2②：103－8（图四）[39]，铃身为鸟首形，勾喙，大眼，浅冠，鸟头内有獠牙状铃舌[40]。古蜀人民崇拜鸟这一动物，神鸟形象常见于古蜀青铜器中。鸟能够自由翱翔于天地之间，人们认为它可以触碰天神，有沟通神祇的功能，同时，农业是古代社会的重要生产生活来源，鸟俯瞰大地，来去迁徙，人们可以依靠鸟的踪迹辨析季节变化，因此对神鸟的崇拜体现了古蜀人民渴望拥有类鸟的超自然力量。人首鸟身体现了人们从对鸟的自然崇拜转化成为祖先崇拜，这一类人兽形象的神灵是动物的人格化与人类的动物化的互相结合，是图腾崇拜到祖先崇拜的转化[41]，神鸟已然成为古蜀人心中的祖神。这种神鸟信仰影响着后世，《说文解字》中对"孔"的解释为："孔，通也。从乚从子。乚，请子之候鸟也。""乚"为："玄鸟也。"[42] 可见孔子与玄鸟有不解之缘，在《论语》中也有借用凤鸟来抒发哲理的语句。如"凤兮凤兮，何德之衰！往者不可谏，来者犹可追。已而已而！今之从政者殆而！"[43] 记录了楚国隐士劝诫孔子的话语。他将孔子比作凤鸟，

凤鸟只在天下太平时出现，而如今的世道已经无力扭转，于是劝孔子归隐。再如："凤鸟不至，河不出图，吾已矣夫！"[44] 自古盛世必有祥瑞，凤鸟至，河出图是祥兆，孔子借此感叹自己生不逢时，不逢明君。三星堆鹰形铃为鸟首形，其外部设计体现了古蜀神鸟崇拜，承载了古蜀人的审美意识，根据其伴出物石璋、铜牌形铜铃等物，可推断鹰形铃为祭祀乐器。鹰形铃形式与功能完整于一体，是古蜀青铜器文质思想的巧妙体现。

图四　鹰形铃

总的来看，早期儒家思想中的天人观、中庸之道、文质论等在古蜀青铜器中都有所体现。这些思想的来源既有古蜀本土信仰的影子，又有来自中原文化的影响。

"图腾的选择很大程度上依赖于该地区的自然环境，取决于该地区的动物群和植物群。"[45] 四川盆地被青藏高原、

云贵高原、大巴山、巫山、松潘高原等高地所包围，地势低平，加上多阴雨天气，容易形成洪涝灾害，古蜀人在渴望太阳照射的同时，还观察到翱翔于空中的鸟类不会受到洪水侵扰，因此产生对太阳和鸟崇拜的心理，使古蜀文明与太阳和神鸟紧密联系在一起。

此外，古蜀文化还受到中原文化的影响，如对龙的信仰、兽面纹与青铜尊等酒器的使用等。一些青铜容器的形制与制作工艺与中原也有较大的一致性，如三星堆一号坑出土的龙虎尊 K1：158 是较典型的殷墟一期的青铜尊风格[46]。中原地区的儒家思想也随之传入古蜀地区。

注释

［1］刘雨等：《商周金文总著录表》，第 628 页，中华书局，2008 年。

［2］李学勤：《何尊新释》，《中原文物》1981 年第 1 期，第 35~45 页。

［3］李学勤：《大盂鼎新论》，《郑州大学学报（哲学社会科学版）》1985 年第 3 期，第 51~55 页。

［4］［东汉］班固撰，［唐］颜师古注：《汉书》第 6 册，第 1728 页，中华书局，1962 年。

［5］何宁：《淮南子集释》，第 771 页，中华书局，1998 年。

［6］《尚书·舜典》，［清］阮元校刻：《十三经注疏》重栞宋本（第一册），第 34 页，艺文印书馆，2007 年。

［7］五典为五常之教，父义、母慈、兄友、弟恭、子孝。

［8］［汉］司马迁撰，［宋］裴骃集解，［唐］司马贞索隐，［唐］张守节正义；《史记》（第 6 册），第 1943 页，中华书局，2014 年。

［9］胡适：《说儒》，《中国思想史》，第 2 页，华东师范大学出版社，2005 年。

［10］杨伯峻：《论语译注》，第 66 页，中华书局，2017 年。

［11］［汉］司马迁：《史记》（第 6 册），第 2352 页。

［12］《周易·乾卦·文言》，［清］阮元校刻：《十三经注疏》，第 17 页。

［13］唐敏：《试论青铜大立人像手势所象征的文化内涵》，《中国民族博览》2022 年第 3 期，第 202~204 页。

［14］中国青铜器全集编辑委员会编：《中国青铜器全集·巴蜀》，第 40 页，文物出版社，1994 年。

［15］陈淳、殷敏：《三星堆青铜树象征性研究》，《四川文物》2005 年第 6 期，第 43 页；赵殿增：《三星堆文化与巴蜀文明》，第 319 页，江苏教育出版社，2005 年。

［16］［清］黎翔凤撰，梁运华整理：《管子校注》，第 827 页，中华书局，2004 年。

［17］金沙遗址官网 https://www.jinshasitemuseum.com/node/199，2024 年 7 月 17 日。

［18］四川省文物考古研究所：《三星堆祭祀坑》，第 558 页，文物出版社，1999 年。

［19］杨伯峻：《论语译注》，第 64 页，中华书局，2017 年。

［20］［东汉］许慎，［清］段玉裁注：《说文解字注》，第 20 页，上海古籍出版社，1988 年。

［21］［东汉］许慎，［清］段玉裁注：《说文解字注》，第 128 页。

［22］［汉］郑玄注、［唐］孔颖达正义：《礼记正义》，第 877 页，上海古籍出版社，1990 年。

［23］张光直：《美术、神话与祭祀》，第 47~73 页，辽宁教育出版社，2002 年。

［24］雷雨、冉宏林等：《三星堆遗址三号祭祀坑出土铜顶尊跪坐人像》，《四川文物》2021 年第 3 期，第 116 页。

［25］四川省文物考古研究所：《三星堆祭祀坑》，第 545 页。

[26] 四川省文物考古研究院:《三星堆遗址四号祭祀坑出土铜扭头跪坐人像》,《四川文物》2021 年第 4 期,第 104~117 页。

[27] 雷兴山、王洋、冉宏林:《三星堆与上古中国的青铜礼制》,《中国社会科学》2023 年第 1 期,第 124~139 页;四川省文物考古研究所:《三星堆祭祀坑》,第 198 页。

[28] 雷兴山、王洋、冉宏林:《三星堆与上古中国的青铜礼制》,《中国社会科学》2023 年第 1 期,第 124~139 页。

[29] 王家祐:《记四川彭县竹瓦街出土的铜器》,《文物》1961 年第 11 期,第 28~30 页。

[30] 四川省博物馆、彭县文化馆:《四川彭县西周窖藏铜器》,《考古》1981 年第 6 期,第 496~499,555 页。

[31] 冉宏林:《三星堆城址废弃年代再考》,《四川文物》2021 年第 1 期,第 96~104 页。

[32] 雷兴山、王洋、冉宏林:《三星堆与上古中国的青铜礼制》,《中国社会科学》2023 年第 1 期,第 124~139 页。

[33] 王方:《金沙遗址出土青铜器的初步研究》,第 275~283 页,《成都考古研究》,2009 年。

[34] [东汉] 许慎,[清] 段玉裁注:《说文解字注》,第 425 页。

[35] [东汉] 许慎,[清] 段玉裁注:《说文解字注》,第 281 页。

[36] 杨伯峻:《论语译注》,第 61 页。

[37] 四川省文物考古研究所:《三星堆祭祀坑》,第 289 页。

[38] 成都市文物考古研究所:《成都金沙遗址 I 区"梅苑"地点发掘一期简报》,《文物》2004 年第 4 期,第 11 页。

[39] 中国青铜器全集编辑委员会编:《中国青铜器全集·巴蜀》,第 53 页。

[40] 四川省文物考古研究所:《三星堆祭祀坑》,第 293 页。

[41] 翦伯赞:《先秦史》,第 115 页,北京大学出版社,1988 年。

[42] [东汉] 许慎,[清] 段玉裁注:《说文解字注》,第 584 页。

[43] 杨伯峻:《论语译注》,第 192 页。

[44] 杨伯峻:《论语译注》,第 86 页。

[45] 何星亮:《中国图腾文化》,第 12 页,中国社会科学出版社,1999 年。

[46] 张长寿:《殷商时代的青铜容器》,《考古学报》1979 年第 3 期,第 271~299 页。

浅谈宋代争夺淯井盐利之战

张乃富　宜宾市决策咨询委副主任

摘　要：北宋时期朝廷过分严厉的食盐管制政策和官府的牟利操作，极大损害了居住在淯井（今长宁县双河镇）周边各族人民的食盐需求和经济利益，引发了连续不断的骚乱、战争，虽然都被朝廷镇压下去了，却严重地消耗了国力，是不应被忽视的历史教训。

关键词：北宋盐政；淯井；盐利之争

宋朝和整个封建时代的其他王朝一样，实行盐铁专营，盐税是国家的主要财政收入。"宋自削平诸国，天下盐利皆归县官。官鬻通商，随州郡所宜……尤重私贩之禁。"实行严刑峻法，"建隆二年，始定官盐阑入法，禁地贸易至十斤、鬻碱盐至三斤者，乃坐死""三年，增阑入至三十斤、鬻碱盐至十斤坐死"[1]。按当时的盐法之制，"大为监，小为井，监则置官，井则募土民，或役衙前主之"[2]，以确保国家税收。

宋朝时期，今四川一带产井盐，川外之盐禁止入蜀。在宜宾长宁双河镇就有大盐井，被称为淯井，最盛时期，岁产盐63万斤，受到宋王朝高度重视。因产盐多，宋王朝在其地设置相当于县级

机构的淯井监，配有保证其基本安全的武装力量及一定数量的属地。政和四年（1114年）进一步升格为与州同级的长宁军。淯井监是北宋时期梓州路属泸州所辖"三县两监"中的一监（"三县两监"分别是：泸县、合江县、江安县、淯井监、南井监）。淯井监周边有多个少数民族羁縻州。

明代曹学佺著的《蜀中广记》谈到淯井的由来："长宁县淯井在县北宝瓶山下。古老云，昔诸葛孔明登山，谓：此处当出一宝，否，则产英贤。及下山见井，曰：此足以当之矣。《舆地纪胜》云：淯井脉有二，一自对溪报恩寺山趾度溪而入，尝夜有光如虹，乱流而济，直至井所；一自宝瓶随山而入，谓之雌

雄水。初，人未知有井，夷人罗氏、汉人黄姓者，因牧而辨其咸（识其盐味），佥议刻竹为牌，浮于溪流，约：得之者以井归之。汉人得牌，闻于官，井遂为汉有。后人立庙，以祀黄、罗二神。"[3] 关于诸葛亮之说，大致是附会传说，不可当真。夷人和汉人共同发现了盐井则是事实，传说故事中，用游戏的方法来"赌"，最后盐井资源归了汉人并且被收归官营。真实情况的"赌局"肯定是以武力作为后盾加上许诺利益诱骗，才可能在周边全是夷僚势力的地方，凿出一口由汉人官办开采的盐井。由此也埋下了争夺盐利的根源，正如后来南宋蒲果所说的那样："淯井牢盆之利，汉夷争之，乍服乍叛，迄于政和，百二十年。"[4]

《宋史》载："长宁地接夷獠，公家百需皆仰淯井盐利。来者往往因以自封殖，制置司又榷入其半。"[5] 这是说淯井的盐利收入对官府财政支出很重要，但掌管淯井监的官吏，权力专断，伙同地方贪官污吏一起，借机中饱私囊。"豪民黠吏，相与为奸。贱市于官，贵粜于民。至有斤获钱数百。官亏岁额，民食贵盐。"[6] 用低价从官办盐井买盐，然后高价销售牟利。而普通百姓则"盐井潴深，鬻盐极苦，樵薪益贵，辇之甚艰"[7]。与章献明肃皇太后有姻亲关系的泸州大姓豪强王蒙正，公然要求承包泸州盐井（主要指江安南井和长宁淯井），垄断泸州的盐业经营，使盐价越来越贵，汉民难以承受，少数民族更难。盐既是利润

丰厚的产业，又是人民群众的生活必需品，过分严厉的食盐管制政策和官吏的牟利操作，官商勾结、与民争利，不可避免地造成淯井周边夷人与官府的纷争和冲突，最后演变为骚乱和战争。

据《续资治通鉴长编》载："大中祥符六年（1013 年），晏州多刚县（今兴文县同心乡多刚漕）夷人斗望、行牌，率众劫淯井监，杀驻泊借职平言，大掠孳畜。"江安县奉职（初级军官）文信领兵前去处置，结果被夷人杀害。官民因害怕逃至戎州（今宜宾）躲避。梓州路转运使寇瑊调集各州人马，"集公私船百余艘，载粮甲，张旗帜，击铜锣鼓吹"，在江安县城对岸上游的大中坝，"树营栅，招安近界夷族，谕以大兵将至，勿与望等同恶"。于是周边"十一州"很多夷人首领都来乞盟，"立竹为誓门，横竹系猫、犬、鸡各一于其上，老蛮人执刀剑，谓之打誓。誓曰：誓与汉家同心讨贼。即刺猫、犬、鸡血，和酒而饮。瑊给以盐及酒食、针梳、衣服等，署大牓付之，约大军至日，揭（张贴）以别顺逆，不杀汝老幼，不烧汝栏棚。蛮人大喜"[8]。

朝廷又增派了一个叫王怀信的七品武官协助寇瑊进剿斗望等，因斗望等曾声称："朝廷且招安，得饮食、衣服矣。"[9] 意思是说要闹得凶官府才给你好处，即使受了招安，如果今后不满意，就还要闹。寇瑊等担心，"若不讨除，则戎、泸、资（资中）、荣（荣县）、富顺监诸夷竞

起为边害"[10]。于是大队官兵"至生南界斗满村，遇蛮贼二千余人，击之，杀伤五百人，夺梭枪、藤牌"。天快黑了，官兵安营扎寨，"蛮党三千余，分两道张旗喊呼来逼。怀信出击，皆溃散"。几天后，官兵进军到现在的长宁县城附近一带，"遇夷二千于罗固募村"，又破之。"追至斗行村，上屏风山，连破四寨。一日三战，俘馘百余人，夺资粮五千石，枪、刀、什器万数，焚罗固募、斗引等三十余村庵舍三千区。"官兵又"追击过罗云，射仆三百余人，蒸其栏棚千数"[11]。

然后，官兵分两路经罗个颊、罗能、落运等村及龙峨山，斩首、重伤者颇众，烧舍数千及积谷累万。两路会兵于泾滩，遣符承训领兵修路，夜遭蛮兵袭击，符承训颠崖而死。怀信引兵救援，打跑蛮兵，扎寨于晏江口（今长宁三江湖），蛮众万余合势逼寨。怀信带部分官兵用强弓硬弩射敌守寨，寇瑊领兵一部登山，"乘高策援"，"蛮人大惧而却，合击破之，死伤千余人"[12]。

次年正月，蛮酋斗望又三路分众来斗，又为官军大败，射杀数百人，溺江水死者万计。"蛮人震詟，诣军首服，纳牛羊、铜鼓、器械。瑊等依诏抚谕，还军淯井。斗望及诸村首领悉赴监自陈，愿贷死，永不寇盗边境。因杀三牲盟誓，辞甚恳苦。即犒以牛酒，感悦而去。"[13]这场因争盐利引发的讨伐晏州夷人的军事行动，以政府军的胜利而告终。

《宋会要辑稿》载：庆历四年（1044年），泸州淯井监夷人攻三江寨（今三江湖），在当地官兵镇抚乏力的情况下，朝廷"诏秦凤路总管司发兵一千及选使臣三人驰往捕击之……七月十二日，梓州路转运司言：泸州教练使、生南招安将史爱诱降淯井监夷贼斗敖等，请井补为三班差使、殿侍、淯井监一路招安巡检。从之"。上面批准了这个招降方案，但夷人发现这些官衔都是虚职，不实惠，"是月，梓州路转运司言：夷贼寇三江寨。淯井监指使、散直王用等领众击走之"[14]。

"皇佑元年二月，梓州路转运司言：淯井监蛮万余人内寇。"其原因是："初，监户负晏州夷人钱而殴伤斗落妹，其众愤怒，欲报之。"就是说朝廷驻淯井监的官员，拖欠应该按期付给晏州夷人占地租金等款项，夷人首领斗落妹等来要钱，反而被监户的人打伤了。"知泸州张昭信劝谕，既已服听。而淯井监复执婆然村夷人细令等，杀长宁州落占等十人，故激成其乱"。泸州知州出面调解，夷人已经服了，淯井监的人却又抓人杀人。"夷众万余人复围淯井监，水陆不通者甚久"。事情闹大了，朝廷"诏知益州（成都）田况发旁郡士卒，命梓夔路兵马钤辖宋定往援之。于是两路合官军及白芳子弟（少数民族民兵）几二万人与战，兵死者甚众，饥死又千余人，数月然后平"。造成如此重大伤亡事件和财产损失，"盖由本监不得人致此"，淯井监负责人被撤职查办，田况、宋定等十三人被提拔嘉奖[15]。

熙宁六年（1073年），淯井监边事再起。夷人数百"自三里屯（今长宁三里半）突出，劫夺客船钱银，及虏掠人兵三十余人，而梓夔路都监孙仲达等会兵讨十二村夷于三壕滩，逢贼杀伤官军子弟"，"晏州六县种夷约二千人，自井溪来驻思、晏等处"。官军进讨失利。四月十二日，梓州路通判张子瑾向朝廷报告："罗个募村夷人斗设言：十州五屯旧纳盐井柴茅煎盐，自官中卖井，我失卖茅之业；又令我纳米折茅，所以结集夷众于石纲溉劫人船，并三壕面与官军战，两有死伤。今欲与官设誓。"张通判建议："乞赦其罪，许以招安设誓，渐散重兵，以免夏秋瘴疠。"[16] 以斗设为首的夷人认为，原来淯井监周边夷人提供柴炭用于煮盐，也能分点盐利，自从承包给豪强大户经营后，不收柴炭了，夷人就失业了；后来又要求夷人交粮食来抵扣原来的柴炭，才能分得一点盐利。实在太不公平了，所以才聚众抢劫。如今双方打了个平手，互有死伤，要求谈判解决。地方官张子瑾通判担心"夏秋瘴疠"于官军不利，报请朝廷同意谈判。

皇帝宋神宗顾虑朝廷面子不予同意，一些既得利益的地方官员也不同意。泸州知州李曼向朝廷报告，说他正在"招诱甫望个恕攻讨淯井监夷贼"。这个甫望个恕是雄踞古蔺、野心很大的彝族首领，这显然是个引狼入室的馊主意。宰相王安石说服宋神宗，最后决定安抚，"熙宁六年，泸州罗晏夷叛，诏察访梓夔，得以便宜治夷事。本尝通判戎州，习其俗……本清于朝，宠以刺史，巡检之秩，明示劝赏，皆踊跃顺命"[17]。这个熊本曾任戎州（今宜宾）通判，比较了解夷人内部复杂的社会关系，执行剿抚并行的办法，最后通过谈判，朝廷做出了适当让步，事件得以平息，避免了大规模战乱。

多次淯井监盐利之争，朝廷和民众都付出了惨痛代价，朝廷最终调整了过分严厉的食盐管制政策，慎重选择盐井官员，增加民族地区食盐的供应量，兴置草木市场，放开民族边境贸易，允许夷人进入汉界卖马等，基本保障盐井周边各族群众对食盐的生活需求以及适当兼顾淯井周边各族群众的利益，矛盾逐步缓和。

明朝以后，随着淯井浅层盐卤资源的枯竭和深井采盐技术在其他地方的广泛应用，淯井监逐渐淡出了人们的视野。但淯井盐利之争留下的历史教训，却永远不应被忽视。

注释

[1] ［元］脱脱等撰：《宋史》卷一八一《食货志·会子 盐上》，第4415页，中华书局，1971年。

[2] ［宋］李焘：《续资治通鉴长编》卷九七《真宗·天禧五年》，第2261页，中华书局，1985年。

[3] ［明］曹学佺：《蜀中广记》卷六六《方物记第八·盐谱》，第618页，上海古籍出版社，2020年。

[4] 蒲果：《忠佑词记》，转引自邹永前著《淯井》，

第 55 页，九州出版社，2020 年。

［5］［元］脱脱等撰：《宋史》卷四零九《列传·高定子传》，第 12318 页。

［6］［元］脱脱等撰：《宋史》卷一八三《食货志·盐下》，第 4472 页。

［7］［元］脱脱等撰：《宋史》卷一八三《食货志·盐下》，第 4472 页。

［8］［宋］李焘：《续资治通鉴长编》卷九五，第 2196 页。

［9］［宋］李焘：《续资治通鉴长编》卷八一，第 1838～1856 页。

［10］［宋］李焘：《续资治通鉴长编》卷八一，第 1838～1856 页。

［11］［宋］李焘：《续资治通鉴长编》卷八一，第 1838～1856 页。

［12］［宋］李焘：《续资治通鉴长编》卷八一，第 1838～1856 页。

［13］［宋］李焘：《续资治通鉴长编》卷八一，第 1838～1856 页。

［14］［清］徐松辑，刘琳校：《宋会要辑稿·蕃夷五》，第 9851 页，上海古籍出版社，2014 年。

［15］［元］脱脱等撰：《宋史》卷四六九《蛮夷四·西南诸夷》，第 14229～14230 页。

［16］［宋］李焘：《续资治通鉴长编》卷二四四，第 5936～5950 页。

［17］［元］脱脱：《宋史》卷三三四《列传·熊本传》，第 10730 页。

宋代叙州程氏家训诗

陈明本　四川省人民政府文史馆特约馆员
宜宾市历史学会副会长

摘　要：宋代叙州蟠龙书院程公说、程公硕、程公许弟兄三进士中，以程公许成就最大。程公许（1182~1252 年？）字季与，一字希颖，号沧洲，南宋叙州宣化县登龙里（今宜宾市叙州区观音镇蟠龙村）人，嘉定四年（1211 年）进士。历任崇宁知县、简州通判、袁州知州等，官至刑部尚书，授龙图阁学士，《宋史》有传。他在《沧洲尘缶编》中有《克己》《读书》《安贫》《择交》《训子》《成才》六首诗，集中反映了程氏家训。

关键词：叙州；程氏；家训

一　叙州程氏

《宋史·程公许传》说程公许为叙州宣化人，明代潼关兵备道周爻（宜宾县人）所撰碑文称颂公许"居家以学闻，立朝以忠显"。清乾隆四十八年（1783 年）纪晓岚等编成的《四库全书·沧州尘缶编》提要，说程公许为叙州宣化人。清嘉庆《宜宾县志》载"宋三程墓，治西 120 里，越溪岸上，墓后为蟠龙寺，即蟠龙书院也，明周爻撰有碑文，碑文载嘉庆《宜宾县志·艺文》"。今人李伯章等新修《宜宾县志》（巴蜀书社，1991 年）说"三程"系指南宋程公说、程公硕、程公许兄弟三人，墓在今蟠龙村，尚有巨碑半埋土中，风蚀无一字可认。

程公许在《寿廷迈叔祖》中说："吾宗谱牒祖通义，蝉联到公十五世。五派之分同一源，如木有本瓜有蒂。""颍昌旧第归无日，且向蟆津稳僦居。"[1] 僦居就是租房而居，程氏自唐安史之乱由河南伊水入蜀，最初落脚点在今四川眉山市东坡区崇礼镇境内蟆颐山下岷江边蟆颐津，至南宋时程公许这一代，400 多年间，开枝散叶，其祖上定居叙州宣化县越溪河畔，耕读传家，创办了蟠龙书院。

现有资料对程公许祖上记载很少，具体情况不详，笔者仅从程公许诗文中了解到其父母的一些情况。程公许的母亲孙氏为眉山鱼耶场人，曾在蟠龙书院任过教的魏了翁在其逝世后的挽诗中称赞她起早贪黑、熬更守夜操持家务的节俭，擅于纺麻织布，是一位家庭劳动妇女。程公许宋嘉定四年（1211 年）举进士，调温江尉，未上，丁母忧，其母亲早于其父辞世。嘉定十四年（1221 年），程公许与父亲程符孙相别于成都万里桥。四年后父卒奔丧，再过此桥，睹物思人，不免悲恸，作《过万里桥辛巳春仲二十五日送别先君于此俯仰四年不胜感怆》云："涨绿平堤万里桥，安舆欲去此迟留。了知薪尽无余火，犹复情痴认刻舟。终古不磨方寸恨，深恩未有一分酬。回头菽水中年乐，拥袂泛澜涕莫收。"程公许的父亲耕读为本，屡试不第，蓄学不售，以布衣终其一生。

二 蟠龙书院

程氏家族素有重视教育的传统。程公许祖上创办蟠龙书院，程公说、程公硕、程公许三兄弟皆就读于此，并相继考上进士。程公许现存的诗作中也有不少与其家族晚辈甥侄来往的记载，常通过诗歌的形式规劝后辈勤奋读书，考取功名。据清康熙《叙州府志》载："蟠龙书院，在宜宾县西北越溪上，南宋龙图阁学士程公许读书处。"[2] 蟠龙书院的前身系蟠龙寺，清嘉庆《宜宾县志》记载："北宋咸平元年（998 年），叙州人程士

真于宣化县登龙里越溪畔创建蟠龙书院。"[3] 四川大学胡昭曦教授考证，古代四川私人书院兴起于唐代，南宋时期是宋代书院的发展时期。在四川可考的 27 所书院中，官办 11 所，民办 16 所[4]，而民办的蟠龙书院是蜀中较为有名者。2022 年，蟠龙书院由宜宾市叙州区政府恢复重建完工后，现为叙州区一中高中部的一个教学点（见图）。

恢复重建的蟠龙书院

蟠龙书院独具特色：其教学宗旨是父子有亲，君臣有义，夫妇有别，长幼有序，朋友有信；其学习方法是博学之，审问之，慎思之，明辨之，笃行之；其道德修养原则是言忠信，行笃敬，惩忿窒欲，迁善改过；其为学生指明的处世准则是己所不欲，勿施于人，行有不得，反求诸己。在儒家入世教育和蟠龙书院教学宗旨的影响下，程氏家族一直延续着耕读家风。

三 程氏家训

家庭是人类社会活动的一个重要方

面，是影响人发展的一个基本因素，家风家教对个人的成长更是有着不可低估的作用。程公许以下六首诗反映了程氏耕读家风已经以家训这一崭新形式固定下来。

其一

克己

为人非外铄，己与物同之。

私欲阴霾蔽，良心日月亏。

若能无窒碍，底用苦思惟。

天理浑然处，吾生自有涯。

诗中"克己"，谓克制私欲，严以律己。为人处世不外显张扬，问心无愧，不负日月天地。"克己"是儒家传统文化倡导的一种道德修养方法。儒家认为，"克己"是行"天理""大道"的先决条件，也是成就自我、爱天下人的先决条件。要克制凡事专从自己"私欲"利益出发的行为动机，多考虑别人的利益，严格遵循"天理"所规定的标准，约束自己的言行，使其合乎"礼"的规范。这样，就可以达到最高的伦理道德境界"仁者爱人"，使自己言行质朴纯真，没有杂念，对得起天地良心。克己是辨明是非、分清界限，守正修心，让欲望有限度，在真相永远不为人知的时候，仍然坚守道德底线。

其二

读书

静得山林趣，闲知日月长。

清风披竹素，小雨润芸香。

外饰谢文绣，饥餐须稻粱。

人生有同嗜，只此绝难忘。

程公许青少年时期就读于越溪河边的蟠龙书院，所撰诗文才气磅礴，直抒胸臆。南宋绍熙五年（1194 年）八月，其兄程公说、程公硕在成都参加省试双双考中进士。程公许于南宋嘉定四年（1211 年）春参加殿试，在当年全国录取的 465 名进士中，名列第 25 名，历官双流县尉、知崇宁县、知袁州，是两宋王朝 319 年间两度担任过刑部尚书的十人之一。读书，这是程氏对后人的谆谆教诲和殷切希望。

其三

安贫

赋予有常分，非关智力求。

违行能自信，显晦复何忧。

瓢饮贤颜子，瓜畴隐邵侯。

胸中吉祥宅，何处不天游。

显晦即明与暗，喻前途的光明与曲折。邵侯即邵平，秦时封东陵侯，《史记·萧相国世家》载："召平者，故秦东陵侯。秦破为布衣，贫，种瓜于长安城东。瓜美，故世俗谓之'东陵瓜'，从召平以为名也。"后世因以"邵侯"美称退隐者。安贫不是目的，乐道才是关键。人一旦把心思都用在追逐钱财上，就会心生杂念，不可能一心向道。一个人物质上贫穷并不可怕，但一定不要不思进取，放弃追求。

其四

择交

士能知尚友，岂必尽同时。

杂鲍兰胥化，亡羊路或岐。

醴甘知易绝，丝素亦奚悲。

何以交难择，而忘伐木诗。

尚友指与古人为友，与高于己者交游。鲍，盐腌之鱼，久而不闻其臭。步入歧途则一无成就。交友之道，择友为先，只有选择品德高尚、情趣高雅、志向高远的朋友，才能在人生路上互相帮助、互相砥砺，共同进步。

其五

训子

万事烟云过，须留尾段看。

芝兰庭砌茂，风雨夜灯寒。

楚泽荷幼绿，燕山桂染丹。

诗书门户壮，何待侈重来。

据《宋史·程公许传》载，程公许"少知孝敬。大母侯疾，公许不交睫达数月。病革，尝其痰沫，既卒，哀毁逾制"[5]。老祖母病危，痰液堵塞喉咙，命悬一线，气若游丝。程公许亲自为其吸痰清除痰液，使老祖母呼吸顺畅，痛苦减轻，为子孙树立了孝亲敬老的榜样。

程公许在《送道传侄补中国学二首》《送道传侄旅中赴省》《寸卉虽微均我身》《送别彦威侄西归侍母三首》《立秋后三月得二侄并侄孙家书》等诗中，均表达了对晚辈成长的关心、关注和寄予的深情厚望，希望他们文能献智慧于帝王之家，武能驰骋疆场，保家卫国。

其六

成才

鹊尾炉香半未灰，古潭瞥地撼风雷。

单车陟降固劳止，万壑喧豗亦壮哉。

高廪正须端策验，应门已报送喜来。

忧时更愿人才富，重与南山咏有台。

宋代文化家族尤重家学门风的传承，当时的士大夫撰写了大量家训作品，用以教训族内后人，约束家族成员的行为。程氏家风明确涵养心性以去除私欲，潜心典籍而自得其乐，安贫乐道而追踪儒者，慎择良友以增进道义，诗书传家以壮大门户，意在训诫后代养成正确的价值观，饱含着长者对晚辈成长的关切与期许，体现了程氏对族群优良家风代代相传的殷切希望。由于程氏优良的家风，程公许儿子程子泳获赠奉直大夫，孙子程绳翁曾任台州路黄岩州知州，曾孙程郇是徽州路婺源州知州、元代书法家，曾为赵孟𫖯画的《人骑图》题跋，该作品现收藏于北京故宫博物院。

注释

［1］［宋］程公许著，陈明本校注：《沧州尘缶编校注》，第389页，巴蜀书社，2023年。本文中以下诗文未标注者，均来源于此书，不另注。

［2］［清］何源浚修，樊星炜等纂：《四川叙州府志·宜宾县》卷一《学校·书院》，第26页，光明日报出版社，2014年。

［3］［清］刘元熙纂修：《宜宾县志》（清嘉庆十七年版，李伯章校注），第49页，中国方志出版社，2018年。

［4］胡昭曦：《四川书院史》，第7页，四川大学出版社，2006年。

［5］［元］脱脱等撰：《宋史》卷四一五《程公许传》，第1245页，中华书局，1985年。

明代珙县进士考

王志强　南昌师范学院副教授

胡　芬　南昌师范学院讲师

摘　要： 目前学界关于明代珙县的进士名单聚讼纷纭，未有定论。经过多方考证，珙县在明代共有五人考中进士，分别为封祥、刘瀚、李宽、刘武臣、李傅。其中封祥是宣德八年（1433 年）进士，刘瀚是正统四年（1439 年）进士，李宽是正统十三年（1448 年）进士，刘武臣是弘治六年（1493 年）进士，李傅是弘治十二年（1499 年）进士。现为这五人的生平事迹做一个简要的年谱，以观察其为人与行事。

关键词： 明代；珙县；进士；生平

基金项目： 2023 年四川省社会科学重点研究基地区域文化研究中心一般课题"明清四川方志中的'忠烈志'研究"（QYYJC2308）。

关于明代珙县的进士，"历代进士登科数据库"表示仅有封祥、刘瀚两人，嘉庆《四川通志》则以为有"封祥、刘瀚、李傅"三人，光绪《珙县志》则以为有"封祥、刘瀚、刘武臣、李傅"四人，光绪《叙州府志》则记载有"赵孟、封祥、刘瀚、李傅、冷永冰、何磐、何涧、何友谅"八人，乾隆《珙县志》则记载有"赵孟、封祥、刘瀚、李宽、刘武臣、李傅、冷永冰、仇匡国"八人，同时附有"详察通志及何氏族谱俱无其名"的"何磐、何涧、何友谅"三人，总共十一人，《珙县文史资料》的《史海泛舟》一文，则以为明代珙县的进士为"赵孟、何友谅、何盘、封祥、刘浣、李宽、李傅、冷冰永、刘武臣、何涧"十人。总而言之，各种文献有关明代珙县进士的记载纷论不休，而学界也未曾仔细考量明代珙县的进士数量及其生平事迹，故有必要厘清明代珙县的进士人员及其人物事迹。

一　仇匡国等人非明代珙县进士考

有关明代珙县进士，记载人数最多

的为乾隆时期的《珙县志》，共有 11 人，其他文献记载的珙县进士皆在这 11 人之内，现以这 11 人为依据，考察明代的珙县进士。

赵孟，明代的《登科录》以及《四川通志》所载的四川进士名录，均无赵孟的踪影。在有关赵孟考中进士的文献中，标明的是"科缺"，且位于封祥、刘瀚之前，而明代大学士商辂在《赠工部右侍郎李亨墓表》中指出明代珙县的进士始于李亨教导的封祥、刘瀚，"盖珙士自古登科者，登科实自二人始，皆公亲教之也"[1]，即是间接否认列于封祥之前的赵孟考中进士。综合以上材料，赵孟为明代进士的资料当是误记。

何磐，明代的《登科录》以及《四川通志》所载的四川进士名录，未见何磐其人，考咸丰《远安县志》的《名宦志》曰："何磐，四川珙县举人，天顺间知永安，善于经画，凡百营建，若县治、学校、祠庙、坛壝咸出赎锾，民不知劳，财不告匮。"[2] 由此可知何磐乃是举人出身，并非进士。

至于何涧、何友谅二人，历代《珙县志》仅有"岁贡生中式，后登进士第"的记载。根据何友谅的人生轨迹，其登上进士第当在永乐时期以后，此时的进士名单保存完整，然明代的《登科录》以及《四川通志》所载的四川进士名录，均未见其人，因此其登进士第当是误记。何涧与何磐同辈，其若考中进士，当在天顺正统年间，然其名字亦不见于明代进士名单，事迹也不见于历代文献记载，

故其考中进士也当是误记。

冷永冰，各种文献中不见冷永冰的事迹，其人物记载仅见于光绪《叙州府志》。光绪《叙州府志》云："冷家山，治西三十里，上有冷进士故址碑，刻'赐进士编修冷永冰立'数字。"[3] 按明朝的"赐进士"包括一甲的"赐进士及第"和二甲的"赐进士出身"两种情况，而进士在落款时通常会详细说明是"进士及第"还是"进士出身"，罕有仅说"赐进士"的情况，且明代的进士名单未见有冷永冰的痕迹。综合以上分析，冷永冰为明代进士的可能性较小。

仇匡国，康熙三十年（1691 年）进士，成绩为三甲第 72 名。仇匡国本名王匡国，后随母姓仇，考上进士后，改回本名，累官至平陆知县。仇匡国乃是清朝的进士，并非明代进士，光绪《叙州府志》便将其列为"国朝"。

此外，另有说刘颙为进士的说法。乾隆《珙县志》卷八的《李亨传》曰："其下门人封祥、刘瀚及子颙等皆成进士，为名臣。"[4] 查询明代进士名录，并无刘颙此人。且乾隆《珙县志》卷十的《刘瀚传》曰："子山与岳，及孙武臣，皆克世其家。"[5]《刘瀚传》已经将刘瀚有名声的子孙都列举出来了，若刘颙曾考中进士，此处当不会遗漏。考刘颙的误记，或与李亨《堂桂赋》有关，"曰瀚曰粹，颙颙昂昂；曰盘曰鉴，跻跻阴跣"[6]，其中瀚即刘瀚，盘即何磐，鉴即何涧，后世望文生义，以为颙即刘颙。

二 封祥生平简考

永乐元年（1403 年），封祥出生。据《宣德八年进士登科录》载："封祥，贯（四川）叙州府珙县。军籍。县学生。治《春秋》。字庆和，行四，年三十，三月初三日生。"[7] 封祥考取进士为宣德八年，时年 30 岁，可知其出生于永乐元年。在县学期间，封祥遇见了自己的恩师李亨。李亨，字嘉会，号静庵，广东博罗人，永乐十二年（1414 年）举人。在他的教导下，封祥、刘瀚脱颖而出，先后考中进士，故明代大学士商辂有"盖珙士自古无登科者，登科实自二人始，皆公亲教之也"之语。

宣德四年（1429 年），封祥 26 岁，参加四川己酉科的乡试，一举高中，成绩为第 34 名。考嘉庆《四川通志》"宣德四年己酉科"的"举人"条记载："封祥，珙县人。"[8] 可知封祥于宣德四年考中举人。

宣德八年（1433 年），封祥 30 岁，进京参加癸丑科会试，一举中式，随后参加殿试，成绩为三甲第 36 名，朝廷授予同进士出身的身份。同年，封祥开始在行人司任职，后累官至行人司行人。此后封祥生平事迹不详，行人乃其最后一个官职，或担任行人期间，逝于任上。

三 刘瀚生平简考

建文元年（1399 年），刘瀚出生。《正统四年进士登科录》云："刘瀚，贯四川叙州府珙县。军籍。国子生。治《诗经》。字自新，行四，年四十，十二月初二日生。"[9] 刘瀚考中进士时为正统四年，时年 40 岁，可知其出生于建文元年。刘瀚同封祥一起，在县学期间拜入李亨门下，攻读经术，成为了李亨的得意弟子。

宣德七年（1432 年），刘瀚 33 岁，参加四川壬子科乡试，高中举人，成绩为第 29 名。考嘉庆《四川通志》"宣德七年壬子科"的"举人"条记载："刘瀚，珙县人。"[10] 可知刘瀚于宣德七年考中举人。

正统四年（1439 年），刘瀚 40 岁，进京参加己未科会试，一举中试，成绩为 43 名，随后参加殿试，成绩为三甲第 7 名，朝廷授予同进士出身的身份。同年，刘瀚被授予行人司司副一职。

正统七年（1442 年），刘瀚 43 岁，担任行人司行人一职。《明英宗实录》曰："（正统七年三月）行人司左司副程暾、顾日、刘瀚俱行人司行人。"[11] 正统八年（1443 年），刘瀚上书朝廷，指出行人司专掌出使之事，"本司额设行人三十三员，职专赍捧诏敕，出使四夷，及赏赉、祭祀、禁茶等事，已有定例"。然礼部不顾行人司的职责，公然侵夺行人司的权力，"近占城国使臣回还，应遣行人伴送，礼部郎中叶蓁遣进士钱森伴送，侵夺职掌，显有受嘱之情"，刘瀚强烈批判礼部的行为，"如此差遣不一，实为变乱成法"。朝廷下令讨论刘瀚的奏疏，礼部官员极力辩解，而后则弹劾"行人刘瀚妄奏变乱成法等词，俱请送法司治罪"。正统帝看完后，下令原谅双方的过错，但同时又下令"今后遣使，宜遵旧制"[12]，可见最终是认可了刘瀚的观点。

景泰元年（1450年），刘瀚51岁，升任贵州道监察御史，同时卒于任上。刘瀚因弹劾礼部侵权，惹怒朝中权贵，故近十年不得升迁。后叙州一带爆发民乱，当地官府不能制服，致使骚乱愈来愈大，朝廷想要调遣熟悉当地民情民风的官员一同前去平乱，刘瀚这才得到了朝臣的推荐，获得了升职的机会，"今有行人刘瀚系本处人，深知山川险阻，谙晓方言，乞借一职，协同金都御史李匡调度杀贼"[13]。然因为盛暑时期，蜀地闷热，刘瀚到蜀地后不久就感染疾疫而亡，"适时盛暑，地多疫疠，士卒死者甚众，匡、瀚俱婴疾，瀚卒，匡寻愈"[14]。

四　李宽生平简考

关于李宽的籍贯，有四川叙南卫以及江苏盱眙县两种说法。考《正统十三年进士登科录》曰："李宽，贯直隶凤阳府盱眙县人，四川叙南卫军。"[15] 可知李宽本来的籍贯为四川叙南卫，故他才得以在四川参加乡试，后其在参加会试时登记的籍贯为凤阳府盱眙县，所以才会有叙南卫和盱眙县的争议。叙南卫乃明代设立的卫所，清代已经裁撤，关于李宽的籍贯又有珙县与宜宾县（今叙州

区）之争，嘉庆《宜宾县志》将李宽归结为宜宾人，而乾隆《珙县志》则以为李宽为珙县人。考乾隆《珙县志》说李宽是"叙南卫下罗计入"，明确说明李宽由叙南卫转入，故李宽的籍贯当为珙县。

永乐十七年（1419年），李宽出生。《正统十三年进士登科录》曰："（李宽）治《易经》。字宗裕，行一，年二十九，六月十六日生。"[16] 李宽于正统十三年（1448年）考中进士，时年29，可知其出生于永乐十七年。后李宽前往四川参加乡试，考中举人，成绩为第43名。

正统十三年，李宽29岁，前往京城参加戊辰科会试，一举中试，成绩为122名，随后参加殿试，成绩为三甲第52名。同年，李宽被选为翰林院庶吉士。

正统十四年（1449年），李宽30岁，升任为行人司司正。《明英宗实录》曰："（正统十四年十二月）擢庶吉士……李宽，行人司司正。"[17] 景泰三年（1452年），李宽作为副使出使朝鲜和安南，"（景泰三年六月）皇太子遣……行人司司正李宽、行人郭仲南为副使，赍诏往谕朝鲜、安南二国"[18]。期间，李宽上疏朝廷，指出行人司的职权遭到侵夺，"今他官奔竞请托，侵越差遣，恃势要求，肆无忌惮"，李宽请求朝廷"乞敕公正，给事中、监察御史各一人查例，永为遵守"。朝廷经过讨论，以为李宽"所言诚太祖高皇帝旧制，今礼部但欲多差他官，巧于支吾，朦胧开奏，宜置之法"，最终皇帝下令："礼部堂上官姑恕

不问，该司官令都察院鞠问。"[19]

天顺四年（1460年），李宽41岁，升任刑部湖广司郎中。《明英宗实录》曰："（天顺四年六月）升行人司司正李宽为刑部湖广司郎中。"[20]

此后不久，李宽转任为户部郎中。据《明宪宗实录》曰："（成化六年）命户部郎中李宽提督永平、山海、蓟州等处粮储，兼理屯粮。"[21]

成化八年（1472年），李宽53岁，升任为通政司右参议。因管理蓟州等处的粮草较有实效，李宽获得了升职，权责依旧是管理蓟州等处的粮草，《明宪宗实录》曰："（成化八年十二月）升户部郎中李宽为通政司右参议，管理蓟州等处粮储。"[22]

成化十四年（1478年），李宽59岁，被弹劾免职。李宽被人弹劾粮储亏空，成化帝看到后，大为震怒，下令道："边储重事，特命都御史等官提督，乃不严谨，以致亏欠数多，皆逮问之。"[23] 于是李宽被革职查办，此后事迹不详。

五　刘武臣生平简考

关于刘武臣的籍贯，或以为珙县，或以为宜宾县（今为叙州区）。事实上，乾隆《珙县志》解释得很清楚，"刘武臣，弘治癸丑科，本县人，寄籍宜宾"[24]，可知刘武臣为了方便考试，长期居住在宜宾，故不少文献以为他是宜宾县人。且刘武臣为刘瀚之孙，祖孙二人当同为珙县人。

景泰六年（1455年），刘武臣出生。

《登科录》云："（刘武臣）军籍，国子生，治《诗经》。字希召，行四，年三十九，十月二十九日生。"[25] 刘武臣为弘治六年进士，时年39岁，可知其出生于景泰六年。

成化二十二年（1486年），刘武臣32岁，参加四川丙午科乡试，成绩为第11名。考嘉靖《四川通志》，"刘武臣……俱成化丙午乡试"[26]，可知其于成化二十二年考中举人。

弘治六年（1493年），刘武臣39岁，进京参加癸丑科会试，成功中试，成绩为第30名，随后的殿试成绩为三甲第38名，朝廷授予同进士出身的身份。同年，刘武臣被授予刑部主事一职。

弘治十八年（1505年）之前，刘武臣51岁之前，担任刑部清吏司主事。在明代的多种文献中，记载了弘治十八年的科举考试时，杨慎跟随其父前往试卷批改现场，当看到刘武臣以"深刻"黜落崔铣的试卷，杨慎"见而奇之，以呈石斋，遂擢诗魁"[27]，《涌幢小品》记载此时刘武臣的职位为刑部主事。

正德三年（1508年）之前，刘武臣54岁之前，为刑部山东清吏司员外郎。据北京市钓鱼台出土的《明故内官监太监陈公墓志铭》，上面落款人为"刑部山东清吏司员外郎西蜀刘武臣撰文"[28]，落款时间为正德三年，可知此时的刘武臣为刑部员外郎。

同是在正德三年，刘武臣因担任廷试策稿，升任为刑部清吏司郎中。《明代宦官史料长编》云："其子黄中尤狂诞恣睢，会试初中式，芳必欲处以魁选，廷试策稿出郎中刘武臣，传付黄中。"考焦芳之子焦黄中参加廷试时为正德三年，故刘武臣当在此年升为刑部郎中。因未曾录取黄中为第一名，刘武臣得罪内阁首辅焦芳，被外放至贵州镇远府担任知府。《明代宦官史料长编》云："既弗获如愿，芳以为诸执事官抑之。其后瑾以扩充政事为名，改编修顾清等二十余人为部属，亦出芳意。"[29] 焦芳打击报复所有的廷试负责人员，刘武臣作为廷试策稿人，更是被打压的重中之重，直接被外放到偏远的贵州为官。刘武臣在任期间，勤政爱民，教化乡里，让镇远府一地获得了较好的发展，百姓们对其敬爱不已，为其建祠立祀，岁岁不绝，"洁己爱民，为政不扰，公事之暇，亲课诸生，去后，民立祠祀之"[30]。

正德六年（1511 年），刘武臣 57 岁，因被御史弹劾，朝廷罢免了刘武臣的官职。《明武宗实录》曰："知府……刘武臣……俱不谨……罢软不谨者，冠带闲住；贪酷及在逃者，为民……从之。"[31] 罢官后的刘武臣，并没有直接回川，而是侨居于湖南澧州。侨居澧州期间，刘武臣受吴廷举之邀，修纂了《湖广图经志书》，康熙《岳州府志》曰："（刘武臣）官太守，侨居澧，有文学，性嗜酒，都御史吴廷举聘纂楚志。"[32]

嘉靖三年（1524 年），刘武臣 72 岁，朝臣建议褒赏刘武臣。《明世宗实录》曰："知府刘绩、刘武臣皆累朝旧臣，一时士望，当专使赍敕至其家，令各具奏，量地远近，克期上之。"[33] 此后刘武臣的事迹阙如，不知其逝于何时。宜宾士民为了纪念刘武臣，他们将宜宾县城的一条街命名为刘武臣街，"周爻坊，在北门外刘武臣街，坊有二，一额曰'节镇三省'，一额曰'褒封二代'……节孝坊，在北门外刘武臣街，为李世熊母郑氏建"[34]。

六　李傅生平小考

李傅，字希说，弘治十二年（1499 年）进士，累官至贵州左参政。关于李傅的籍贯，目前有珙县与叙南卫两种记载。之所以出现这种情况，是因为叙南卫乃明朝所设立的卫所，在清初便已经裁撤，卫所大部分地方划归于珙县治下。据《登科录》可知，李傅乃是叙南卫人，然就读于筠连，后以筠连学生的名义前去参加科举考试，故《筠连县志》将其籍贯定为筠连。

成化六年（1470 年），李傅出生。《弘治十二年进士登科录》曰："行五，年二十九，四月二十二日生。曾祖德，百户。祖荣，千户……娶葛氏。"[35] 李傅考中进士是弘治十二年，时年二十九岁，可知其出生于成化六年。

弘治二年（1489 年），李傅 19 岁，前往成都参加四川乡试，一举高中举人，成绩为第 41 名。光绪《叙州府志》的

"举人"条曰："李傅，弘治己酉。"[36]

弘治十二年（1499 年），李傅 29 岁，前往京城参加己未科会试，一举高中，成绩为第 271 名，殿试成绩为二甲第 79 名，朝廷授予进士出身的身份。

弘治十三年（1500 年），李傅 30 岁，授予户部主事一职。

正德五年（1510 年），李傅 40 岁，升任襄阳府知府。李傅到任时，恰逢流贼鄢本恕、杨广富肆虐湖广，湖广总制调集五万大军进行围剿，然因为粮草匮乏，大军行动缓慢，致使流贼荼毒襄阳边境。李傅主动请命，"多方区画，日费千金，民无兵害"，成功将流贼的骚乱平定下去。兵灾过后，襄阳府又发生了粮灾，百姓颗粒无收，李傅"竭力赈济"。后李傅又见襄阳府府学倾颓，他认为不利于地方教育的发展，于是"捐俸倡修之"。见到百姓苦于徭役，李傅又多方调停，"民甚便之，纸米赃罚簿记具悉"[37]。需要注意的是，李傅与襄阳另有一层交际，襄阳举人舒申担任筠连知县时，"莅官有为，尤重作人，筠之名士多出其门"，简拔李傅于微末之间。后李傅来到襄阳担任知府，他为恩师舒申建祠立庙，岁岁祭祀不绝，一时人以为荣，"有门人李傅任本府知府，为之树坊立祠焉"[38]。

正德十年（1515 年），李傅 45 岁，回家丁忧守孝。

嘉靖四年（1525 年），李傅 55 岁，担任惠州知府。在任期间，李傅颇有作为，史称"廉谨岂弟，师古循良"[39]。李傅到任后，发现惠州府在嘉靖二年爆发过一次大水灾，"坏公署民居，漂没田禾，人多溺死者"，而前任官员为了自己的政绩，"郡匿不以闻"。李傅知晓后，"即上疏恳请获免是岁秋粮十之三"[40]。他在自己的府衙门前挂了一块匾额，上面写着"视民如伤"四个大字，每次征发徭役，李傅都会询问自己："此在前代，为粟米乎？为力役乎？在国缫，为正役乎？为杂役乎？"对于历任惠州官员增设的弊政，李傅将其一一革除，"凡制典所无，而后人增益，沿为蔽规者，一切划除，旬月之间，政令焕然，士民信之"。后李傅升职而去，离任时，依然关心着惠州的发展，"去之日，犹戒谨视公署什椽，以待新守"。惠州士民感恩不已，"或谓其羔羊之节，无愧古人云"[41]。

嘉靖五年（1526 年），李傅 56 岁，升任广东按察司副使，负责分巡海道。任职期间李傅经过查实，发现采珠能够获利，"巡海带管分巡副使李傅查议得弘治十二年采珠事体"，于是与同僚建议开池采珠，"本司分守海北道左参议王俊民咨称会同带管分巡副使范嵩、巡视海道副使李傅，择于嘉靖五年十一月十八日开池采取"[42]。同时，李傅领兵削平海寇治乱，在当年的考绩中取得全国第一的好成绩，"剿平海寇，吏部奏天下卓异第一"[43]。

嘉靖七年（1528 年），李傅 58 岁，任贵州布政司左参政。在任期间，以公平公正之心处理事务，深得百姓的爱戴，"奉命抚勘宣慰事，至诚开导宣慰，父子感服"[44]。

嘉靖十一年（1532 年），李傅 62 岁，上书朝廷，请求致仕归家。李傅离任后，接任者韩仕英发现李傅留有"羡金七百余金"，便令人持羡金送至李傅家中，李傅笑着道："义可取，则取之矣。"[45] 坚决拒绝了这笔羡金，时人非常佩服他的清廉。

注释

[1] ［清］陈裔虞纂修：乾隆《博罗县志》卷十三《词翰志》，第 328 页，1958 年油印本。

[2] ［清］赵广恩、［清］朱锡绶修，［清］刘子垣纂：咸丰《远安县志》卷五《名宦志》，第 203 页，咸丰八年刻本。

[3] ［清］王麟祥修，［清］邱晋成等纂：光绪《叙州府志》卷五《山川》，第 220 页，光绪二十一年刻本。

[4] ［清］王韦修纂修：乾隆《珙县志》卷八《秩官》，第 222 页，清乾隆三十八年刻本。

[5] ［清］王韦修纂修：乾隆《珙县志》卷十《人物》，第 240 页，清乾隆三十八年刻本。

[6] ［清］王韦修纂修：乾隆《珙县志》卷十二《艺文》，第 326 页，清乾隆三十八年刻本。

[7] 陈文新主编：《明代科举与文学编年》（上），第 413 页，武汉大学出版社，2009 年。

[8] ［清］常明等修，［清］杨芳灿、［清］谭光祜等纂：嘉庆《四川通志》卷一百一十五《选举》，第 7520 页，嘉庆二十一年刻本。

[9] 龚延明主编：《天一阁藏明代科举录选刊·登科录》（点校本·上），第 64 页，宁波出版社，2016 年。

[10] ［清］常明等修，［清］杨芳灿、［清］谭光祜等纂：嘉庆《四川通志》卷一百一十五《选举》，第 7521 页，嘉庆二十一年刻本。

[11] 《明英宗实录》卷九十，卷内第 6 页，梁鸿志影本。

[12] 《明英宗实录》卷一百四，卷内第 11 页，梁鸿志影本。

[13] 《明英宗实录》卷一百九十一，卷内第 21 页，梁鸿志影本。

[14] ［清］程熙春修，［清］文尔炘等纂：同治《筠连县志》卷七《边防》，第 195 页，同治十二年刻本。

[15] 龚延明主编：《天一阁藏明代科举录选刊·登科录》（点校本·上），第 145 页，宁波出版社，2016 年。

[16] 龚延明主编：《天一阁藏明代科举录选刊·登科录》（点校本·上），第 145 页，宁波出版社，2016 年。

[17] 《明英宗实录》卷一百八十六，卷内第 26 页，梁鸿志影本。

[18] 《明英宗实录》卷二百一十七，卷内第 12 页，梁鸿志影本。

[19] 《明英宗实录》卷二百五十，卷内第 4 页，梁鸿志影本。

[20] 《明英宗实录》卷三百一十六，卷内第 1 页，梁鸿志影本。

[21] 《明宪宗实录》卷八十一，卷内第 16 页，梁鸿志影本。

[22] 《明宪宗实录》卷一百一十一，卷内第 5 页，梁鸿志影本。

[23] 《明宪宗实录》卷一百六十五，卷内第 8 页，梁鸿志影本。

[24] ［清］王韦修纂修：乾隆《珙县志》卷九《选举》，第 224 页，清乾隆三十八年刻本。

[25] 龚延明主编：《天一阁藏明代科举录选刊·登科录》（点校本·中），第 77 页，宁波出版社，2016 年。

[26] ［明］刘大谟、［明］杨慎纂修：嘉靖《四川总志》卷八，第 317 页，明嘉靖刻本。

［27］［明］朱国祯：《涌幢小品》卷七，第 232 页，明天启二年刻本。

［28］北京图书馆金石组编：《北京图书馆藏中国历代石刻拓本汇编》，第 53 册，第 138 页，中州古籍出版社，1989 年。

［29］胡丹辑考：《明代宦官史料长编》，第 1303 页，凤凰出版社，2014 年。

［30］［清］郝大成修，［清］王师泰纂：乾隆《开泰县志》卷二十三《名宦》，第 423 页，清乾隆十七年刻本。

［31］《明世宗实录》卷七十一，卷内第 6 页，红格抄本。

［32］［清］李遇时修，［清］杨柱朝纂：康熙《岳州府志》卷二十五，第 488 页，清康熙二十四年刻本。

［33］《明世宗实录》卷三十八，卷内第 9 页，红格抄本。

［34］［清］刘元熙修，［清］李世芳纂：嘉庆《宜宾县志》卷十三《古迹志》，第 49 页，清嘉庆刻本。

［35］《弘治十二年进士登科录》不分卷，上海图书馆藏本。

［36］［清］王麟祥修，［清］邱晋成等纂：光绪《叙州府志》卷三十一《选举》，第 1760 页，光绪二十一年刻本。

［37］［清］陈锷纂修：乾隆《襄阳府志》卷二十一《名宦》，第 664 页，乾隆二十五年刻本。

［38］［明］吴道迩纂修：万历《襄阳府志》卷三十五《献征》，第 419 页，万历十二年刻本。

［39］［明］姚良弼修，［明］杨宗甫纂：嘉靖《惠州府志》卷十一《名宦》，第 417 页，嘉靖三十五年刻本。

［40］［清］章寿彭修，［清］陆飞纂：乾隆《归善县志》卷十八《杂记》，第 436 页，光绪十三年重刻本。

［41］［明］姚良弼修，［明］杨宗甫纂：嘉靖《惠州府志》卷十一《名宦》，第 417 页，嘉靖三十五年刻本。

［42］［明］欧阳保等纂修：万历《雷州府志》卷四《地理志》，第 79 页，万历四十二年刻本。

［43］［清］程熙春修，［清］文尔炘等纂：同治《筠连县志》卷十《人物》，第 247 页，同治十二年刻本。

［44］［清］程熙春修，［清］文尔炘等纂：同治《筠连县志》卷十《人物》，第 247 页，同治十二年刻本。

［45］［清］程熙春修，［清］文尔炘等纂：同治《筠连县志》卷十《人物》，第 247 页，同治十二年刻本。

川东北明清寨堡的管理与防御

陈剑波　重庆师范大学历史与社会学院博士研究生

刘桂娟　云南师范大学历史与行政学院博士研究生

摘　要： 明清时期的川东北战乱频仍，促使寨堡修筑兴起。寨堡的修建，得益于底层社会力量的参与和上层州县官府的加入，倡修者、族长与庠生为寨首的最优人选。管理与防御是寨堡的首要之务，在管理上形成了以寨首为主的一套日常与战时相兼的管理体系，防御上要做到战前预警、战时有效应对，并注重寨堡间的相互配合。

关键词： 川东北；明清时期；寨堡

基金项目： 本文为重庆市研究生科研创新项目"14～19世纪川渝宋蒙山城后续利用研究"（项目编号：CYB23225）及云南师范大学研究生科研创新基金资助（项目编号：YJSJJ24-A11）成果。

明清时期，随着社会矛盾的加剧，民变此起彼伏，四川地区陷入动乱之中，而川东北尤甚。川东北地处川、陕、鄂三省交界处，控扼往来三省陆路、水路交通，是以动荡频仍。正德七年（1512年），"鄢本恕、蓝廷瑞滋蔓于邻疆"，明末"闯献迭扰，姚黄继乱"[1]，清嘉庆初白莲教起义更是席卷全域，咸丰、同治年间又爆发李蓝起义。百姓在动乱中为求自保，纷纷修寨筑堡，再次掀起了营造寨堡的高潮。

寨堡能于战乱中发挥作用，有赖于自身内部的有序管理及对外军事防御，关于这方面的研究，学者多有论述[2]，但亦有所论未及之处。鉴于此，笔者欲抛砖引玉，拟从修寨群体、寨首人选、防御策略几个方面着眼，再对寨堡的管理与防御试做进一步探讨。

一　修寨群体及寨堡性质

川东北寨堡的修建，既有各底层社会力量的参与，又有上层官府的加入，寨堡性质因修建群体的不同而有所分别，在寨内管理上亦各有差异。

（一）乡里与宗族

中国历来有聚族而居的传统，往往同姓的乡民居住一地，这种以血缘为纽带而形成的家族或宗族，"更为广泛地向社会基层发展，形成具有一定独立、自治色彩的农业群体"[3]。宗族之长为族长，乡里为乡绅所主导，族长又为当地乡绅之一，两者相互结合，在统治力较为薄弱的乡间基层扮演着重要角色，维护着基层社会的安定。

因而，寨堡修建的底层社会力量便以乡绅和族长为首的乡里与宗族为主，无论是乡里所建寨堡还是宗族所筑寨堡，均需共同筹建、倡众捐修，高新雨将这种"倡众捐修"分为"寨民均摊修筑"与"富者出资、贫者出力"两种情况[4]。值得提出的是，就"富者出资"而言，"资"既指资金，也指谷物，如渠县王以恺出"二百余金修寨"的同时，又"捐米卅余石供练丁口粮"[5]，南部冯现璧"劝富者捐米为粮，先自捐二十石为之倡"[6]。这些捐资者，有的是地方上的乡贤、乡绅，有的是以邑庠生、附生为代表的读书人，亦有武生，或贸易四方的从商者。

这种由社会底层力量筹建而成的乡里和宗族寨堡，保聚性质十分突出。此类寨堡在防范贼匪侵扰的基础上，寨内日常管理偏重对乡民的治理。

（二）州县官府

由州县官府主持修建的寨堡，按类型划分应属官寨。不同于乡里和宗族修建的民寨，官寨更加注重政治与军事性质。官寨按修建目的、修筑契机的不同，又有所细分。

州县官府通常会在周边山体修建寨堡作为军事屏障，以保治所无虞，即"山为寨则人易集，城倚山则势易守……因地设险尤为阖城保障"[7]。如巴中以插旗寨、葆封寨、东华寨、南斗寨、南龛寨、西华寨、平梁寨堡、望王山寨、苏山寨为"治城九寨"[8]。又如清嘉庆时，岳池知县朱泰茹筑保寨堡，咸丰、同治年间，西充知县徐浩筑护寨堡、岳池知县何曰愈于治后翔凤山修筑护寨堡等。以上皆系屏障治所的军事性质类寨堡。

州县倘若被攻破、府衙被烧毁，治所便会迁入寨堡中，继续履行行政职能，此类寨堡即为政治性质类寨堡。如鄢蓝起义期间通江县治迁入安辑寨，白莲教起义时期南江县治与东乡县治分别迁入惠民寨、大成寨。当州县府衙于战后劫余需进行修葺时，亦会将治所迁入寨堡以作临时办公场所。如清顺治十七年（1660年），川东北局势已经安定，邻水知县李时亨"因县城榛芜"，将县治迁入宗性寨，直至康熙元年（1662年）"始修邑城"才将县治重新迁回[9]。

州县所建的官寨，修寨经费由官府筹备。这些寨堡在管理层面上偏重军事与行政方面，因而相较于乡里和宗族所修的民寨而言，建筑设施往往齐全，内部空间较大，官员在修筑过程中发挥着主导作用[10]。

二 寨首人选

寨堡修建后，为应对因动乱而导致的非常态化情形，逐渐形成了以寨首为主的一套日常与战时相兼的管理体系。寨首日常需做好户口管理工作，向官府汇报寨内情况，组织下寨耕作、营生、寨内粮食储备与团丁武装，战时还要组织寨堡防御[11]。对内需倡修、加筑寨堡，安抚百姓，调节内部各种矛盾；对外则联络周边寨堡，沟通州县官府，应对来犯之敌。可见，寨首发挥着至关重要的作用。

寨首作为一寨之首、寨堡的主心骨与最高决策者，全权负责寨内事务，因而寨首的选拔是各寨堡的头等大事。各寨堡在选拔寨首时有一定程式的标准和要求，一般来说"择其身家殷实、品行端方、明白晓事者，或绅监、或者民举为寨长、堡长"[12]，此外"寨长必须寨民公保，承充十数寨，相其人之多寡为设寨，总选绅士之有才干为众所服者充之"[13]。综上而言，选拔出的寨首，其家殷实，其人德高望重、通晓事理，为民众所信服。通过检阅各地方志，发现被选任寨首的大致分为以下三类人：

倡修者。据光绪《岳池县志》载"万顺寨，寨首蒋仁众、扬昌贵倡众捐修；双和寨，寨首王运科、蒋祖贵倡众捐修；苏家寨，寨首周朝栋、张朝光倡众捐修；袁家寨，寨首唐文周、袁德润倡众捐修"

等[14]记录信息，可见倡修者即为一寨之首。从最初提倡建寨，而后统筹资金、人员等，直至寨堡建成，倡修者在整个过程中逐渐累积了资历，其领导力为寨民所信服，故而多被推举为寨首。需要注意的是，并非所有寨堡的倡修者皆为寨首，"但大多数情况下，创修者虽不亲自担任寨长，却由其家族之人担任"[15]。

乡绅与族长。乡绅与族长是明清时期乡村社会治理的主导力量，把控着乡村社会的秩序，较乡民而言占有更多的资源。他们富有较强的管理、组织能力与凝聚力，素有威望与权力。乡里寨堡多在他们带领下修筑完成，寨首便自然而然地由他们来担任，继续管理寨内这个临时性的乡村社会。

庠生。"庠生"为明清时期府、州、县学中的生员，他们深受传统儒家思想的教育，不仅学识为当地翘楚，受人尊重，而且君父观念强烈，责任感强，因此他们能够在动乱中有所担当，视破贼保民为己任。如新宁廪生张思化在县城被攻陷后，"泣谓母曰：'儿读圣贤书，不能尽忠，何以尽孝？子是夜潜出，结联各寨破贼复城，济则邑之福也，不济则以死继之'"[16]。他们深思熟虑，颇有远见卓识，能够有效地执行州县官府甚至朝廷的方针与策略，有能力管理寨内各项事务，是故庠生亦在寨首人选之列。

三 防御策略

寨堡建成后，如何进行有效的防御

以保全寨中百姓,此为寨首须考虑的关键问题。自明中叶始,寨民在无数次抵御外敌总结经验得失的基础上,逐渐形成了一套完善的防御策略。嘉庆时期爆发了声势浩大的白莲教起义,清廷奉行"坚壁清野"策略,并授意修筑寨堡。在州县官府对寨堡事务直接干预下,地方团练与寨堡防务结合,使得原有的防御策略更为健全。纵观寨堡防御策略,大致可分为三个方面,即战前预警、战时应对及寨堡间的配合作战。

(一)战前预警

战前预警,即在贼寇未犯之时,如何未雨绸缪、做好充分准备,来抵御不期而至的敌军。

首先,加固城防。寨门扼守上山的路径、把控进入寨内的通道,一旦寨门失守,几乎再无进行抵抗的可能,这一点我们通过实地调查已有所发现。寨堡的防御重点在寨门周边,然寨堡体量较小,寨内多为生活居所,若贼寇涌入寨内,势必引起寨民恐慌,造成惨重的人员伤亡。因此,寨堡往往会加强对寨门周边的防守,加筑工事,"在寨门一带用大石坚砌高墙,重设寨门,墙上建楼,坐泥盖瓦,以防火攻""门外四五丈地,每夜设棘围、灯火、门楼军器、仕用戈矛、鸟枪、大三眼炮、火箭、火弹、石块等物"[17]。寨墙亦在加固之列,使贼寇不得逾越进入寨内。寨内所建房屋,不得以木料搭建,须以泥土砌墙,屋顶以瓦搭建,以防贼寇火攻或寨内失火。

其次,加强巡逻与警戒。通过实地调查我们发现,在寨门附近地势较高、视野开阔处,一般都建有瞭望台、敌楼等军事设施,可日夜安置守卫,加强警戒,以防贼人偷入寨内。在山下要隘处也会安置守卫,"近边要隘则各寨轮拨数人设卡防守,侦有贼踪,放一炮则耕作之人尽皆收捡农具,侦贼向此路则放二炮,人畜皆归寨堡,贼近则放三炮,寨总纠会各寨,尽整器械,集壮丁堵御前卡"[18]。此法不仅可以确保寨民安心劳作,还可使寨中之人遭遇敌情时有充足的反应时间以作应对。此外,防守还须严密,"贼常以老人为谍,为民怜而不察也,又喜挟民之老人以为质,挟其所重也"[19],因此谨慎稽查出入寨堡者,不可轻易放陌生人入内。

最后,加强寨民训练。每户至少抽取一名壮丁编入队伍,无论是鸟枪还是刀枪,熟悉一项技能,当有贼警时能守御寨堡。妇孺亦须参加训练,"妇孺皆习兵,不惟御贼,于仓卒亦可戢盗"[20]。清嘉庆初期爆发白莲教起义,寨堡守御与地方团练结合起来,或大寨为一团,或若干小寨为一团,抽取壮丁进行团练[21]。

(二)战时应对

在来敌进犯寨堡时,势必举全寨之力抵御,但这种抵御并不是各自为政,而是由寨首统一指挥,亦有所策略与法度,不致造成寨内恐慌,继而自乱阵脚。

乡民不像兵勇一般可以军法治之,

如若轻易出击致死伤数人，便会锐气全无，作鸟兽散，因此遇敌情时当以防御为主，不可轻易出寨直面敌军。故此有识者多番强调以"守"为主，如"故寨以守为主，纵能战不若守之"[22]，又如"寨边居人只宜闭门守御，不可轻出"[23]。在守寨时，无论枪炮、棍棒乃至地上之石皆可作为手中武器。守寨时严禁喧哗，"贼哗我默，彼不我测走矣。贼在寨东言西已破、在南言北已破者，诈也"[24]，不可妄信贼寇言语，防其诈取。

然而，贼寇来犯时并非一味守御，而会选择适当时机进行出击。"沿途分伏壮健于山湾石角之间，贼匪大队过去必有拉后之数十人，委顿道途间突出截击可以尽擒，前寨既用此计，后寨亦依计行之，则贼所过寨堡必有损折。"[25]沿途寨堡相互配合，设置伏兵，将前队放过而骚扰后队，致使其首尾不能相顾，痛击敌军。

寨堡储粮多为自给，往往贼来则守，贼去则耕。耕作时要提高警惕，在要隘处设卡轮流防守，而且需分散耕种，不可聚在一起，防止贼寇突然袭来。当侦探到有贼寇踪迹，放炮以作信号，耕作之人则退入寨内。

（三）结寨防御

单凭一座寨堡很难抵抗贼匪、保全寨内百姓，因此需联络周边寨堡共同防御，不至于孤立无援。以巴中寨堡为例，南斗寨"前阻巴江，后接东华，互为声援"，南龛寨"前有镇南关，后有青龙寨，首尾相应"，西华寨"与大连、擂鼓二寨鼎足而立"，佛头寨"一有寇警，上必守孤山坪，下必守狮子滩之三清寨，以佛头寨为中枢，可控制全区"，鹰峰寨"与三清寨唇齿相依"[26]。

有些寨堡在修建时就为一种"双寨"形制，如邻水普主寨，"平地突起二寨，一曰公主，一曰母主，合称普主寨。相去一里，大小屹立，相望有公母之形"。又如公、母猪石寨，"公猪石寨，与母猪石对，相去一里，形如公母，左有猪儿，形次第环列"[27]。此种"双寨"形制，虽为两座寨堡，实为一寨，在修建之时就已注重寨堡之间构成犄角之势，以便共同防御，提高寨堡的防守能力。

清代中后期团练与寨堡防务结合，团总往往统辖周边数个寨堡，寨堡之间的配合更加密切。此外，寨堡之间还会以结盟形式来共同防御，蓬安燕山寨当为最典型的案例。清咸丰十年（1860年），李蓝军进攻蓬州河舒场、杨家场等地，经蓬州郑元恺提议，小罗山寨、三星寨、燕山寨、关公寨、龙冈寨、长生寨、辛家寨、德兴寨、龙伟寨九座寨堡"同盟于河舒场"[28]，结寨自保。

寨堡之间的相互联络、配合，提高了寨堡所在地区整体的防御能力，互为预警，使敌军无可乘之机，是以寨堡多结寨防御。

四 余论

明清时期的川东北动乱频仍，民众

修寨筑堡以求自保。管理与防御为寨内事务的重中之重，呈现出不同的阶段性特征：清嘉庆之前，多为民众自发性，缺乏有效组织；嘉庆年间白莲教暴动，官府力量的加入，使得寨堡的管理与防御开始组织化、系统化与理论化，大大提高了寨堡的防御效果。虽然咸丰、同治时期的动乱，官府制定"聚歼"策略，不再器重寨堡[29]，但民众经过长期的实践活动，自发组织修建的寨堡，在管理与防御上已渐趋成熟。

注释

[1] ［明］吴德器修，［明］徐泰纂：《蓬州志》卷十二《武备篇》，《中国地方志集成·四川府县志辑》第58册，第595页，巴蜀书社，1992年。

[2] 凌富亚：《清代四川寨堡的修建与管理》，《西华师范大学学报》（哲学社会科学版）2016年第1期，第56页；伍磊：《论清代四川盆地寨堡的防御力和阶段性特征》，《西华师范大学学报》（哲学社会科学版）2018年第5期，第29页；罗权：《清代四川寨堡的命名及其文化内涵》，《云南大学学报》2021年第4期，第50页；罗权：《明清时期四川寨堡研究》，第85页，社会科学文献出版社，2023年。

[3] 张帆：《中国古代简史》，第384页，北京大学出版社，2001年。

[4] 高新雨：《嘉庆巴蜀山寨研究》，第49页，硕士学位论文，西华师范大学，2016年。

[5] ［民国］杨维中修，［民国］钟正懋纂：《渠县志》卷九《人物志》，《中国地方志集成·四川府县志辑》第62册，第533页。

[6] ［清］王瑞庆修，［清］徐畅达纂：《南部县志》卷十六《人物志》，《中国地方志集成·四川府县

[7] ［清］曹绍樾修，［清］胡辑瑞纂：《仪陇县志》卷二《舆地志》，《中国地方志集成·四川府县志辑》第57册，第186页。

[8] ［民国］董珩修，［民国］岳永武纂：《巴中县志》第一编《土地志》，《中国地方志集成·四川府县志辑》第62册，第827、828页。

[9] ［清］曾灿奎修，［清］甘家斌纂：《邻水县志》卷一《舆地志》，《中国地方志集成·四川府县志辑》第61册，第570页。

[10] 参见罗权：《城市与乡村之间——清中期四川治城堡寨探析》，《乐山师范学院学报》2021年第1期，第70、71页。

[11] 罗权：《明清时期四川寨堡研究》，第135～138页，社会科学文献出版社，2023年。

[12] ［清］董诰等：《皇清文颖续编》卷十一《坚壁清野议》，清嘉庆武英殿刻本。

[13] ［民国］董珩修，［民国］岳永武纂：《南江县志》第二编《武备志》，《中国地方志集成·四川府县志辑》第62册，第760页。

[14] ［清］何其泰修，［清］吴新德纂：《岳池县志》卷三《疆域志》，《中国地方志集成·四川府县志辑》第59册，第73页。

[15] 罗权：《清代中后期寨堡的管理模式探析》，《西华师范大学学报》2021年第2期，第44页。

[16] ［清］复成修，［清］胡元翔纂：《新宁县志》卷六《人物志》，《中国地方志集成·四川府县志辑》第60册，第783页。

[17] ［清］锡檀修，［清］邓范之纂：《通江县志》卷五《武备志》，《中国地方志集成·四川府县志辑》第63册，第140页。

[18] ［民国］董珩修，［民国］岳永武纂：《南江县志》第二编《武备志》，《中国地方志集成·四川府县志辑》第62册，第760页。

[19] ［明］吴德器修，［明］徐泰纂：《蓬州志》卷十二《武备篇》，《中国地方志集成·四川府县志辑》第58册，第598页。

[20] ［明］吴德器修，［明］徐泰纂：《蓬州志》卷

十二《武备篇》，《中国地方志集成·四川府县志辑》第 58 册，第 598 页。

[21] 罗权：《清代中后期寨堡的管理模式探析》，《西华师范大学学报》2021 年第 2 期，第 44 页。

[22] ［明］吴德器修，［明］徐泰纂：《蓬州志》卷十二《武备篇》，《中国地方志集成·四川府县志辑》第 58 册，第 598 页。

[23] ［清］锡檀修，［清］邓范之纂：《通江县志》卷五《武备志》，《中国地方志集成·四川府县志辑》第 63 册，第 141 页。

[24] ［明］吴德器修，［明］徐泰纂：《蓬州志》卷十二《武备篇》，《中国地方志集成·四川府县志辑》第 58 册，第 598 页。

[25] ［民国］董珩修，［民国］岳永武纂：《南江县志》第二编《武备志》，《中国地方志集成·四川府县志辑》第 62 册，第 760 页。

[26] ［民国］董珩修，［民国］岳永武纂：《巴中县志》第一编《土地志》，《中国地方志集成·四川府县志辑》第 62 册，第 828 页。

[27] ［清］曾灿奎修，［清］甘家斌纂：《邻水县志》卷一《舆地志》，《中国地方志集成·四川府县志辑》第 61 册，第 570 页。

[28] ［明］吴德器修，［明］徐泰纂：《蓬州志》卷十二《武备篇》，《中国地方志集成·四川府县志辑》第 58 册，第 596 页。

[29] 伍磊：《论清代四川盆地寨堡的防御力和阶段性特征》，《西华师范大学学报》（哲学社会科学版）2018 年第 5 期，第 32 页。

清代川东地区的
祷雨文化遗产研究

张廷良　重庆市江津区文物管理所（重庆市江津区博物馆）馆员

摘　要： 清代川东地区的农业经济迅猛发展，在此背景下产生了数量众多的祷雨活动相关的文化遗产。这些文化遗产类型丰富，都是紧紧围绕着"泉"与"龙"而产生的，产生于清代历次祷雨活动灵验之后，是祷雨活动后续环节——酬神行为的产物。这些文化遗产的形成和发展过程丰富了清代农业社会经济、古代祷雨活动等相关研究主题的认识视角，也为清代川东地区移民社会矛盾调解和族群融合提供了新的研究材料。

关键词： 清代；川东地区；祷雨；酬神；文化遗产

一

清代早中期川东地区的农业经济迅猛发展，但农业灌溉基础设施薄弱，农业经济对旱灾的抗击能力很差，所以在清代数百年间，川东地区开展的祷雨活动次数极多，因此留下了数量众多的祷雨活动相关的文化遗产。

清代的川东地区，包括今重庆全境、四川广安、达州等区域，地形地貌以山地、丘陵为主，自古以来发展农业经济的难度较大。伴随着元末明初的"湖广填四川"移民运动，这一区域始有小范围的山地垦殖开发，人口数量和农业经济面貌才稍有起色，但又被明末的战乱蹂躏而凋敝。清代初期的"湖广填四川"移民运动遂以招民开垦为急务，在入籍、土地所有权等问题上给予了入川移民极大的政策支持[1]，同时又因邻近当时入川的水路要道——长江三峡，川东地区因而吸引了大量移民于此落户[2]。移民数量剧增带来了川东地区农业经济的空前增长，继而引发了史无前例的四川地区经济重心由成都平原向川东地区偏移[3]，并由此带来了川渝两地在政治、经济、社会方面的诸多变化。

但是，川东地区是一个干旱较为高发的地区[4]，而且当时农业灌溉基础设施也远不能与成都平原相较。在山洞谷底、丘陵缓坡开垦的优良水田，灌溉用水以引流山上的泉水为主，一处水量比较充沛的泉眼，无疑是其流经区域内农业生产生活的重要资源，尤其天旱少雨时节，其重要性更是不言而喻。每逢旱灾来临、需要进行祷雨活动时，当地的官员和民众自然会将目光投向那些水源充沛、干旱不涸的泉眼，将其作为开展祷雨活动的主要场所之一。

重庆长寿区的桃花溪是当地重要的农业灌溉河流之一，其源头之一是长寿区葛兰镇的金盘山老龙洞。因该洞内有泉水常年涌出不竭，成为了古时当地民众"岁旱祷雨"的一处重要地点。古时当地人将其称之为"龙窟"，并有"龙潜其中，能呼风唤雨、授人甘露"的民间传说和诗赋流传。洞口现今保存有一则"触石兴云"摩崖题刻，是民国十七年（1928年）国民革命军第二十军副军长兼第四师师长何金鳌在此避暑游玩时所题[5]。该题刻中的纪事文字中提及，当时洞中尚留存有一定数量的碑碣，大多是古代的祷雨之文。遗憾的是，当时洞中的祷雨纪事碑碣现已无存。但这条信息足以说明，古时在金盘山老龙洞这一泉水发源地进行祷祀求雨，已是一种常态化的活动。

在山洞泉眼处祷雨灵验之后，就地利用泉眼旁的山体岩石刻摩崖题记，是一种比较廉价方便、传世效果也比较好的纪事纪念方式。结合当时朝廷经常采取褒赐匾额的做法，清代川东地区也常常仿照四字匾额的形制，将祷雨灵验之事摩崖刊刻在泉眼附近。重庆忠县拔山镇的莫家坪灵泉洞，便是在泉眼上方岩体刊刻了一方"灵泉普济"的四字匾额，上款书"祈雨灵验敬献神匾永垂千古"，落款为"光绪二年丙子六月上浣刊立"[6]。

此种敬献神匾并摩崖刊刻的方式，现存题刻中最早的记录是清乾隆早期，并且一直延续至清晚期。重庆巴南区南泉街道的樵坪山老龙洞，同样是清代当地普通民众祷雨的重要场所。民国《巴县志》载："老龙洞，大旱不涸。岁旱，县人常雩祭于此。"[7] 与县志记载相对应的是，该老龙洞洞口岩壁上刊刻有 15 方四字匾额形制的题刻，如"泽降恩普""一洒万岭""溥济群黎""雨泽三施""默应天机""普济民生"等（图一），均为祷雨灵验之后所敬献刊刻。题刻中有参与祷雨的主要人员姓名、纪年以及当年旱灾情况和祷雨灵验等信息，如清同治十年（1871 年）孟夏月刊立的"泽润生民"匾额，上款刻有"节逢立夏天屯膏，俾我蒸民播种劳。祈祷处□驱旱魃，甘霖俯赐降来朝"。下款有题赠人姓名和时间[8]。这 15 方匾额造型的题刻中，可清晰辨识的纪年，最早为清乾隆五年（1740 年），最晚为清光绪二十六年（1900 年），说明在该泉眼开展祷雨，并且采取敬献匾额方式的酬谢纪念活动，至少延续了 160 年。

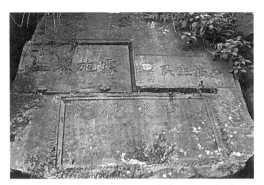

图一　重庆巴南区樵坪山老龙洞洞口部分
题刻（隆刚政摄）

此种祷雨灵验之后敬献神匾的方式被清代地方官员和普通民众广泛采用。重庆巫山县城西北二十里的赤溪洞（亦俗称"老龙洞"），洞壁之上留存有清光绪十一年（1885 年）官方颁赐的"五溪泽溥"匾额题记，以及当地士绅或名流雅士题镌的"甘霖响应""灵应""感应甘霖"等多处匾额造型的题刻[9]。涪陵区百胜镇的龙洞山老龙洞，洞壁上现存有 8 则祷雨灵验的摩崖题刻，其中洞内左壁上的"甘霖普施"题刻，系清光绪七年（1881 年）由时任涪州知州吴羹梅（字地山）所题。另有一则"摩诃灵境"题刻，系清嘉庆十六年（1811 年）由时任涪州知州张师范（1746~1818 年）所题[10]。张师范，字晴湖，于清嘉庆十六年至嘉庆二十二年（1811~1817 年）在涪州任知州，被称为涪州良牧，民众为他立了一座生祠，有《州牧晴湖张公祠碑记》留世。碑记中载："公之莅涪也，岁屡旱，

公设策备荒，无微不至。"[11] 可知他在多次处理旱灾时颇有良政措施。这两则题刻笔法流畅遒劲有力，颇有风骨，具有较高的书法艺术价值。

此类在泉眼处以摩崖刊刻匾额的做法，显然已成一种定式习俗在川东地区普遍流行。其共同之处在于，均位于当地重要的泉水发源地，并且是祷雨灵验之后刊刻，在简要记录祷雨前后情形的同时，还兼有表示酬谢之意。

此外，也有单纯记录祷雨灵验的纪事题记或碑刻，如重庆江津区圣泉寺遗址的清道光二十六年（1846 年）《圣泉祷雨记》，重庆巫山县赤溪洞的清嘉庆三年（1798 年）《老龙洞碑记》[12]，重庆合川区沙鱼镇龙头井的清嘉庆二年（1797 年）《新镌老龙洞石龛记》，诸如此类。这些题记内容都记载的是官方人员亲身经历的祷雨灵验故事，如《新镌老龙洞石龛记》便讲述的是清嘉庆二年（1797 年）闰六月，定远县（今四川武胜县）境内弊一个月没有落雨，时任知县向多个神祠祷祀均未得到响应，惶恐之时，有人向他建议到沙鱼镇的老龙洞祷祀，于是率众寮吏民众前来，刚刚跪拜完毕，大雨如江河决口般而至。这些题记的篇幅一般较长，有一定的文学和历史研究价值，但此种纪事方式、题材内容，清代以前即已出现，且国内其他地方也较为常见。

二

从上述多个案例不难发现，对于山涧洞穴发源的干旱不涸的泉眼，川东地区通常称为"老龙洞"，显示人们认为重要的泉水发源地是有龙居住的。如重庆长寿区金盘山老龙洞的"龙潜其中，能呼风唤雨、授人甘露"，重庆忠县莫家坪灵泉洞的"气结岩溪穴，龙泉一洞天。莫言潜无用，霖雨自逢年"。

既然人们认为龙潜居于泉眼之中，人们自然会将龙王庙选址修建于此处，虽然这些龙王庙今已大多无存。如重庆长寿区葛兰镇的金盘山老龙洞、涪陵区百胜镇的龙洞山老龙洞、万州区盐井乡的盐井沟龙洞[13]等泉眼处，都有龙王庙建筑的遗迹、遗存和史志文献的记载。

忠县莫家坪是因有莫姓移民从湖北迁居至此而得名[14]，得益于灵泉洞的泉水，屯耕育嗣，繁衍家族，清代中晚期莫氏家族以灵泉洞为中心，出资修建了一座楼阁式建筑的龙王庙。该龙王庙建筑现已不存，但使用条石砌筑的建筑基址与部分墙体至今尚存（图二）。

与之类似，四川开江县灵岩乡的黑龙池龙王庙，由清代迁居于此的邱氏家族出资所建，庙内开辟有两口泉井，是当时当地乡民的祷雨对象。庙内古碑记述了庙废则泉水枯竭，重新动工建庙时则泉水涌发的传说[15]。

重庆高新区金凤镇海兰村的龙王庙遗址，同样修建在一处泉眼之上，现虽

图二　重庆忠县莫家坪灵泉洞龙王庙建筑基址（郝川摄）

仅存建筑基址遗迹，但在泉眼一旁岩体之上，还保留有一个石龛，龛内凿有一尊龙王造像（图三）。该龙王造像为拟人化形象，呈端坐状。石龛为拱形，仿房屋结构雕刻，龛顶横额书"用作霖雨"，左右两侧楹联为"□□通时永昭灵應，遐通被德共荐馨香"。

图三　重庆高新区海兰村龙王庙摩崖造像（吴琛摄）

当然，受地形所限，并不一定山涧泉眼处都适宜修建庙宇建筑，如重庆南川区金佛山的半河老龙洞，在清康熙四

十七年（1708 年）的一次祷雨灵验后，便是因地形原因不宜修建龙王庙，时任县令张有孚便决定另外选址，在城西五里的龙济桥一侧修建龙王庙[16]。

重庆合川区沙鱼镇的龙头井，现仍存庙宇建筑，当然其功用已不再以供奉龙王为主。不过有趣的是，因该处泉水是从岩体的缝隙中涌出，人们便在泉眼处的岩体上雕刻了一条长约三米的石龙，巧妙地将泉眼作为了龙口，形成了"神龙吐水"的景观（图四）。龙头一旁的岩壁上镌刻有"灵泉普济"四字，是清光绪二十六年（1900 年）时任定远县知县、广安州知州董汝涵在当年七月天旱祷雨灵验后所题镌。

图四　重庆合川区沙鱼镇龙头井龙吐水雕刻（蒋继全摄）

无独有偶，重庆江津区的圣泉寺龙吐水（图五）、重庆忠县的莫家坪灵泉洞（图六）两处泉眼与合川沙鱼镇龙头井的做法一致，都是将泉眼的岩体精心镌刻为龙形，将龙头作吐水状，龙头下方则凿有小池，用来承接龙口吐出的泉水。

图五　重庆江津区圣泉寺龙吐水雕刻（王铭摄）

图六　重庆忠县莫家坪灵泉洞龙吐水雕刻（郝川摄）

这些做法的目的，显然在于宣扬和昭示泉眼的神奇和灵验，同时也将泉眼予以了神化，从信仰的角度告诫人们泉眼的神圣不可侵犯。毫无疑问，泉眼是当地民众赖以生存的资源，泉眼水脉的枯竭则会对农耕、宗族、村落造成严重甚至是致命的打击，必须竭力保护。

四川邻水的铜锣山老龙洞（图七），

地处三古镇双峰村村寨附近，洞口左侧为范家祠堂。将宗祠建于泉眼旁侧，昭示着当地范氏家族曾经对该泉眼的所有权。据洞口处的多处题刻题记可知，古时当地人们在此祷雨，多有灵验，为此特地在洞口前方修建了一座石质牌坊，现仍保存完好，牌坊为仿木结构重檐楼阁式建筑，四柱三开间，面阔6.4、通高5.6米，顶部刊刻"天开贝阙"，左右对联为"路疑游碧汉，德自配苍天"。中间大门两柱的楹联为"用汝作霖雨故称龙焉，承天而时行可以王矣"，横额为"泽润群生"，落款是"邻水贡生曾传绂谨题"。该楹联毫不讳言地将铜锣山老龙洞称为龙王的居所，并提示性很强地说明了将其作为祷雨的功用。牌坊中间大门石柱两旁各嵌有大小相同的碑刻，左侧为"修路小引"，右侧为"护洞规约"。该《护洞规约》系清道光二十三年（1843年）制定并刊刻，列出了数项可能会破坏老龙洞灵验的应禁止的行为事项。洞内右侧有一龛石像，名为"龙王菩萨"。洞内深处右侧石壁上有两个人形石像，是当地流传的为民降龙降雨的传说故事中的人物形象。

对于铜锣山老龙洞泉眼水脉的保护可谓全面周到，除了其他泉眼保护措施中常见的改造周边环境、建设祷拜设施、打造游览景观等行为外，还通过建造牌坊彰显泉眼的尊崇地位。尤其重要的是，制定刊刻了《护洞规约》，从村规乡约的层面明确了保护泉眼水脉的合法性。从

图七　四川邻水县铜锣山老龙洞（陈杰杰供图）

这个意义上说，保护好泉眼水脉，是保全村落生存立命的基础，而且已经在当地区域社会中达成了共识。

三

围绕着"祷雨""老龙洞"等主题，川东地区还流传着多种题材的民间传说。这些民间传说有些情节大致类似，如因天旱少雨，人们认为是潜居在龙洞内的老龙作恶或偷懒，遂有勇敢的道士、法师或壮士，自告奋勇进入洞内降服或唤醒老龙，如重庆巴南区樵坪山老龙洞的张堂师与神龙斗法，梁平区城南镇蟠龙洞的谭川降龙，武隆县木根乡朱家嘴老龙洞的代发高师徒斗龙[17]，四川邻水县铜锣山老龙洞的甘法圣、万法灵师徒降龙等，但故事结局不尽相同。另有一些是告诫人们要诚信为人的故事，如丰都县碑垭口老龙洞的刘四斗龙。也有展示孝道的故事，如渠县龙潭乡老龙洞的李昂化龙。[18]还有护驾、救火的故事，如巫山县城西的赤溪洞龙王救火。

此外，在川东各地的方志文献中也收录有一些关于祷雨的祝辞、仪式，以

及修建龙王庙的碑记等艺文。不过有趣的是，这些文献记载的仪式仪轨，也还是围绕着"龙"和"泉"而进行的，下面试举两例简要说明。

民国《江津县志》中收录的《修建清源宫碑记》，记述了清代江津石蟆镇进行祷雨的仪式流程：人们将清源宫的主神——川主神像抬出，送到合江县的龙王塘边举行祷祀仪式，然后将龙王塘的泉水装入瓶中带回泼洒[19]。另外《巴渝民俗戏剧研究》中收录了重庆巴县进行打醮祷雨仪式的口述史采访资料，其仪式流程是将川主神像抬到綦江县三渡水的龙洞口，在龙洞口前举行祷祀仪式，然后将龙洞口的泉水带回[20]。

不难看出，这两项祷雨仪式的主角——川主神像，事实上只是作为民众的代表，到龙潜居的泉眼处进行祷雨。而最终祷祀的实际对象还是潜居的龙，祷祀地点仍是泉眼处。

四

川东地区的农业经济发展较晚，从清代初期的"湖广填四川"移民运动开始迅猛发展，受到气候、地形、政治、移民、社会等多方面因素影响，祷雨活动开展次数极多，也因此留下了众多的祷雨文化遗产。从类型上划分，涵盖了物质文化遗产和非物质文化遗产两类，物质文化遗产中以题刻题记为主，另有古建筑、古遗址、摩崖造像等类别。非物质文化遗产则有民间文学、传统戏剧等类别。

这些祷雨文化遗产都是紧紧围绕着"龙"与"泉"而产生的，并且大多产生于清代历次祷雨活动灵验之后，是祷雨活动后续环节——酬神行为的产物。目前学界对于祷雨活动酬神环节的认识，普遍限于演剧酬神和打醮酬神两种方式。虽然酬神行为已是社会危机解除、社会矛盾淡化之后的行为活动，难以借此考察官僚机制、习俗信仰、仪式过程等主题，但是清代川东地区长期累积形成的这些成规模、有体系的文化遗产，可以丰富学界对祷雨活动进行认识研究的相关资料。

此外，从地方社会与国家关系的视角看，清代川东地区的祷雨活动中，当地民众与地方官员在祷祀对象、祷祀方式、酬神方式等方面保持着高度一致，显示出清代川东地区的祷雨活动植根于保障农业经济的基础上，地方社会与国家之间有着内容丰富的友好互动。

最后，就全世界范围来看，土地和水源的争夺往往是土客之间、移民族群之间的矛盾焦点，并可能会造成社会分裂甚至武力冲突。但是清代川东地区在"湖广填四川"移民运动的历史背景之下，却极少出现土著居民与移民、客居者之间长期相互敌视的情况。从当时民众在水源保护方面所做出的措施看来，同一个水源水脉的区域社会中事实上已经达成了共同保护水源的共识，很大程度上缓解了区域社会矛盾。因此，此类文化遗产可以为"湖广填四川"历史环境下移民社会中的矛盾冲突与调节、族群融合与认同等方面提供有益的研究材料。

注释

[1] 田强：《清代三峡地区的移民与农业垦殖》，《湖北民族学院学报（社会科学版）》1998年第2期，第89~92页。

[2] 隗瀛涛主编：《近代长江上游城乡关系研究》，第297页，天地出版社，2003年。

[3] 张莉红、张学君：《成都通史》卷六《清时期》，第239页，四川人民出版社，2011年。

[4] 马力主编：《中国气象灾害大典·重庆卷》，第14、15页，气象出版社，2008年。

[5] 中国人民政治协商会议四川省长寿县委员会文史资料研究委员会：《长寿县文史资料·第4辑》，第103~104页，长寿县印刷装潢厂，1988年。

[6] 张廷良、邹毅：《清代重庆地区的祈雨题记研究》，《长江文明》2022年第3期，第51页。

[7] 《民国巴县志》卷一《地理志》，中国地方志集成编委会编：《中国地方志集成·重庆府县志辑4》，第36页，巴蜀书社，2017年。

[8] 张廷良、邹毅：《清代重庆地区的祈雨题记研究》，《长江文明》2022年第3期，第50页。

[9] 向承勇：《历代大家与巫山》，第251页，中国戏剧出版社，2013年。

[10] 四川省涪陵市志编纂委员会编：《涪陵市志》，第1413页，四川人民出版社，1995年。

[11] 冉光海：《易理文化与涪州教育文化》，第234页，中国戏剧出版社，2013年。

[12] 向承彦：《巫山文化系列丛书·品味巫山》，第75~77页，连环画出版社，2010年。

[13] 万县地区计划委员会、万县地区国土规划领导小组办公室：《万县地区国土资源》，第357页，万县地区计划委员会印，1986年。

[14] 陈科龙：《六百年家风润泽午阴村》，第48页，《农村·农业·农民》2018年第11期。

[15] 贾载明：《辙迹漫语》，第48、49页，群言出版社，2017年。

[16] 《民国重修南川县志》卷五《礼仪》，中国地方志集成编委会编：《中国地方志集成·重庆府县志辑25》，第325页，巴蜀书社，2017年。

[17] 四川省丰都县民间文学集成编委会：《丰都县民间文学集成》，第49页，四川省丰都县民间文学集成编委会印，1987年。

[18] 戴箕忠主编：《中国三峡风物传说》，第279、280页，中国三峡出版社，2010年。

[19] 《民国江津县志》卷四《典礼志》，中国地方志集成编委会编：《中国地方志集成·重庆府县志辑15》，第626页，巴蜀书社，2017年。

[20] 胡天成、段明：《巴渝民俗戏剧研究》，第83~87页，贵州人民出版社，2006年。

移民与遗民

——以古蔺雷氏家族为个案考察

雷步照　泸州市博物馆工作人员

摘　要： 古蔺雷氏家族是川黔交界地带颇具影响的家族之一，原籍江西抚州，明万历年间迁入四川，因武事进入仕途，成为武人家族。明清鼎革之际支持南明，家族遭到镇压而走向低潮。清初，家族出于现实的考量以耕读传家，开始培养人才，进行宗族建设。乾隆以后，家族发展迎来高潮，着手联宗修谱，曲笔维护祖上抗击清军的历史，重塑了一个忠君、家和、族睦的形象。同时，也造成了历史文献的种种误载。透过雷氏家族的案例考察，呈现移民到遗民身份转变之际采取的安身立命举措以及明清川黔交界社会的连续性。

关键词： 移民；遗民；古蔺；雷氏家族

基金项目： 四川省社会科学重点研究基地区域文化研究中心 2023 年度一般项目"古蔺雷氏家族资料整理与研究"（项目批准号：QYYJC2312）阶段性成果。

古蔺雷氏家族自明万历年间迁入四川，经历了明清鼎革，尤其是支持南明，成为研究者较为关注的课题。不过，由于历史文献记载的稀少和政局的变化，相关研究仍不够深入。学界最早关注古蔺雷氏家族的是赵永康先生，他爬梳了雷氏家族在明清易替之际的战事及所藏《易知单》[1]。后陈世松先生以《易知单》为切入点，解读其内容，探讨了明清时期丁税向地税的转变过程[2]。该家族的来历、兴衰、现存遗迹等尚未引起重视，笔者拟以此为立足点加以论述，探讨兼具移民与遗民双重身份的家族在易代时的传承、特性及区域社会的延续等问题。

一　雷氏移民入川

雷氏入川的具体时间史无明文，不过可以确信早在明万历年间就迁入四川。《考订雷氏家乘序》中记录了一世祖雷安民的生平。

> 永宁府马湖屯先祖，讳安民，号坤山，忠义迈世，智勇先人，原籍蜀之中川人也。从播徙蔺，功袭宣抚司边藩长官。于万历年间，值建昌蛮梗化，蜀总镇刘讳挺，奉诏捕讨，拣调各土司之能目随征，坤山公率部曲应征，偕大师追剿迨建平，论功升擢题授都司加御参将。侦窥新宣抚奢寅阴谋不轨，虞有池鱼之及，方拟择木而即见制于人。幸名哲保身，举家得脱罗网。毛丘锁尾，托寓邻封，坐席未暖，即奉调入卫，升授副总兵。维时各省之师云屯关外，咸欲树续建功，无何经略失机主司欺敌，纵有擎天之力者，亦难挽即倒之狂澜也。虽敌骑塞野，公犹于千枪万刃中立斩数级，以却重围，既而屯边之全师尽殁，公又岂能以独存乎斯时也。天地含愁，草木悲凄，此骨气运无可如何矣！公身死国难，倘继述非贤，不既随时泯殁哉![3]

这篇序言是雷安民在战死辽东后，顺治十四年（1657 年）由后人所记录，明确了雷安民的生平及在明万历年间已迁入古蔺。称奢寅为"新宣抚"属于误载。不过，"原籍蜀之中川"直接隐逸其祖籍。这在《雷安民小传》中则有详细的记载。

> 雷安民，清泉祖子，行二，号坤山，原籍江西抚州府孝岗今东乡县十七都，入籍四川下南道，管辖直隶资州内江县大通里。大明万历年间，从播徙蔺，奢酋荡平，升任宣抚司，加级参将，补副总兵，建衔署马湖营，总理军粮，防汛一带地方，后听调阵亡[4]。

该《小传》进一步点明了雷安民原籍江西抚州，反映了雷氏迁入四川是一个短暂的时间，辗转定居古蔺则有一个较长的过程。然而，对于雷安民入川前的经历则仍未详尽。

实际上，雷安民系明廷的中下层武将，身世不显，有关其身世前期的记载不多，只知曾是兵部尚书王象乾的部将[5]。迁入四川后与刘国用等交往过密，"国用先有立崇明之功，后有弑崇明之谋，被奢寅并其妻孥婴孩而毙之"[6]。受到刘国用的牵连，雷安民"入水西为谋主，率兵攻乌箐以致蹂躏夷民"。永宁奢氏与水西安氏历来斗争不断，雷安民进入水西寻求庇护，无疑加剧了双方的紧张局势，引起川黔两省高阶官员之间的不睦。

四川巡抚饶景晖言水西干涉永宁宣抚使承袭，窝藏雷安民[7]，是挑起事端的一方。而贵州巡抚张鹤鸣则认为奢崇明、奢寅父子欺水西宣慰使安位年幼，乘机侵占土地，责在四川。这逐步演变为川贵两省巡抚之间斗争，引起了明廷内部的重视。

薛三才上疏:"雷安民、传训等，蔺所深仇，而水西独倍加亲昵，且藏匿寨中，意欲何为？无怪乎奢寅得借为口实也，即不必献出蔺州，快其睚眦之怒，断不可仍留水西，终为媒孽之根，合听蜀中提问以拨置之罪罪之，水蔺应各无辞耳。"[8] 薛三才认为雷安民进入水西，是直接挑起两省争端原因，应当严惩。明廷责令双方侵占土地退还，不许再构争端。

雷安民在平定土司叛乱的战役中屡建军功，是其发家的关键。明万历初年，杨应龙袭父职，因在征讨九丝等战役中骁勇善战，得到明廷恩赏。然而其居功自傲，残杀成性。明万历十八年（1590年），贵州巡抚历陈其罪。明万历二十年（1592年），杨应龙绑缚至重庆问罪，时倭寇犯明，杨应龙诡称愿统兵拒敌。事实上，杨应龙归蜀地后开始称王反明，不法日甚，形势愈演愈烈。明万历二十七年（1599年），明廷派总督李化龙平乱，调川、滇等省兵力围剿杨应龙。其中，土司奢世续、刘国用等皆在征调之列，利用赤水河运送军粮补给，"分守下川南道参议熊宇奇驻扎二郎坝（今古蔺县二郎镇），督促夫运，接济大军"[9]，并且沿赤水河一线进行重兵围堵，在崖门（今遵义）关隘的争夺中，"曹希彬密令乡导刘谦、雷安民等潜探把关情状"，夜半回报，成功夺取崖门关，烧毁临关各山寨防御设施。

平播战役结束后，明廷对遵义进行一系列安抚之策，政治上改土归流，设遵义、平越二府，分隶四川、贵州，军事上则设卫所，派兵驻守。改土归流旨在加强明廷对这一区域的控制，却打破了这一区域的鼎足平衡。有明一代，川黔交界地区播州杨氏、水西安氏和永宁奢氏三大土司互相制衡。明廷对播州实行改土归流之策，这种互相制衡的局面被打破。明万历二十九年（1601年），明廷在遵义府白田坝设威远卫，隶四川都指挥使司，目的在于"安插官军，立屯防御"，针对参加平播之役留镇地方的士卒，可以打破汉土分立的局面，推动社会的发展。雷安民在此种局面下奉命驻扎遵义。

雷安民从播州迁往古蔺马湖营（今古蔺县浮云村）不仅受土司奢氏叛乱影响，也是考虑到仁怀县（今仁怀市）独特的地理位置。明末奢崇明、奢寅父子暴动，西南陷入动荡，雷安民在平乱战役中获得军功，举家迁入马湖营。仁怀位于遵义府西面，是防御水西安氏、播州杨氏及蔺州奢氏三大土司联兵的孔道。有鉴于此，举家迁入马湖营可以利用云贵高原边缘巨大的山势落差与赤水河河谷的天然屏障，便于探视军情，保家卫族。

二　遗民身份认同

雷安民是明廷的武将，在援助辽东的战役中阵亡，又是雷氏家族入川一世祖，直接导致后人奉南明为正朔，在清初遭到残酷镇压。为了塑造振衰起弊的家族新局面，幸存的雷氏后人远离武事，耕读传家，开始宗族建设，又与地方望族联姻，迅速成长为地方权势。

雷安民战死辽东。明万历四十八年（1620年），辽东战事告急，副总兵童仲揆督川兵援辽，石柱土司秦良玉遣兄秦邦屏、弟秦民屏先以数千人往[10]，雷安民率领部将及临近士兵跟随，得到仁怀豪强袁见龙的响应，并担任守备一职。由于明朝辽东经略熊廷弼去职，巡抚袁应泰指挥失误，后金趁机攻陷沈阳。四川的援辽大军，在副总兵童仲揆率领下，推进到浑河。周敦吉固请与石柱都司秦邦屏先渡河（浑河），遭到后金的强烈攻击，最终周敦吉、秦邦屏及参将吴文杰、守备雷安民、袁见龙等皆死，秦民屏率军突围[11]。

雷氏入川二代克承先志，征战沙场。雷安民战死辽东，赠骠骑将军，荫一子百户。时长子雷振乾，号天长，次子雷应乾，号天岳，寄养在重庆酉阳，三子雷肖乾，号天锡，随军征辽东。奢寅之叛，雷振乾集戚族乡众，会师古蔺，战事平息，升授游击，防御水西。雷应乾则在遵义一带布防，后从军征，在麻城阵亡。三代雷振乾长子雷大壮，号参仰，次子雷大亨，号赞仰，季子雷大益，号谦之，雷大颐，号永之，欲重光祖烈。逢张献忠入川，雷大壮率所属汉夷壮士出叙、泸一带援剿，又与王祥所部发生冲突，数战不利，客死异乡。王祥在川黔一带势力日炽，谓"王祥者，聚兵十万，设营三十六镇，倚遵为长城，龙蟠而虎踞焉"[12]。王祥的发难使得雷氏的发展空间进一步压缩。雷大益则避乱姚家坪（今乐山市），得以幸存，顺治八年（1651年）归故处马湖营[13]。雷氏入川三代相继有人阵亡，人丁不盛，家业湮没，地位骤然下降，家族的存续一度出现危机。

此时，雷氏男丁仅剩雷大益、雷大颐，故由雷大益主持雷氏门庭，成为雷氏家族转型、发展的关键人物。两人在马湖营重拾祖业，尤其是在雷大益成为管理地方屯政事务的关键人物后，被人侵占的祖业得以物归原主。收复祖业的努力又得益于顺治七年（1650年）孙可望占永宁，招抚流亡，定调"永之诸当事，始以故物归原主"。这也正是雷大益返回马湖营的重要原因。

雷大益，号谦之，生于崇祯六年（1633年），卒年不详，至早在顺治十三年（1656年）。雷氏家族现存《易知单》（见后图）记录其纳税的信息，材质为皮纸，色灰白，高约53.5厘米，宽约42.5厘米，框架式，楷书字体排印，具体内容包含纳税事由、款项、数额、土地四至、纳税人、日期、印章，其中地点、纳税数、花户名、日期是黑色填写，官府骑缝印章签押为朱色。

然而，地方长期动荡，课税繁重，雷氏难以重现往日的富足。明万历以降

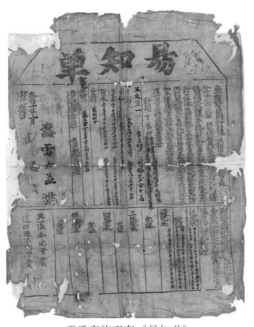

雷氏家族现存《易知单》

"遵义、永宁之乱，其尤剧者也。而贵州诸境与川南皆犬牙相错，不特乎越掣遵义之肘，毕节掎永宁之足也。"[14] 遵义、永宁因犬牙交错，是兵家孔道，纷争不息，尤其是合江、仁怀、纳溪、隆昌诸县。入清以后，张献忠余部、永历政权等长时间占据这一地带，直至顺治十五年（1658年），清军三路进军贵州，才平定川黔交界地带。自此，雷氏家族远离政治，耕读传家，顺应世变浪潮。

面临清统一西南的进程，雷氏家族的抉择，其实是清廷与南明两种政治势力博弈的表现。从明到清的政权转换，南明在这一地带短暂治理，都面临着资源的重新分配。雷安民及其子孙雷振乾、雷应乾、雷肖乾、雷大壮、雷大亨等皆有武职，获得了大量的土地资源。不过，受到战乱的影响，家族没落。雷大益为

了生存，入清后不再从事武事，利用父辈的余荫积攒家产，延续家族的声名，种种努力成效不显。短短十多年内，雷氏家族从一个地方武人家族变成了地主之家。

在政权易替的对抗中，世家名族灾祸难免，家族的发展出现了明显断裂，也存在着不可忽视的延续与过渡。以雷氏家族而言，整体的发展呈现颓势，同时也有极力维持家族盛况的努力。雷氏家族的第三代雷大益，即入清后的第一代遗民，面临着家族与国运的紧密联系，选择显现出生存为本的理念。

三　雷氏宗族建设

从明到清的政局变化中，雷氏虽然受到镇压，但是部分祖业在战乱中得以幸存，成为入清后家族振兴的基础。雷氏凭借旧时的身份地位，比平民百姓更方便取得更好的资源与家族发展扩大的机会。通过开垦、重建宅院、购买大量的业主田等，有意识地凸显家族的地位，仍不失为一方望族。

一是购置家产。雷大益归故处后面对时移世易，开始小结茅屋，"复既散之藏，获旋挽已去人心"[15]，逐渐在地方上获得名望，"管业东抵鱼鹏寨，南直鄢家渡，西抵石仓坳，北直石山大路"[16]。大致包括今天古蔺县茅溪镇、石宝镇，仁怀市部分地区，虽未入仕，但在较短的时间内就积累了如此丰厚的田产，为雷氏家族后续发展奠定了坚实的物质基础。

二是联姻望族。茅台德庄陈氏系陈继盛之后，因避难迁居于此，举业发家，成为一方名门，其与雷氏相隔仅二十余里，交游甚密，德庄陈大魁之妻，系雷氏六世孙雷帝臣之子雷天福长女。八世孙雷开珍长女适陈于庠，雷开霖次女适陈于开，九世孙雷运成次女适陈以熙。雷、陈两大家族在事业发展上互助，在诗词方面唱和，留下了不少佳作，为雷氏声望增色不少。

陈大常，系乾隆四十一年（1776 年）生，贡生，为雷氏家族撰写了《题湖山祖墓侧松斗并穴二龙抢宝》两诗、马湖营八景诗，其中，八景诗总题如下：

六井清流号马湖，双桥萦带显平途。
明城武健遗兵燹，桂殿文光启汉儒。
雾罩东山铺玉片，印悬西岸挂金壶。
晴岩日爽浮岚气，古洞时潮壮地图[17]。

此诗首联、颈联、尾联写马湖营的自然景色，颔联则描绘了雷氏在易代时遭遇兵燹，转而追求儒业的历程。八景诗包含《六井清流》《双桥萦带》《明城武健》《桂殿文光》《雾罩东山》《印悬西岸》《晴岩日爽》《古洞时潮》。因题为马湖营八景诗又存在误传，刘一鸣认为马湖营八景实为马湖江，在今天宜宾、筠连一带[18]，这显然是不符合史实的。

古蔺黄土坎龙氏先祖是永宁参将龙光耀，与雷安民相识，两姓过从甚密，结为姻亲，雷安民曾孙女适龙光耀曾孙龙建，龙建第三代孙龙纯金、龙纯位，第四代孙龙显分别娶雷安民，第六代孙雷钦臣、雷殿臣，第七代孙雷天福女。

三是设立义学。雷氏注重人才培养，以世代相守的祖业设立义学，教育子弟。在川黔交界地带，教育相对落后，雷氏始终没有子嗣通过儒业进入仕途。不过，家族出了雷永和、雷钦臣等生员。家族生员群体在地方无疑是优势群体，已经跨过了入仕的第一道门槛，虽尚未为官，但已然获得了优待，足以与地方官员、乡绅一共构建人际关系网络。

雷氏的发展在乾隆时期达到了鼎盛。不光有家族义学成绩显著，生员数量空前，追求举业的文人群体在家族内部形成，而且还有清廷的褒奖。乾隆中期，大小金川发生动乱。此次清廷平叛之路更加艰险，几易统帅，数次增兵，提督董天弼、督师温福等重要将领战死。至乾隆四十一年（1776 年），清军包围叛军大本营刮耳崖，索诺木投降，长达五年的平叛之役才结束。受"大小金川"之乱的影响，清廷为安抚四川人心，将"浑河之战"中战死的川军将领通谥为烈悯、忠烈，雷安民也在此通谥范围内[19]。

尽管清廷追赠雷氏先祖并未带来经济效益，但家族内外的人际网络更为多元，引发了建祠、修谱、选举族长、修订族规等活动。族规凡十六条：

一、孝父母；二、和兄弟；三、肃婚配；四、谨闺闱；五、严教子；

六、隆师教；七、慎交友；八、尊长上；九、正宗支；十、睦宗族；十一、培祖墓；十二、祭祀；十三、存谱牒；十四、正心术；十五、息争讼；十六、禁庆生[20]。

族规修订时至雷氏迁入四川已经两百年，人口已逾千人，族规可以约束家族成员的行为，解决内部纠纷，是顺应家族发展的结果。这一时期的雷氏后人已完全认同了清廷，但在修订族谱时没有怀念明廷，也没有称颂清朝，而是将祖上抗清的事迹隐逸，最明显的莫过于《雷安民小传》中以"后听调阵亡"概括其在辽东抵御清军的事迹，当然，这是出于现实的考量。

雷氏祠堂由族人集资修建，是宗族祭祀、重要集会、处理宗族纠纷的场所。由于岁月寖久，几经火灾，现存建筑为民国年间重修，占地面积 2000 余平方米，悬山式建筑，小青瓦屋面。梁上现存墨书"民国三十五年丙戌岁三月廿一日良旦，红墨帅雷玉成，黑墨师邓文彬，地师刘长明"。

尽管，雷氏家族没有在明末清初的更替中消亡，也未能延续士人家族的荣光，但雷大益等人的努力延缓了家族向下的趋势。入清后其子孙凭借原有的经济基础，发展族中产业，设义学，重教化，鼓励族人读书求取功名，构建家族关系网络，使得雷氏在较短的时间内就完成了家族转型，再次成为地方有权势的大族。其实，在雷氏家族的发展过程中，体现出遗民的第一、二代还带有反清的思想倾向，遗民的第三、四代已成为落地生根的清人，遗民面貌也逐渐发生转变。

四 结语

雷氏个案不仅显示出明清鼎革之际移民家族的发展轨迹，同时也为我们认识川滇黔三省交界地带社会发展连续性提供了新的视角。古蔺雷氏入清以后，在短暂的时间内仍自认为是明朝遗民，选择对抗清廷，《易知单》就是最好的实证。明清之际战乱的影响，川黔省界的不断变化，是雷氏家族迁徙的重要因子。从移民转换到遗民的过程中，原有的政治认同必然得到延续，随着雷氏入川发展到第三、四代时，祖上的政治信念因剧变、生存裹挟发生转变。

综合考察雷氏家族的宗族建设，先以武事起家，入清后转变为耕读传家，这不仅源于政局的剧变，还因文化的改造。显然，家族在动荡的局势下谋求发展，需因应不同情势而随时迁徙、调整家族发展方向。这也是其移民与遗民的特性。

注释

[1] 赵永康：《古蔺史》，第 330～335 页，上海古籍出版社，2019 年。

[2] 陈世松：《南明赋役制度新证：永历十年〈易知单〉考释》，《中华文化论坛》2022 年第 6 期，

第 41 页。

[3] [清] 雷天九等:《考订雷氏家乘》卷首《序言》
（内部资料）。

[4] [清] 雷天九等:《考订雷氏家乘》卷一《雷安
民传》（内部资料）。

[5] 段超:《土家族文化史》，第 183 页，民族出版
社，2000 年。

[6] [明] 薛三才:《薛恭敏公奏疏》卷十一《复议
水蔺事宜疏》，第 554 页，明钞本。

[7] 颜丙震:《明代涉黔奏议辑论》，第 339 页，九州
出版社，2018 年。

[8] [明] 薛三才:《薛恭敏公奏疏》卷十一《复议
水蔺事宜疏》，明钞本，第 558~559 页。

[9] 贵州省文史研究馆编:《续黔南丛书 第 1 辑上 平
播全书》，第 243 页，贵州人民出版社，2012 年。

[10]《明史》卷二七〇《秦良玉传》，第 6944 页，中
华书局，1974 年。

[11]《明史》卷二七一《童仲揆传》，第 6953 页，中
华书局，1974 年。

[12] [清] 平翰修，[清] 郑珍、[清] 莫友芝纂:
（道光）《遵义府志》卷四十三《艺文二》，第

3972 页，清道光刻本。

[13] 雷氏祖上抗清事迹收录在《考订雷氏家乘》中，
因胡其卞与雷大益“情逾手足”，熟悉“先人之
事”，不想“忠勇家声竟至湮没”而记录，文末
书“大明永历丁酉蒲月望日金鹅期尔子非碔氏
胡其卞书于新案之容膝居”。

[14] [清] 顾祖禹:《读史方舆纪要》卷一百二《贵
州一》，第 5240、5241 页，中华书局，2005 年。

[15] [清] 雷天九等:《考订雷氏家乘》卷首《序
言》（内部资料）。

[16] 龙廷俊等编:《泰和龙裔公入川支谱》，第 19
页，2011 年（内部资料）。

[17] 穆升凡:《茅台德庄陈氏诗文集》，第 2 页，团
结出版社，2017 年。

[18] 刘一鸣等编:《仁怀乡土诗文选读》，第 22 页，
2012 年（内部资料）。

[19] [清] 王颂蔚:《明史考证攟逸》卷二十九《金
日观传》，第 886 页，民国嘉业堂丛书本。

[20] 雷其武主编:《泸州雷氏支系简谱》，第 249~
250 页，2017 年（内部资料）。

薛焕撰宜宾宗场《凌季芳墓志铭》碑背景解读

薛元敬　宜宾市历史学会会员

四川客家研究中心特约研究员陈伟平先生回宜宾探亲时，在翠屏区宗场镇凌氏家族墓地发现《凌季芳[1] 墓志铭》碑（图一、二）。全碑为青石质地，长0.66、宽0.48米。该碑现存于宜宾凌氏族人手中。经陈伟平考证，该墓志铭由宜宾籍晚清头品顶戴总理各国事务衙门大臣薛焕[2] 为江南按察使时所撰并书丹，碑文如下：

图二　《凌季芳墓志铭》拓片（李兴伟拓）

图一　《凌季芳墓志铭》碑（陈伟平摄）

皇清敕授文林郎凌季芳墓志铭

铜崖之秀，月窟之精，无惭国干与家桢。忠孝两全浩气伸，受天宠，荷皇恩，两大同不朽，万古共长春。

姻晚江南按察使薛焕拜撰。

一方墓志铭，承载着一段宜宾凌氏

家族的发展史。现根据宜宾宗场大碾山凌氏与赵场薛氏的相关族谱及查找的史料，解读《凌季芳墓志铭》及其历史背景如下，望方家指正。

一 移民宗场的凌氏家族

宗场凌氏家族是清代川南著名的书宦大族。据民国抄本《宜宾大碾山凌氏族谱·永泰公由衡迁蜀述略》记载，宜宾宗场凌氏家族原籍湖广衡州府衡阳县重江乡信义里。在清康熙年间，因湖南天灾频发，兵匪横行，民不聊生。为谋生路，衡阳城内从业当行的凌亲誉在长孙载锡和次孙载嶽扶持下，于清雍正元年（1723 年）抵达四川省叙州府宜宾县（今宜宾市翠屏区）象鼻场老杨坝，投奔先前移民于此的同乡段氏，成为湖广衡州府凌氏家族入川始祖。

后凌亲誉堂弟凌亲概等人也先后迁来这里，相邻而居，凌氏家族即以此为立足点，逐渐向邻近的赤岩山周边一带山地迁移，最后定居于叙州府宜宾县宗场（今翠屏区宗场镇）。

凌亲誉次孙凌载嶽早在衡阳时便以好学闻名。入川后，常以读四书为进取根本，并以此教育其子孙。从清乾隆末年开始，凌氏族内的科甲渐盛，到光绪时，全族已培养出三名进士、八名举人、二十多位贡生，得诰命者甚多，堪称叙州府少有的书香巨族。其入川第六世祖凌孚祖，字季芳（1786～1859 年），即薛焕所撰《凌季芳墓志铭》碑上的墓主人，

于清道光二十年（1840 年）自宗家场石板田迁入旧上乡碾子山后，因其子凌心怡（字友昆，举人）大挑一等选授知县而得清廷敕授文林郎（正七品文官散官名）。

二 墓志铭撰写者薛焕

为凌季芳撰写墓志铭的薛焕（1815～1880 年），字觐堂，宜宾县黎汤乡（今叙州区赵场街道）人，祖籍兴文县，清道光二十四年（1844 年）恩科举人，历任苏州知府、江苏（江南）按察使、江苏巡抚署两江总督、总理衙门大臣行走等。致仕后，联合乡绅创办尊经书院（今四川大学前身之一）并首任山长（院长）。

赵场薛氏与宗场凌氏同为名门望族，且世代互为婚姻。在凌季芳去世的咸丰九年（1859 年），薛焕刚升为江苏（江南）按察使署上海道，属正三品官员。因江南道监察御史蒋志章奏："江苏按察使薛焕，素有胆略，任上海道时，夷人畏服……当足备折冲御之才。"[3] 奏请重用。又因薛焕"谙熟夷务"，咸丰帝特调他进京，帮助东阁大学士桂良专门应对各国使节："另派他人，不悉夷情，断断不能措施合宜。"[4]

此时薛焕虽未荣登重臣之职，但正处上升之际，在凌氏亲友中属最高职位者，且辈分又比凌季芳低，所以凌季芳去世后便请他这个"姻晚"执笔撰写《凌季芳墓志铭》。

三 "铜崖之秀"与"月窟之精"

墓志铭中的"铜崖",指叙州府城(今宜宾市老城区)西北向岷江北岸的赤岩山。该山曾以"丹山碧水"景名载于诸方志游记之中,又因山岩略呈古铜色,故又有"铜崖"之称。《宜宾县志·山川志》载其"治西北二十里。岩岸壁立,俯瞰大江,色若绮霞"[5]。

绵亘数十里的赤岩山上有一因宗姓家族世居而得名的坪地,连接叙州府和自流井的官道从该坪地中心穿过,经年累月便形成了叙州府六十二场之一的"宗家场"。迁来的凌氏家族虽日渐兴旺并取代宗姓成为场上人口最多的家族,但人们仍按习惯称该场为"宗场"。

凌季芳墓志铭中的"月窟",指赤岩山麓下的大佛沱。这是因为月窟,是传说中月亮的归宿处。金沙江、岷江环绕叙州府城合二为一成"长江"[6],被人们视为"玉带环腰叙州府"。每当月出,双江映月。加上赤岩山的"丹山碧水"之秀,集中体现在赤岩山麓下那尊唐代凿刻的巨型佛头前的回水沱(大佛沱)中,大佛沱可谓得"月窟之精",正应了北宋著名理学家邵雍诗《观物吟》所说"因探月窟方知物,未蹑天根岂识人"之意:"天根者,天一生水之根也。得之一数,生于水,盖坎中之一阳也。此一阳乃先天之气,于人为命,于天为太极,在天为发生万物之根本,在人为百体资生之

根本;而金与水俱,是以谓之月。言窟者何?月亏而有窟也。"天地万物象数间的互变规律,都可由天根月窟之间的变幻来解其奥妙。

薛焕因凌氏家族兴旺于这大佛沱边的赤岩山一带,故以"铜崖之秀"与"月窟之精"来形容凌氏家族集山水之灵秀而兴旺发达,可谓恰到好处。

四 "无惭国干与家桢"的凌氏家族

因墓主凌季芳生长及埋葬之地在岷江边的赤岩山侧,此处的"月窟之精"与首句"铜崖之秀"对应,即可指赤岩山为天根,山麓下的大佛沱为月窟,而生活在这集山水灵秀之地的凌氏家族,在天地灵气的润养下,地灵人杰,自然不乏当代"国干与家桢"。

"国干",乃指国之主干,治国之本。南朝齐王俭《侍皇太子释奠宴》诗"礼惟国干,义实民端。身由业澡,世以教安"即指此。"家桢",则指古代打土墙时所立的木柱,泛指家之栋梁,喻能担重任之人。

集山水灵秀的凌氏家族可谓"国干与家桢"辈出:其中,凌季芳长子凌心恺于道光丙戌年(1826年)补廪,次子凌心悦于道光二十一年(1841年)入庠,三子凌心怡于道光癸卯年(1843年)中举,其房师是时为礼部侍郎,后来为湘军大帅的曾国藩。凌心怡曾追随曾国藩参与平乱,以知县用。而凌氏家族更为著名的,有同治戊辰科(1868

年）二甲进士凌心垣、光绪丁丑科（1877 年）二甲进士凌心坦，为清代宜宾历史上罕见的兄弟进士。凌心坦更是一度主持叙州府最高学府翠屏书院，参与光绪《叙州府志》的编辑，在民国元年（1912 年）还曾担任第一届宜宾参议会议长。凌心垣之女则嫁给了北京故宫图书馆首任馆长傅增湘，其孙凌春鸿是四川高等农业学校（四川农业大学前身）的创办人之一，后两次担任四川公立农业专门学校校长。此外，其孙还有清末叙府保路同志会骨干、省参议员凌耀南，当代著名法学家和社会学家凌均吉等知名人士。

因宗场凌氏家族在这人杰地灵之地"受天宠"，又因人才辈出而"荷皇恩"，薛焕因此在该墓志铭后总结道："忠孝两全浩气伸，受天宠，荷皇恩，两大同不朽，万古共长春。"勉励和祈愿宗场凌氏的"国干与家桢"们，继续弘扬先辈的奋斗精神，在这块人杰地灵的土地上发扬光大，世代传承。

注释

[1] 凌季芳（1786 ~ 1859 年），清咸丰九年（1859 年）去世，敕授文林郎。宜宾县宗场与天星场凌氏是清代川南著名的仕宦大族，历史上，该族英才辈出，仅在晚清即出凌心坦、凌心垣兄弟等三进士、凌心怡等八举人。

[2] 薛焕（1815 ~ 1880 年），因"谙熟夷性、夷人畏服"，被清廷视为"折冲御"之才，由江苏省金山知县一步步升为江苏巡抚署两江总督、头品顶戴总理衙门大臣。咸丰九年（1859 年）薛焕刚升为江苏按察使署上海道，恰逢姻亲长辈凌季芳去世，故墓志铭写于当年。

[3] 台北故宫博物院清国史馆《薛焕传稿册》："咸丰九年三月，江南道监察御史蒋志章奏：'江苏按察使薛焕素有胆略，任上海道时，夷人畏服……当足备折冲御之才。'"

[4] ［清］贾桢、周祖培等：《清实录·文宗实录·卷二百八十二》，第 278 页，中华书局，1987 年。

[5] ［清］刘元熙：《宜宾县志·卷六·山川志》，清嘉庆十七年版，第 41 页，四川省宜宾市志编纂委员会校注重印，1984 年。

[6] ［清］刘元熙《宜宾县志·宜宾八景》（清嘉庆十七年版）载"双江秋涨"："郡西南诸山自峨眉而下，左为岷江，右为金沙江，至城外合江楼下会而东注。"

清末城镇乡自治经费考

——以《清代南部县衙档案》为中心

周城敏　四川省长宁县中学校工作人员

摘　要：清末，清廷倡办地方自治。地方自治事业开展所需的经费即为自治经费。而晚清财政窘迫，自治经费尚无保障，"就地筹款"成为自治经费的主要来源。本文以四川省南部县城镇乡自治经费为研究对象，以《清代南部县衙档案》为中心，从地方自治章程及其具体实施层面，考察城镇乡自治经费筹措与使用等问题。同时通过城镇乡议事、董事两会在自治经费中的职责，来透视当时基层社会结构的转变和自我管理组织化的趋向。

关键词：城镇乡；自治经费；《清代南部县衙档案》

基金项目：四川省 2021 年度社会科学规划"重点研究基地重大项目"（项目批准号：SC21EZD046）；西华师范大学地方档案与文献研究中心 2021 年度重点项目（项目批准号：DAWXB2103）。

晚清，伴随着地方自治相关事宜的开展，以州县为单位的自治财政形成了。这种主要通过"就地筹款"形成的地方财政，突出特征是来源复杂、名目繁多、征收程序各异。有关清末州县自治经费及其财政研究颇为丰富，但对城镇乡自治经费系统性与专题性研究则并不多见[1]。在城镇乡自治中，自治经费由芜杂的款项组成，又通过一定方式被吸纳入地方自治事业之中。城镇乡自治经费筹措和支出与传统中央集权体制的财政运作相异。它不仅是清末城镇乡自治的重要组成部分，更从侧面展示了基层社会结构的变迁。

一　南部县城镇乡自治经费的筹集

晚清时期清廷推行地方自治，州县自治事业主要依靠"就地筹款"方式解决经费问题，由地方士绅全面负责。地方精英最大限度地利用了地方自治所赋予的合法地位，获得了较以前更大的活动空间。光绪三十四年（1908年），清廷颁布《城镇乡地方自治章程》和《城镇乡地方自治选举章程》，以日本"市町村制"为蓝本，采用"官治"与"自治"的双向联动开展地方自治。《城镇乡地方自治章程》专列"自治经费"一章，对于自治经费的来源、管理、征收、支出预算均做出了明确规定，具体实行情况则因地制宜。四川省自治筹办处与谘议局根据川省自身的情况，制定了《四川省城镇乡地方自治选举章程实施细则》，对于自治经费来源中的公款公产、公益捐做了相关具体规定。与《城镇乡自治章程》相比，《四川省城镇乡地方自治选举章程实施细则》中对于自治经费的规定更为仔细明了，因地制宜对于旧有公款公产、公益捐缴纳范围做了具体规定。"凡筹办某城某镇某乡自治经费，务须各就该城该镇该乡筹措，不能以由全县筹来之款用诸一隅，亦不能以彼处之款用诸此地也。"[2] 故南部县就地筹集自治经费，分为两个阶段：第一阶段是南部县城议事会成立前，遵照四川省谘议局提议将神庙财产备作自治经费，或是通过"合邑"的议决，由地方官出面，邀集当地士绅耆老举行会议，议定经费征收管理办法；第二阶段是南部县城议事会成立后，自治经费由南部县城议事会决议，将附加酒税和肉厘、办理特捐、抽提各庙宇会款等备作自治经费。

（一）南部县城议事会成立前的自治经费筹集

清末，伴随着地方自治相关事宜逐步开展，地方公益"以开人民智德、兴实业，以扩张社会经济"的目标，逐渐引起重视。因而蜀地出现了众多会馆，"逐年加丰会款，多者数千金，少者数百金"[3]，若提抽部分会款用于社会善举，将会对地方自治的筹办大有裨益。宣统元年（1909年），南部县秉承"地方公益必以地方经济负担"的宗旨，照四川全省地方筹办处提议，将神会财产备作自治经费，对神会的种类和保存方法做了相关规定。"神会财产究与公款公产有别，未便强行干涉，令其全供地方之用"[4]，神会财产即为私人团体之财产，与各个人所有之产业并无差异，并非公款公产。城镇乡自治职[5]成立后，可根据本地情形及神会性质酌量征收各种公款公益捐，或借用其不动产，或其劳力物品，凡属章程内双方都同意，均属可行。若城镇乡自治职成立以前，即令其报官存案，"存案后，地方官不得提拔，将于地方行政不无妨碍"[6]，体现了自治经费专款专用之性质。

除了抽收神庙财产，在南部县推行城镇乡自治事宜之时，南部县自治研究所经费邀集当地绅员筹议，决议学员"减征每名月缴钱一千，其钱均由各场团保筹缴"[7]。同时南部县筹办自治事务所所需经费，除了官膏每年拨银三百两，其余另行筹措。这种自发性地方新政筹款活动被正式纳入到了制度化的范畴之中，而地方士绅所扮演的角色也得到了官方的承认，公正士绅主持的筹款方式也得到了地方的普遍认可。地方自治的推行使征税权下移至府厅州县以及城镇乡。一方面清廷财政空虚，无力对地方自治予以财政支持，一切均由各地自筹；另一方面在清末"官治"相对衰弱的社会形势下，由地方自治所产生的新士绅阶层在相当程度上成为地方社会的支配力量。

（二）南部县城议事会成立后的自治经费筹集

清代地方公共事业由私人投资兴办，这些由私人赞助的地方资金除了一次性的消耗外，形成了土地、建筑等不动产和各种实物、货币形态的基金，这些被当时的人称之为公款公产。公款公产在清末推行地方自治时，被用于各项地方自治事业，成为地方财政的一项重要资产。《城镇乡地方自治章程》第五条规定城镇乡自治事宜包括本城镇乡之学务、本城镇乡之卫生、本城镇乡之道路工程、本城镇乡之农工商务、本城镇乡之善举、本城镇乡之公共营业、因办理本条各款筹集款项等事[8]。清政府重申办理这些自治事业不得动用国家正款，只能使用地方的自治经费。公款公产的存在，为城镇乡实现这些自治职能提供了最基本的物质基础。南部县的公款公产主要来源于城区各庙会提款，由南部县城董事会呈请提抽。城董事会先对各庙会公产公款数目进行调查，并立表册清缮。其

次由城议事会根据董事会调查结果提议抽收数额，后城董事会根据城议事会决议结果再复议款额，如此方可确定各庙会最后认缴数目。城镇乡议事、董事两会以自治决议机构代替了士绅和地方官个人对于地方财务的把持，经费收支一般均须经城镇乡自治职批准，改变了清代地方社会中世纪式的"有财无政"局面，与清代州县财政的封建家产制管理形成了鲜明的对照。

公益捐自主创办权的赋予使城镇乡作为自治主体拥有一定的税收制定权，打破了从秦汉沿袭至清的国家统一财税制度，体现了地方自治作为一种现代行政体制而具有机构科层化和运作法治化的特点。事实上，清政府给予自治地方一定的税收征收权，并不是实行中央地方分税制，而是中央征收固定不变的捐税之后，再由自治地方依照不超过捐税十分之一的比例征收地方税。没有征收到足量的公益捐，自治经费不足的情况之下，城镇乡自治事业也将无法顺利进行。但如果自治地方征收足量的公益捐，则民众将承担过重的税负。南部县"所有一切附捐特捐之义务，均应由该区域内之居民负担，其负担之轻重，实视区域之广狭、人口之多寡为衡"[9]。在宣统三年（1911 年）时，因肉厘过重，屠行难以支持，将此情形禀报到南部县衙："今年附加肉厘一百文，内有六十文作自治经费。"同时屠行还将办理桓王庙春秋祭祀，而桓王庙会款抽提七十串，剩余

会款不敷用，则春秋祭祀无法承办。先前承办河下行猪的李氏，"因行用不旺"，早已远逃。同时桓王庙屠行会首代办祭祀表明"河下并无行猪来县"。每年上级拨给的十七两采买银，屠行也并未领取过。屠行先请士绅筹议，虽有"劝学所帮桓王庙钱二百串"，祭祀会款仍不足。又集商，"每猪一支抽腰子钱十六文以作祭费"。却又遇城董事会提抽此款，屠行无款可支，"恐祭祀废驰（弛）"[10]。在此交困的处境下，屠行将肉厘收支账表一并上报南部县衙，请求免除肉厘。南部县衙立即派城董事会对会款和肉厘进行彻查，发现桓王庙收支相抵，就算加上祭肉，"当余钱一百余串，仅只议提七十串，已属格外法宽"[11]。细查后发现总管将肉厘和祭肉的款项私吞，妄图霸占公款，要求该总管两日内去礼房和城董事会对自己罪行进行认领。此事件之前，南部县衙便对公款公产有着严格的管制，"庙会公款公产，不准擅动"，若是查出违反规定，则"一律究治，决不宽待"[12]。

二 南部县城镇乡自治经费的使用

按照规定自治区域内的教育、卫生、交通、农工商实业、慈善救济、公共营业等均属自治事务，这些理应为自治经费支出的大宗。地方自治的主要支出不外乎教育经费、治安经费、地方建设经费和自治机关经费。南部县城镇乡自治经费"有常年经费，有办事费，有预备

费支出"[13]，即办理城镇乡自治相关事宜的经费，其主要由南部县筹办全境自治事务所及南部县城议事会的经费构成。

（一）南部县筹办全境自治事务所

宣统二年（1910年），全省自治筹办处将川省分为繁盛、中等、偏僻三等，规划筹办自治期限及自治选举日程，令先于县城设立筹办。南部县因"县中自治学员，未卒业归里"，遂"先将筹办全境自治事务所赶紧设立"[14]。筹办全境自治事务所负责划分自治区域，查造选民草册，清理地方公款、公产三事，且"筹办全境自治事务所专为筹办自治而设，不宜兼理他事"[15]。筹办全境自治事务所开办经费先由官膏拨银一百两，而"按年经费，约计须银三百两上下，应另行筹措"[16]。随着城镇乡自治事宜的筹办，南部县筹办全境自治事务所的经费主要来源于自治经费中的附加肉厘。南部县筹办全境自治事务所在宣统三年（1911年）四至九月都从自治附加肉厘中领取经费，一共领取了十九次，总共一千零三十二串八百一十九文。每月领取次数和数额存在相对差异，其中单次领取五十串，多至十次。四月领取次数最多，为六次。六月和八月领取次数最少，为一次。且领取数额波动较大，多达一百一十串，少则一串八百十九文[17]。

南部县筹办全境事务所经费来源除了自治附加肉厘，还有官膏和县署拨银，其中自治附加肉厘占较大比重。来自地方政府财政补助有效推进了地方自治。

事务所经费主要用于办理城镇乡自治各项事业，涵括城镇乡议事会筹办、所中职员薪水、笔墨纸张油烛的杂费，还有添购各类图纸和新章书籍的费用等，且一城四镇七乡筹办费支出为最高。整个事务所的支出虽多过收入，但与余银相抵，无欠款[18]。

（二）南部县城议事会

南部县自治研究所及筹办全境自治事务所的成立，推动南部县城镇乡自治从筹备进入开展阶段：城镇乡自治选举及成立，城镇乡自治事业的全面开展。宣统二年（1910 年）十月初八，南部县县城议事会与城董事会同时成立。在官府的直接领导下，官绅共同参与，南部县城议事会成立，并开展地方自治活动。南部县城议事会的新收经费来源不单是自治筹办处拨款，还增加了农会棉花行来钱。经费使用除了有文牍、庶务、书缮、杂役相关职员薪水，还有培修会所和购买器具笔墨的杂费。宣统二年十月初八至十二月底，两个月有余，南部县城议事会共收五十千文，共支出六十五千七百九十五文，盈亏比较，不敷用十五千七百九十五文，由议长垫支[19]。

三　结语

城镇乡自治是地方自治重要的一环，自治经费来源于普遍性的地方捐税与公款公产提抽，其收支由城镇乡议事、董事两会经理，这与之前地方正印官把持地方财务的情况大为不同。一方面有利

于财务管理的公开化与透明化，促使城镇乡经费管理向近代化、制度化发展。另一方面则在一定程度上减少了地方官吏的贪腐，且自治经费主要由地方士绅选举组成的城镇乡自治职经理，在一定程度上助推了"绅权"的上升。在清末"官治"相对衰弱的社会形势下，他们与地方自治制度互为表里，在相当大程度上成为地方社会的支配力量[20]。《城镇乡自治章程》除了规定以"地方公款公产"充作自治经费以外，在财政上对地方自治没有任何实质性的保障。"地方之所入无非出于民间，惟民间所出正杂各有专司，民间所入赢绌无人顾问"[21]，城镇乡自治经费只得拓展收入来源，增收公益捐，却加重了民众的负担。如此，民众易对地方自治予以抵制，导致清末各地频发"自治风潮"。

南部县自治经费的筹集与使用情况，透视了清末城镇乡自治即行政体制近代化改革的积极意义。自治经费的收支构成，彰显鲜明的地方性，与清政府试图用统一项目集中管理全国各地财政的集权体制相比，也更具有近代地方行政的因地制宜特点，与清代封建社会正印官家产制的地方财政管理体制形成了鲜明对比，一定程度上冲击了中国传统的中央集权财政体制。

注释

[1] 深入研究县自治财政的著作有魏光奇：《官治与

自治：20 世纪上半期的中国县制》，商务印书馆
2004 年；相关论文有霍晓玲：《清末地方自治经
费来源、管理使用考》，《史学》2019 年第 10
期；岁有生：《论清末州县自治财政的管理：以
直隶为中心的考察》，《商丘师范学院学报》2009
年第 8 期；侯鹏：《清末浙江地方自治中县财政
的演变》，《地方财政研究》2008 年第 3 期；魏
光奇：《直隶地方自治中的县财政》，《近代史研
究》1998 年第 1 期。

［2］《四川省城镇乡地方自治选举章程实施细则》，
《四川官报》1910 年第 4 期，第 61 页。

［3］南充市档案馆馆藏：《清代南部县衙档案》Q20-
958-1，宣统元年十二月七日。

［4］南充市档案馆馆藏：《清代南部县衙档案》Q20-
958-1，宣统元年十二月七日。

［5］地方自治职指城镇乡议事会、董事会和府厅州县
议事会、参事会。

［6］南充市档案馆馆藏：《清代南部县衙档案》Q20-
958-1，宣统元年十二月七日。

［7］南充市档案馆馆藏：《清代南部县衙档案》Q20-
942-1，宣统元年七月十日。

［8］故宫博物院明清档案部编：《清末筹备立宪档案
史料》（下册），第 728 页，中华书局，1979 年。

［9］南充市档案馆馆藏：《清代南部县衙档案》Q21-
986-6，宣统二年十二月二十八日。

［10］南充市档案馆馆藏：《清代南部县衙档案》Q22-
714-7，宣统三年九月二日。

［11］南充市档案馆馆藏：《清代南部县衙档案》Q22-
714-7，宣统三年九月二日。

［12］南充市档案馆馆藏：《清代南部县衙档案》Q21-
726-1，宣统二年十一月八日。

［13］南充市档案馆馆藏：《清代南部县衙档案》Q22-
847-2，宣统三年九月二日。

［14］南充市档案馆馆藏：《清代南部县衙档案》Q21-
986-5，宣统二年。

［15］《四川省城镇乡地方自治选举章程实施细则》，
《四川官报》1910 年第 4 期，第 61 页。

［16］南充市档案馆馆藏：《清代南部县衙档案》Q22-
714-7，宣统三年九月二日。

［17］根据南充市档案馆馆藏《清代南部县衙档案》
Q22-753-8（宣统三年七月二日）；《清代南部
县衙档案》Q22-753-14（宣统三年九月二十九
日）整理。

［18］根据南充市档案馆馆藏《清代南部县衙档案》
Q22-753-17（宣统三年九月二十九日）；《清代
南部县衙档案》Q22-753-18（宣统三年九月二
十九日）；《清代南部县衙档案》Q22-753-19
（宣统三年十月一日）整理。

［19］南充市档案馆馆藏：《清代南部县衙档案》Q21-
141-1，宣统二年十二月。

［20］魏光奇：《直隶地方自治中的县财政》，《近代史
研究》1998 年第 1 期，第 80 页。

［21］黄成助：《中国方志丛书》，第 253 页，成文出
版社，1968 年。

四川宜宾石柱地遗址汉代石室墓发掘简报

李万涛　四川省文物考古研究院副研究馆员
薛加友　宜宾市博物院文博馆员
李　会　四川省文物考古研究院助理馆员

摘　要： 2010 年 5 月至 2012 年 6 月，为配合向家坝水电站建设，四川省文物考古研究院等单位对宜宾市屏山县石柱地遗址进行了抢救性考古发掘，清理了一大批新石器、西周、战国秦汉及明清时期遗存。其中在 I 区和 III 区共清理汉代石室墓 9 座，出土了一批陶器、铜器、铁器标本。这批石室墓与重庆峡江地区发现的石室墓有着密切联系，对研究汉代石室墓的传播及建立考古学文化序列提供了重要的实物资料。

关键词： 石柱地遗址；汉代石室墓；金沙江流域；峡江地区

石柱地遗址位于四川省宜宾市屏山县楼东乡田坝村七、八组，地处金沙江右岸一至五级阶地（图一），2006 年在向家坝库区文物复查中发现。2010 年 5 月，四川省文物考古研究院对该遗址进行勘探，发现有新石器、西周、战国秦汉及明清时期文化层堆积，分布面积约 10 万平方米，可分为四个区。为配合向家坝水电站建设，2010 年 5 月至 2012 年 6 月，对该遗址进行了五次考古发掘，发掘面积 14600 余平方米。

遗址 I 区地层堆积共分 22 层，其中⑲-㉒层为新石器时期文化层，⑮-⑱层为西周时期文化层，⑪-⑭层为战国秦汉时期文化层，③-⑩层为明清时期文化层，①-②层为近现代耕土层。III 区地层堆积总共可分 12 层，其中⑫层为新石器时期文化层，⑪层为沙层，⑦-⑩层为西周时期文化层，⑤-⑥层为战国秦汉时期文化层，③-④层为明清时期文化层，①-②层为近现代耕土层。汉代地层分布于 I 区中部偏南、II 区中部偏南及 III 区全部，共发掘清理战国秦汉时期竖穴土坑

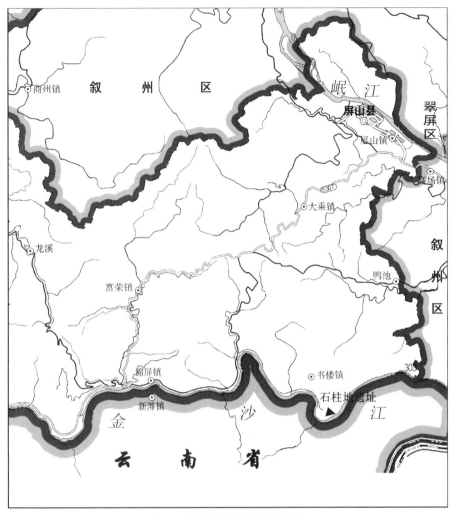

图一 石柱地遗址位置示意图

墓、石室墓、砖室墓、瓮棺葬等各类墓葬 165 座。其中汉代石室墓发现于 I 区中部及 III 区，共清理 9 座，墓葬均有被盗扰破坏的情况，但仍出土了一定数量的随葬品，包括陶器、铜器、铁器等。现将石室墓的发掘情况简报如下。

一 典型墓葬介绍

9 座石室墓中，根据墓葬平面形制的不同，可分为刀把形单室石室墓、长方形单室石室墓及多室墓三类。

（一）刀把形单室石室墓

2 座。均破坏严重，残存墓圹、墓道、甬道、墓室。

1. M12

（1）位置

位于 IIITS06E02、IIITS06E01、IIIXTS07E01 中部。开口①层下，打破⑤、⑥层。

（2）形制与结构

墓葬平面呈刀把形，破坏严重。墓

向为50°。残存墓葬结构由墓圹、墓道、甬道、墓室组成，顶部残存起券部分。其修筑方式为在早期地层上挖好墓圹，然后用大小不等的石块或条石修建墓壁，石板铺底（图二）。

墓圹平面呈长方形。长7.6、宽1.2~2.14、残深约0.9~1米。

墓道斜坡式墓道，平面呈梯形。长1.64、宽1.2~1.6、残深约0.9米。墓道底部与墓室底水平。

甬道平面呈长方形，顶部破坏。长7.5、宽1.1、残深约0.9米。左右两壁用大小不等的石块错缝垒砌而成，底部用大小不等的石板错缝铺砌。

墓室平面呈长方形，顶部破坏。长4.2、宽1.4~1.5、残深约0.94米。墓壁用大小不等的条石或石块错缝垒砌而成，底部用大小不等、形状不一的石板错缝平铺。

（3）葬具、葬式

未发现葬具及人骨。

（4）随葬品

墓葬因被盗扰过，在甬道和墓室的底部及填土中出土了一定数量的随葬品，残损严重，包括陶器、铜器、铁器等。其中铜器均为五铢钱，残损锈蚀严重，仅可辨别为五铢钱。铁器为铁斧残片，锈蚀严重，器型不详。

陶器大多数残碎，以泥质灰陶、夹砂黑褐陶为主，少量夹砂灰褐陶，零星泥质红陶。可见瓮、盆、钵、罐、锤、陶狗、陶房、人俑等器类。其中陶钵、拱手立俑、龟座兔身陶灯座各1件，可复原。

钵1件。标本M12：5，复原器。夹砂灰陶，中间夹杂少量贝壳粉。口微敛，圆尖唇，上腹斜弧腹，下腹折腹，实心矮圈足，内底内凹。内底靠底处饰一周刻划纹，外壁素面。口径18.6、底径7.4、通高6.1、壁厚0.7~1厘米（图三：3）。

锤1件。标本M12：6，残。夹砂黑褐陶，中间夹杂少量贝壳粉。上部残缺，喇叭状空心高圈足。足端呈喇叭状，弧腹。靠足底处饰两周凹弦纹。足径24、足高13、壁厚0.8~1厘米（图二：1）。

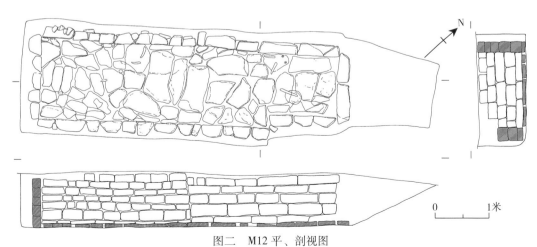

图二　M12平、剖视图

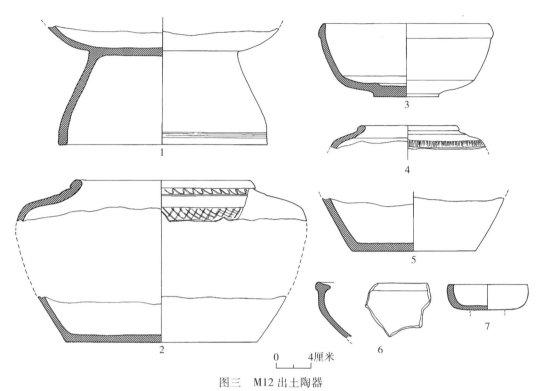

图三　M12 出土陶器

1. 锺（M12：6）；2. 瓮（M12：10）；3. 钵（M12：5）；4～5. 罐（M12：8、M12：9）

6. 盆（M12：7）；7. 灯盘（M12：4）

盆 1 件。标本 M12：7，残。夹砂灰褐陶，中间夹杂少量贝壳粉。敛口，方唇，折沿，弧腹。素面。残高 6、壁厚 0.5～0.7厘米（图三：6）。

罐 3 件。标本 M12：8，残。夹砂灰褐陶，中间夹杂少量贝壳粉。敛口，圆唇，卷沿，折肩，鼓腹。口沿下方饰一周凹弦纹，肩部饰一周戳印纹。口径 11、残高 2.4、壁厚 0.5～0.6 厘米（图三：4）。标本 M12：9，残。罐底，夹砂灰褐陶，中间夹杂少量夹杂贝壳粉。素面。底径 14、残高 5.9、壁厚 0.9～1.3 厘米（图三：5）。

瓮 1 件。标本 M12：10，残。夹砂灰陶，中间夹杂少量贝壳粉。敛口，圆唇，卷沿，折肩，鼓腹，平底，腹部最大径在上腹部。口沿下方饰一周波浪纹及凹弦纹，肩部饰网格纹。口径 19.6、腹径 32、底径 22、壁厚 0.7～1.3 厘米（图三：2）。

灯盘 1 件。标本 M12：4，残。夹砂红褐陶。口微敛，圆唇，弧腹，素面。残高 2.8、壁厚 0.7～0.9 厘米（图三：7）。

拱手立俑 1 件。标本 M12：2，复原器。夹砂黄褐陶，首身分制黏接而成，前后身合范而成，单范接缝处有刮削痕。呈直立状，面部轮廓较模糊，仅可见眉眼、鼻、嘴轮廓，头束发髻，身着双层右衽长袍，宽袖，袖有褶纹，双手笼于袖中置于腹部，腰束带，仅身后可见。

通高 18.8 厘米（图四：2）。

龟座兔身陶灯座 1 件。标本 M12：11，残。夹砂红陶，中间夹杂少量贝壳粉，分制黏接而成，接缝处有刮削痕。灯台为龟、兔重叠组成，灯柱为人身。人身仰头微斜，面部略模糊，仅可见五官轮廓，坐姿，身着右衽长袍，前身有褶，自然蹲坐于兔颈处，兔昂首挺胸，双眼目视前方，宽鼻，口紧闭，双耳收起自然垂落，后双趾自然弯曲蹲坐于龟背处，整体造型丰满，龟伸颈昂首，口双唇，眼圆睁，目视前方，四肢微伸，做爬行状。残高 25 厘米（图四：1）。

2. M13

（1）位置

位于ⅢTS08E02，开口于①层下，打破⑤层、⑥层。

（2）形制与结构

墓葬平面呈刀把形，破坏严重。墓向为 50°。残存墓葬结构由墓圹、墓道、

甬道、墓室组成，顶部残存起券部分。其修筑方式为在早期地层上挖好墓圹，然后用大小不等的石块或条石修建墓壁，用大小不等的石板铺底（图五）。

墓圹平面呈刀把形。长 8.4、宽 1.6~2.74、深约 1.3~1.4 米。

墓道斜坡式墓道，平面呈长方形。长 3.50、宽 1.9、深约 1.4 米。墓道底部与墓底水平。

甬道平面呈方形，顶部残。长 1.3、宽 1、残深约 1.2 米。墓壁用大小不等的石块或条石错缝垒砌，底部用大小不等的石板错缝平铺。

墓室平面呈长方形，顶部残。长 3.10、宽 1.3~1.48、残深约 1.2 米。墓壁用大小不等的条石或石块错缝垒砌，底部用大小不等的石板错缝平铺。

（3）葬具、葬式

未发现葬具。填土中出土有少量牙齿，葬式不详。

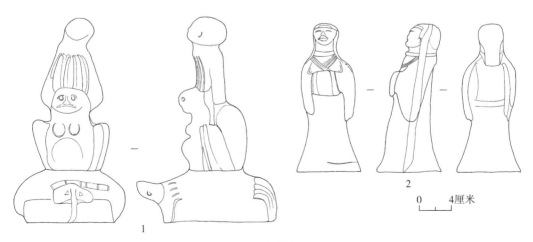

图四　M12 出土陶器
1. 龟座兔身陶灯座（M12：11）；2. 拱手立俑（M12：2）

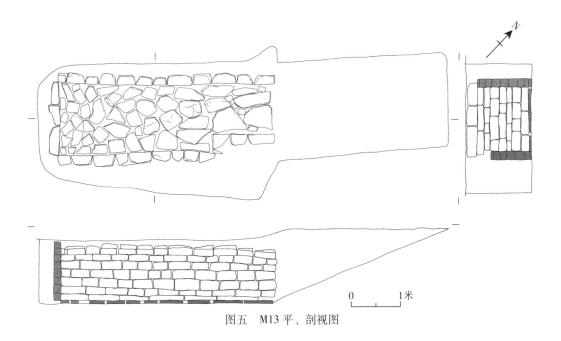

图五　M13 平、剖视图

（4）随葬品

墓葬因被盗扰过，在甬道和墓室的底部及填土中出土了一定数量的随葬品，残损严重，包括陶器、铜器、铁器等。铜器 6 件。其中铜器均为五铢钱，残损锈蚀严重，仅可辨别为五铢钱。铁器为铁锸残片，锈蚀严重，器型不详。

陶器大多残碎。陶片为夹砂红褐陶、夹砂灰褐陶、泥质灰陶。可见罐、釜、盆、陶房、陶案、人俑等器类。其中可复原罐、釜各 1 件。

罐 2 件。标本 M13：2，完整器。夹砂灰陶，中间夹杂少量贝壳粉。敛口，圆唇，卷沿，圆肩，鼓腹，平底。腹部最大径在上腹部。口沿下方饰一周凹弦纹，肩部饰一周戳印纹。口径 10.8、腹径 17.9、底径 11.2、通高 17.8、壁厚 0.6 厘米（图六：1）。

标本 M13：7，残。夹砂灰陶，中间夹杂少量贝壳粉。敛口，圆唇，圆肩，鼓腹，平底，腹部最大径在上腹部。肩部饰一周戳印纹。口径 13、腹径 20.8、底径 12.2、壁厚 0.6 厘米（图六：2）。

釜 1 件。标本 M13：3，复原器。夹砂红陶，中间夹杂少量贝壳粉。敞口，尖圆唇，斜折沿，束颈，垂腹，圜底，腹部最大径在下腹部。腹中部及底部饰粗绳纹。口径 22、腹径 25.3、通高 15、壁厚 0.6 厘米（图六：3）。

盆 1 件。标本 M13：8，残。夹砂黄褐陶，中间夹杂少量贝壳粉。侈口，圆唇，卷沿，腹微弧。器表饰凹弦纹。宽 11.8、残高 5.2、壁厚 0.6 厘米（图六：4）。

（二）长方形单室石室墓

6 座。均破坏严重，残存墓圹及墓室。

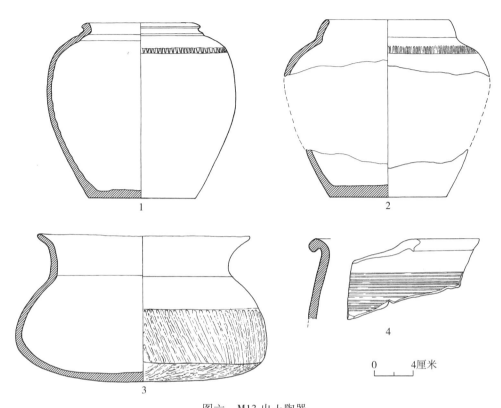

图六　M13 出土陶器

1、2. 罐（M13∶2、M13∶7）；3. 釜（M13∶3）；4. 盆（M13∶8）

1. M92

（1）位置

位于 ITN01Z19 东北角。开口①层下，打破生土层。

（2）形制与结构

墓葬平面呈长方形，破坏严重。墓向 243°。残存墓葬结构由墓圹及墓室组成，顶部残。其修筑方式为先挖一长方形墓圹，然后用大小不等的石块或条石修建墓壁，用大小不等的石板铺底。（图七）

墓圹平面呈长方形，残长 3、宽 1.4、残深约 0.2~0.38 米。

墓室平面呈长方形，顶部残。残长 2.7、宽 0.8、残深约 0.1~0.25 米。墓壁用大小不等的条石或石块错缝垒砌，底部用大小不等的石板错缝平铺。

（3）葬具、葬式

未发现葬具。填土中发现有牙齿，葬式不详。

（4）随葬品

墓葬盗扰严重，只在底部出土铜器残片 1 件，器型不详。

2. M151

（1）位置

位于 Ⅲ TS02W05 东南，开口于①层下，打破⑤层、⑥层，西南部被 H543 打破。

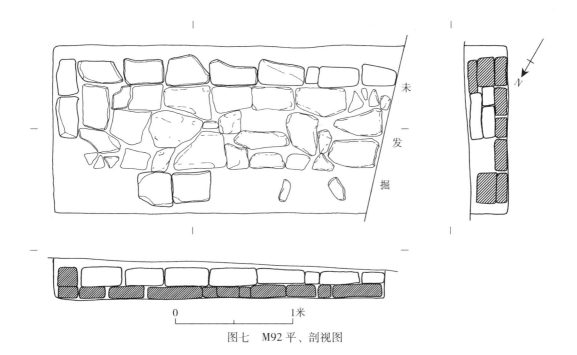

图七　M92 平、剖视图

（2）形制与结构

墓葬平面呈长方形，破坏严重。墓向为45°。残存墓葬结构由墓圹及墓室组成，顶部残。其修筑方式为先挖一长方形墓圹，然后用大小不等的石块、条石或石板修建墓壁，用大小不等的石板铺底（图八）。

墓圹平面呈长方形。残长 3.5、宽 1、残深约 0.7 米。

墓室平面呈长方形，顶部残。长 3.20、宽 0.56、残深约 0.45～0.46 米。墓壁用大小不等的石块或石板垒砌，底部用大小不等的石板错缝平铺。

（3）葬具、葬式

未发现葬具及人骨。

（4）随葬品

墓葬因盗扰严重，仅在底部及填土中出土少量陶片。大多残碎，以夹砂黄

褐陶为主，可辨器型有陶房、板瓦及说唱俑、拱手立俑。

说唱俑 1 件。标本 M151：1，残。夹砂灰陶，中间夹杂少量贝壳粉。头部及腿部残缺，左手携一圆形扁鼓，右臂贴身弯曲，手部残缺。残高 13.3 厘米（图九：1）。

拱手立俑 1 件。标本 M151：2，完整器。夹砂灰陶，中间夹杂少量贝壳粉。呈直立状，面部轮廓模糊，头束发髻，身着右衽长袍，宽袖，双手笼于袖中置于腹部。通高 16.4 厘米（图九：2）。

3. M152

（1）位置

位于 ⅢTS02W05 北部，开口于①层下，打破⑤、⑥层。

（2）形制与结构

墓葬平面呈长方形，破坏严重。墓向

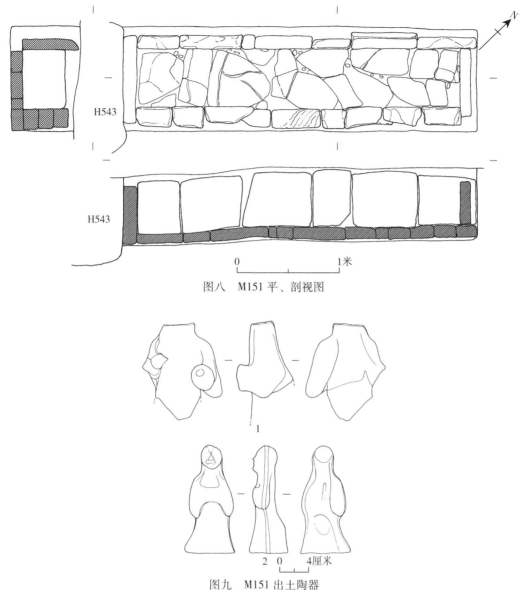

图八　M151 平、剖视图

图九　M151 出土陶器
1. 说唱俑（M151∶1）；2. 拱手立俑（M151∶2）

为 45°。残存墓葬结构由墓圹及墓室组成，顶部残。其修筑方式为先挖一长方形墓圹，然后用大小不等的石块或条石修建墓壁，用大小不等的石板铺底（图十）。

墓圹平面呈长方形。长 3.74、宽 1.6~1.74、残深约 0.24~0.36 米。

墓室平面呈长方形，顶部残。长 3.30、宽 0.80~0.90、残深 0.10~0.25 米。

墓壁仅存 3 层，用大小不等的石块或条石错缝垒砌，底部用大小不等的石板错缝平铺。

（3）葬具、葬式
未发现葬具及人骨。

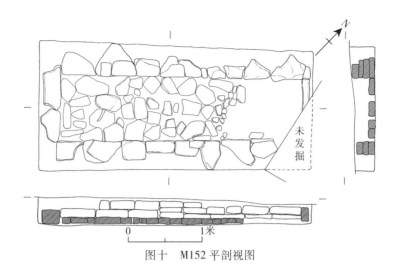

图十　M152 平剖视图

（4）随葬品

墓葬因盗扰严重，仅在底部及填土中出土了少量陶片及五铢钱。其中陶片大多残碎，以泥质灰陶为主，可见罐、瓮、板瓦等器类。五铢钱 1 枚，残损，锈蚀严重，仅能看清"五"字部分。

4. M156

（1）位置

位于Ⅲ TS01E04 东北角，开口于①层下，打破⑤、⑥层。

（2）形制与结构

墓葬平面呈长方形，破坏严重。墓向为50°。残存墓葬结构由墓圹及墓室组成，顶部残。其修筑方式为先挖一长方形墓圹，然后用大小不等的石块或条石修建墓壁，用大小不等的石板铺底（图十一）。

墓圹　平面呈长方形。长4、宽1.4、残深约0.84~0.9米。

墓室　平面呈长方形，墓壁及顶部残。长3.26、宽0.8、残深约0.8米。墓壁用

大小不等的石块或石板砌成，底部用大小不等的石板铺砌。

（3）葬具、葬式

未发现葬具及人骨。

（4）随葬品

墓葬因盗扰严重，仅在底部及填土中出土了少量陶片及五铢钱。

陶片大多残碎，以泥质灰陶、夹砂红褐陶为主；可辨见盆、罐、釜、陶俑等器类。

铜器均为五铢钱。标本 M156：1-1，完整。钱币规整，圆形方孔，面背均有郭，面背较平整，字文清晰。"五"字交笔屈曲，"珠"字朱旁上部方折，"金"字头呈三角形。直径2.5、穿径1.1、厚0.1厘米（图十二：1）。标本 M156：1-2，完整。钱币规整，圆形方孔，面背均有郭，文字清晰。"五"字交笔屈曲，"珠"字朱旁方折，"金"字头呈三角形。直径2.5、穿径1.1、厚0.1 厘米（图十二：2）。标本 M156：2-1，完整。

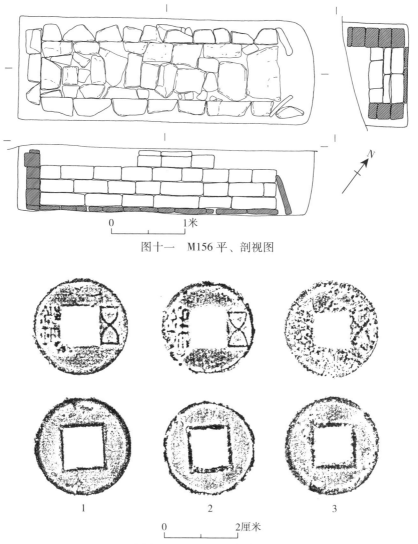

图十一　M156 平、剖视图

图十二　M156 出土铜钱拓片

1~3. 五铢钱（M156：1-1、M156：1-2、M156：2-1）

圆形方孔，面背均有郭，周郭不光滑，"五"字交笔屈曲，"珠"字模糊。直径2.5、穿径1、厚0.1厘米（图十二：3）。

（三）多室墓

1. M157

（1）位置

位于 Ⅲ TS01E01 西北部，开口于①层下，打破⑤、⑥层。

（2）形制与结构

墓葬平面呈长方形，破坏严重。墓向为1°。残存墓葬结构由墓圹及墓室组成，顶部残。其修筑方式为先挖一长方形墓圹，然后用大小不等的石块或条石修建墓壁，底部用大小不等的卵石铺底（图十三）。

墓圹平面呈长方形。长3.8、宽3.1~

3.2、残深 0.6~0.8 米。

墓室由西、中、东三室组成。西室长 2.7、宽 0.5~0.6、残深约 0.6 米；中室长 2.6、宽 0.5、残深约 0.6 米；东室长 3、宽 0.8、残深约 0.5 米。西室和中室墓壁由大小不等的石块和条石修建，底部用大小不等的卵石铺底。东室东壁、南壁、北壁不见石块垒砌，底部不见卵石铺底。

（3）葬具、葬式

未发现葬具。填土中发现少量人牙，葬式不详。

（4）随葬品

墓葬因盗扰严重，仅在底部及填土中出土了少量陶片、铜钱及铁器。其中五铢钱 1 枚，锈蚀严重。铁器均为铁钉，锈蚀严重。

陶器陶片大多杂碎，以泥质灰褐陶、泥质灰陶为主，少量夹砂红陶。可见罐、钵、甑、陶房、陶塘等器类。

甑 1 件。标本 M157：10，残。夹砂灰陶。敞口，方唇，折沿，斜弧腹。素面。口径 27.2、残高 7、壁厚 0.5 厘米（图十四：1）。

钵 1 件。标本 M157：11，残。夹砂灰陶，中间夹杂少量贝壳粉。平底。素面。底径 9、残高 2、壁厚 0.5 厘米（图十四：2）。

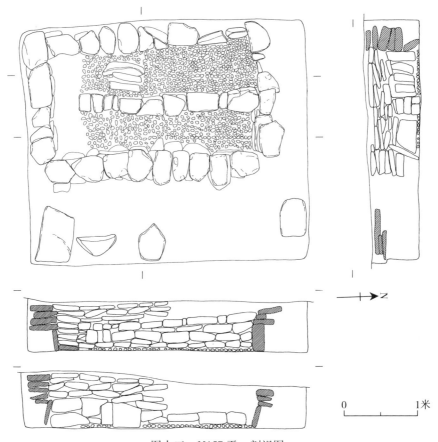

图十三　M157 平、剖视图

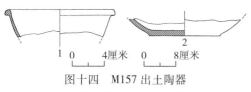

图十四　M157 出土陶器
1. 甑（M157：10）；2. 钵（M157：11）

铜器均为铜钱。直百五铢和五铢钱。

直百五铢 5 枚。形制相同。标本 M157：1，完整。圆形方孔，面背均有郭，外郭较宽，"直百"二字宽矮，笔画圆弧，"五"字交笔屈曲，"铢"字模糊。直径 2.8~2.9、穿径 0.9~1、厚 0.1~0.2 厘米（图十五）。

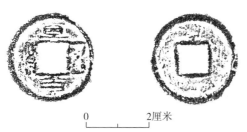

图十五　M157 出土铜钱拓片（M157：1）

二　结语

（一）墓葬时代

本次发掘清理的石室墓可分两组：第一组为单室石室墓，共 8 座；第二组为多室墓，仅 M157 一座。第一组墓葬修筑方法基本一致，均用石块、条石或石板修建，时代应基本相当。M12、M13 形制上与斑竹林遗址 M1、宜宾翠屏区清理的石室墓 M6 及 M8 形制基本相同，斑竹林遗址 M1 的年代为东汉晚期[1]，宜宾翠屏区清理的 M6 及 M8 的年代为东汉后期[2]；M12 出土的瓮（M12：10）与重

庆合江黄泥塝东汉石室墓出土的罐（M1：34）[3] 形制基本相同，黄泥塝东汉墓的年代为东汉晚期；M12 出土陶钵（M12：5）、M13 出土的罐（M13：7）与绵阳沙包梁崖墓群 M2 出土的钵（M2：6）、罐（M2：4）[4] 形制基本相同，沙包梁崖墓群 M2 的年代为东汉晚期。由此可见，M12 与 M13 的年代应为东汉晚期。M151 出土的拱手立俑与绵阳白虎嘴崖墓群 M32：16[5] 形制基本一致，绵阳白虎嘴 M32 的时代为东汉晚期，M151 的时代应与其相当，即东汉晚期。M156 出土的五铢钱"五"字交笔屈曲，"铢"字朱旁上部方折，"金"字头呈三角形，其形制与洛阳烧沟汉墓出土的 Ⅲ 型五铢钱[6] 类似，该型铜钱的年代为东汉中期，M156 的年代应不早于该型铜钱的年代，其时代应在东汉中期或偏晚。M92、M152 未出土典型断代随葬品，但从开口层位、墓葬形制及修筑方式上与 M151、M156 基本一致，其时代亦应为东汉晚期。第二组 M157 出土铜钱有直百五铢和残的五铢钱，直百五铢为蜀汉时期钱币，其墓葬年代不早于蜀汉时期。综上所述，石柱地遗址出土石室墓的年代为东汉晚期至蜀汉时期。

（二）初步认识

四川地区汉代石室墓主要集中发现于宜宾的屏山县[7]、翠屏区[8]、长宁县[9]、江安县[10] 等地。重庆地区汉代石室墓发现较多，主要集中在合川[11]、

涪陵[12]、巫山[13]、万州[14] 等地。从墓葬形制和出土器物上看，四川地区汉代石室墓与重庆地区汉代石室墓基本一致，二者之间有着密切联系。从地域上看，四川地区汉代石室墓大多处于金沙江下游地区，该地区从新石器晚期至商周时期就是成都平原与重庆峡江地区的新石器晚期文化之间的交流和传播一处重要据点。[15] 到了东汉时期，该区域与峡江地区同样有着重要的文化交融，石室墓的发现就是一重要实证。石柱地遗址石室墓的发现对研究汉代石室墓的墓葬形制、丧葬习俗提供了重要实物资料，对研究金沙江下游与峡江地区汉代的文化交融以及汉代考古学文化的建立有着重要的学术意义。

附记：此次考古发掘的项目负责人为周科华，参与发掘的人员有李万涛、李江涛、关维、周雯、陈安燕、匡汉斌等，文物修复由李会、代兵完成，绘图由李会完成，执笔为李万涛、薛加友、李会。

注释

[1] 四川省文物考古研究院、宜宾市博物院、屏山县文物管理所：《四川屏山县斑竹林遗址 M1 汉代画像石棺墓发掘简报》，《四川文物》2012 年第 5 期，第 16 页。

[2] 匡远滢：《四川宜宾市翠屏村汉墓清理简报》，《考古通讯》，1957 年第 3 期，第 25 页。

[3] 重庆市文化遗产研究院、合川区文物管理所：《重庆市合川区黄泥塝东汉墓发掘简报》，《四川文物》2019 年第 3 期，第 23 页。

[4] 成都市文物考古研究所、绵阳市博物馆：《绵阳崖墓》，第 164 页，文物出版社，2015 年。

[5] 成都市文物考古研究所、绵阳市博物馆：《绵阳崖墓》，第 133 页，文物出版社，2015 年。

[6] 洛阳区考古发掘队：《洛阳烧沟汉墓》，第 217~219 页，科学出版社，1959 年。

[7] 四川省文物考古研究院、宜宾市博物院、屏山县文物管理所：《四川屏山县斑竹林遗址 M1 汉代画像石棺墓发掘简报》，《四川文物》2012 年第 5 期，第 8 页。

[8] 匡远滢：《四川宜宾市翠屏村汉墓清理简报》，《考古通讯》1957 年第 3 期，第 20 页。

[9] 崔陈：《宜宾地区出土汉代画像石棺》，《考古与文物》1991 年第 1 期，第 34 页。

[10] 崔陈：《江安黄新乡魏晋石室墓》，《四川文物》1989 年第 1 期，第 63 页。

[11] 重庆市博物馆、合川县文化馆田野考古工作小组：《合川东汉画像石墓》，《文物》1977 年第 2 期，第 63 页；重庆市文化遗产研究院、合川区文物管理所：《重庆市合川区黄泥塝东汉墓发掘简报》，《四川文物》2019 年第 3 期，第 20 页。

[12] 四川省文物管理委员会、涪陵地区文化局：《四川涪陵三堆子东汉墓》，《文物资料丛刊·10》，第 136~141 页，文物出版社，1987 年。

[13] 湖南省文物考古研究所、巫山县文管所：《巫山麦沱汉墓群发掘报告》，《重庆库区报告集·1997 卷》，第 100~124 页，科学出版社，2001 年；湖南省文物考古研究所等：《巫山麦沱古墓群第二次发掘报告》，《重庆库区考古报告集·1998 卷》，第 119~147 页，科学出版社，2003 年；南京博物院考古研究所等：《巫山跳石遗址发掘报告》，《重庆库区考古报告集·1997 卷》，第 65~99 页，科学出版社，2001 年。

[14] 陕西省考古研究所、万州区文物管理所：《万州安全墓地发掘报告》，《重庆库区考古报告集·1997 卷》，第 501~545 页，科学出版社，

2001 年。

[15] 刘志岩：《金沙江下游与重庆峡江地区新石器时代末期考古学文化比较研究》，《四川文物》2011 年第 5 期，第 35 页；四川省文物考古研究院等：《向家坝水电站淹没区（四川）考古工作主要成果》，《四川文物》2012 年第 1 期，第 5 页；李万涛：《蜀人南迁留遗踪——四川宜宾石柱地遗址》，《大众考古》2014 年第 10 期，第 35 页；四川省文物考古研究院等：《四川屏山县石柱地遗址 2010~2012 年度新石器时代遗存发掘简报》，《四川文物》2020 年第 4 期，第 17 页。

宜宾筑城史考

刘　睿　四川省文物考古研究院副研究馆员

摘　要： 宜宾拥有悠久的筑城历史。在汉代于三江口区域筑僰道城，已有考古资料表明其城址范围大体位于现老城区东北地势较高近岷江处。通过新出土唐碑、唐代遗存及考古所见南北朝至唐文化层，其唐代戎州城的范围大体亦在三江口东北区域。唐会昌以后至宋末，戎州州治移至现江北旧州坝区域，考古调查发现了该时期城址的西侧城墙等重要部分，在城南旧州塔还发现有建筑遗存，应是塔周边的寺院。宋元之际的登高山城现有资料较少。元代复治于三江口后，又经历明清时期数次增建、修葺，现保留遗存较多。通过考古工作，我们发现了叙州城东门及旁边的城墙、城内市政排水及东门区域的酒坊等遗存。

关键词： 宜宾；僰道城；戎州城；叙州城

一　宜宾筑城史概况

宜宾市位于四川省南部川、滇、黔三省结合处，老城区位于金沙江、岷江、长江三江汇流地带，俗称三江口区域。作为长江起点城市，历史悠久，自西汉便有建置史。宜宾城区主要围绕在三江六岸之地，从文献记载看，共有 5 次筑城历史，颇为复杂。

《华阳国志》载"（汉）高后六年，城僰道、开青衣"[1]。这是文献可见宜宾城区最早的筑城记载。嘉庆本《宜宾县志》卷十《城池志》总括为：

> 唐德宗时韦皋开都督府，于三江口创筑土城。会昌三年（843 年）马湖江水荡圮，徙筑江北。宋末元兵入蜀，安抚郭汉杰移治登高山。至元十三年（1276 年）复城于三江口[2]。

关于这 5 次筑城活动，嘉庆本《宜宾县志》中并附"历史沿革图"一张（图一），反映了当时人对宜宾城址沿革的认识。据此列表于下（见表）：

宜宾筑城统计表

次数	时间	内容	名称	区域
1	汉高后六年（前 182 年）	城僰道 治马湖江会	僰道城	三江口
2	唐德宗时期（780~805 年）	创筑土城	戎州城	三江口
3	唐会昌三年（843 年）	徙筑江北	戎州城 旧州城	岷江江东北岸旧州坝
4	宋咸淳三年（1267 年）	移治登高山	登高山城	岷江东岸登高山
5	元至元十年（1273 年）	复城三江口	叙州（府）城	三江口

近年，四川省文物考古研究院联合宜宾市博物院等单位对宜宾市区开展了"考古五粮液"研究项目以及相关考古调查、发掘工作，加之一些新出土文物，对重新认识和丰富宜宾城市发展历史提供了全新资料。鉴于前人还未有结合考古资料对宜宾三江六岸区域筑城历史进行通盘研究的不足，特在此做一梳理，对宜宾汉唐时期城址、唐宋时期城址、元明清城址等三个阶段的各时期城址位置、范围及相关具体问题，做一初步探讨。

二 汉唐时期城址

《华阳国志》载：

> 僰道县，在南安东四百里，距郡百里，高后六年城之。治马湖江会，水通越嶲。本有僰人，故《秦纪》言僰童之富，汉民多，渐斥徙之[3]。

《元和郡县图志·剑南道上》"戎州"条：

> 汉武帝建元六年，遣唐蒙发巴、

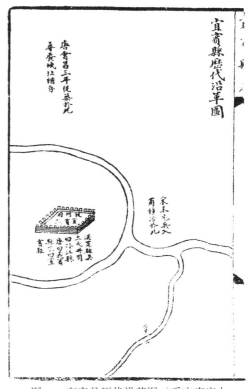

图一　宜宾县历代沿革图（采自嘉庆本《宜宾县志》）

蜀卒通西南夷自僰道抵牂柯，凿石开道，二十余里，通西南夷，置僰道县，属犍为郡，今州即僰道县也[4]。

嘉庆版《宜宾县志》载："宜宾县，

本西南夷，僰国地也。汉武帝开置僰道县，为犍为郡治。"[5] 可知汉高后六年（前182年）已在此筑城，在有一定发展基础后，遂在汉武帝开通西南夷过程中一度作为僰道县治及犍为郡治所。

由前文所引"治马湖江会"，可知汉代的城址大体位置在金沙江与岷江交汇处老城区范围，当地人一般称为"三江口"的区域。

近年我们在三江口区域发现一处"东鑫和酿酒作坊遗址"。该遗址位于宜宾匡时街与复兴街交会处、岷江西岸，老城区东北区域。我们在该遗址内通过解剖沟发现了自汉至当代绵延不断的文化层堆积。汉代地层距当代地面深约2米，其下为生土层。在汉代地层内虽未发现遗迹，但有较多的筒瓦、板瓦残片出土，可知附近有一定等级的建筑[6]。这是首次在宜宾城区发现的汉代文化层，为探究宜宾城市发展提供了重要线索。值得注意的是，宜宾城区有东北高、西南低的地势特点，这里发现汉代文化堆积及板瓦等遗物，说明这里是僰道城的局部区域。蓝勇先生曾指出，川江城市选址有军事因素考虑，一般选择地势高险要一带[7]。从文献对僰道城在开通西南夷的定位看，也是符合这一特点的。

以往的考古工作也为我们探究汉代城市范围提供了一些线索。当地文物部门在20世纪90年代初期，于大观楼附近的西街口城市建设工作中发现过汉代土坑墓，并出土有木椁、漆器等遗物。根据出土遗物和墓葬形制，可判断为西汉早中期墓葬[8]。按一般墓地和城市布局规律，此墓位置应在汉代城墙以外区域[9]。同时，我们在现北正街靠近洞子口区域调查时，还在地表采集过几何纹样的汉砖，说明此处附近也有汉墓，年代约为东汉中晚期（图二）。结合地形及墓葬朝向规律，大观楼区域汉墓应背靠翠屏山面向金沙江，洞子口区域汉墓应为背靠翠屏山，面朝岷江。由于北正街在明清时期在城墙外，我们以遗址边缘到西街口的最大直线距离约800米来看，则汉代僰道城东西向距离大约在500米。整体而言，汉高后六年建的僰道城大体上应位于三江口地势较高的东北区域，临岷江近而距金沙江较远。

关于唐代韦皋建城的说法，最早出现于明代。如嘉靖版《四川总志》载："唐德宗时韦皋开都督府，于三江口创建土城。"[10] 康熙二十五年版《叙州府志》在"宜宾县"下"石城"条有完全一样的记载[11]。清以后各版方志上的相关表述大同小异。但明清以前文献，尤其宋代文献中并未有此事的记录。

自汉至唐期间，关于宜宾建置较重要的事件是梁大同年间，梁武帝派先铁讨定夷僚，乃立戎州，先铁任刺史。《舆地纪胜·叙州卷》谓"此唐以前郡守之可考者也"[12]。但是此时期是否有筑城活动或仍利用汉僰道城则不可考也。然而自汉至唐有近900年时间，断不可能仅利用汉代城墙。唐以后文献中多有唐德

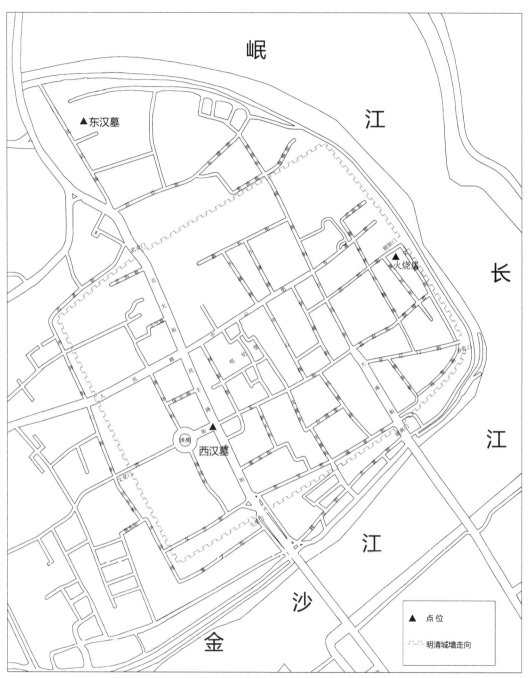

图二　汉代遗存分布图（底图由王彦玉提供）

宗时期金沙江发大水冲毁三江口城墙的记载（下文详论此事，此不赘述）。则可知唐人定有修葺城墙乃至建城之活动。

宜宾城区新出土文物也为我们探寻唐代戎州城提供了重要线索。2022年，在宜宾明清西城墙改造工程中，曾发现唐碑一座，已有学者考证该碑为"韦南康纪功碑"[13]，是唐元和五年（810年）戎州刺史张九宗为纪念剑南西川节度使韦皋所立（彩版七）。韦皋其人在《资治通鉴》、新旧《唐书》皆有记载，"贞元初，代张延赏为剑南西川节度使"。曾在蜀二十余年，稳定了西南尤其是缓解了吐蕃对唐朝的压力，复通了石门道等重要路线。"其功烈为西南剧"[14]，明清文献提及（或附会）韦皋于宜宾筑城或源于此。

笔者曾在该石碑发现时即到过现场考察。从平面位置而言，该碑位于现明清城墙的填土内，所以在明以后地方志中未提到该碑的具体位置。从立面位置来看，该碑位于岷江东岸的台地边缘，距现江面约 20 米高。碑座坐落的表面较硬，为一明显踩踏面，可以说碑座是直接立在唐代地面上的。从碑本身的方向而言，龟首朝向城内，龟尾朝向城外岷江方向。

《舆地纪胜》中记"韦南康纪功碑，在江西旧州治"。李勇先生在此条校注中引清人刘文淇父子撰《舆地纪胜校勘记》卷四十一"张氏鉴云：溉疑浒之误[15]"，甚是。现碑刻位于岷江东岸台地边缘处，正是靠近水边的地方。同时考虑到碑的体量，此碑应位于原位，蔡永旭先生推测该地唐宋时期应有津渡[16]。由于石碑位于明清城墙东北拐角区域，而此类建筑平常多立于大门、要道附近，此处区域或还有唐代城门存在。

宜宾三江口老城区还保留有唐代花台寺摩崖造像遗存。明曹学佺《蜀中名胜记》引《方舆胜览》："花台寺，即今寿昌寺也。东殿石壁，露立大像，其地内外，石间刊有万佛，即刺史张九宗撰记处。"[17] 现仅存一较大石包立于戎州桥北冠英街广场上，风化极为严重，四面开龛，从残痕可确定其中有唐中晚期流行的西方净土题材。

唐代戎州城有名的建筑还有东楼，因杜甫《宴戎州杨使君东楼》而出名。考其位置，嘉庆版《宜宾县志》言"治东"，现宜宾城区仍有东楼街，可知大体区域在城东。

这几处唐代遗存都位于治东区域（图三）。更为重要的是，在东鑫和酿酒作坊中汉代地层之上，叠压有南北朝至唐时期文化地层堆积，可知这一区域自汉以来一直有人类活动。由于摩崖造像和建筑既有可能位于城内，也有可能位于城外。像东楼这类景观型建筑，则位于城墙上或城外可能性更大。但综合考虑，现宜宾城东靠近岷江区域仍是唐代戎州城主要区域。除上文言及此区域地势在三江口较高外，与其靠近岷江，即自成都出川航道上也有较大关系。

三 唐宋时期城址

关于唐会昌年间金沙江发大水冲毁城墙而迁治旧州坝的事件，最早出现在《酉阳杂俎》中：

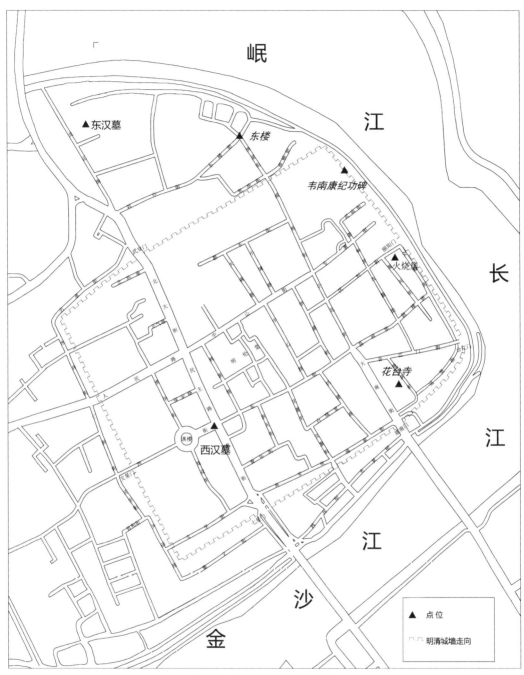

图三　汉唐时期遗存分布图

武宗之元年，戎州水涨，浮木塞江。刺史赵士宗召水军接水，约获百余段。公署卑小，地窄不复用，因并修开元寺。后月余日，有夷人逢一人如猴，着故青衣，亦不辨何制，云："关将军差来采木，今被此州接去，不知为计，要须明年却来取。"夷人说于州人。至二年七月，天欲曙，忽暴水至。州城临江枕山，每大水犹去州五十余丈。其时水高百丈，水头漂二千余人。州基地有陷深十丈处，大石如三间屋者，堆积于州基。水黑而腥，至晚方落，知州官虞藏玘及官吏才及船投岸。旬月后，旧州地方干，除大石外，更无一物。惟开元寺玄宗真容阁去本处十余步，卓立沙上，其他铁石像，无一存者[18]。

此处有两点值得注意，一是该条出现在"支诺皋"目下。作者对于历史事件的记载夹杂了志怪小说的内容，这应是本书风格特点。二是其中"旬月后，旧州地方干"之语，一般认为《酉阳杂俎》成书于唐宣宗大中八年（854年）左右，此时戎州州治已迁至江北。则此"旧州"应是指三江口区域的唐早中期戎州城。相似例子可参见前引《舆地纪胜》言韦南康纪功碑"在江西旧州治"，也指的是三江口区域的唐早中期戎州城。而明清以后的"旧州"，则专指的江北唐宋时期城址的旧州坝区域了。

关于金沙江大水及迁治具体时间，《太平寰宇记》记载：

> 会昌二年（842年），遭马湖江水漂荡，随州移在北岸，今理所[19]。

而嘉庆本《宜宾县志》卷十《城池志》中叙州府城条：

> 会昌三年（843年），马湖江水漂荡，徙筑江北。（今名"旧州"，其城址犹存）[20]。

考其差异，或可解释为会昌二年发大水，会昌三年在现江北旧州坝筑好新城。此城现俗称"旧州城"（下文以此指代），地表仍存有部分城墙遗存，可见为夯土城墙，为宜宾市翠屏区区级文物保护单位"旧州城址"。该墙体走向呈西北—东南方向，最高处约3、底部宽5~6米。其具体位置在岷江东岸的台地上，与岷江基本平行，距江边约400米。近年，我们在配合城市建设项目时，通过前期考古勘探，对于旧州城有了更全面的认识。

其中最重要的是通过勘探确定了该城的西南拐角，进而明确了地表上保存的是原城墙的西墙部分。还发现了部分建筑材料（彩版八）。据《宋会要辑稿》载南宋庆元元年（1195年）二月二十七日四川安抚制置司的奏言：

> 除安诏、来远两门计城身二百七十二丈，见行随宜计备材植修葺外，余荔枝、甘泉、朝天、奉息、莲花五门，计城身九百四十二丈五尺[21]。

可知最晚在南宋庆元元年（1195年），旧州城有城门7座，城郭全长有一千二百一十四丈五尺，合现在3600多米。若我们以城圈为近正方形考虑，则每边城墙长度约 900 米。由此，从西南拐角沿地面西侧城墙和调查得出的城墙走向，该城的位置和范围就得以初步确定。可见旧州城城北靠赤岩，西临岷江。主体部分基本位于现五粮液江北厂区内。城址西南角到台地边缘约 100 米处，有一自然冲沟直抵江边，这应是考虑到了城市排水的需求。东、西两侧城墙与东西向山脉平行，这种依周边山势走向而规划城市方向的营建理念与成都历代城市规划如出一辙。

同时，莫宗江先生于 20 世纪 40 年代调查旧州坝时言"壕堑仍历历可见"[22]。70 年代末，当地农民挖水田时，还发现有护城河遗存，在护城河中还出土了南宋时期的遗物[23]。我们在近年的勘探工作中，发现其南墙外侧有淤土堆积，应属城外壕沟部分。

另一处重要的发现是在旧州塔周边有 4 处较密集的倒塌建筑堆积，分布于塔南侧及西侧的台地上，初步判断为建筑遗存。旧州塔位于岷江边上，旧州城城外西南区域。莫宗江先生在《宜宾旧州坝白塔宋墓》中，认为其年代在北宋崇宁至大观三年之间（1102~1109 年），为北宋末期[24]。他在引用明清时期文献时，直言"问题颇多"，而不予采用相关资料。我们发现宋代记载也与现状有所抵触。《舆地纪胜》关于州城周边寺院有无等院和寿昌院两条：

> 无等院，在州南门外。山谷以元符间寓居此，做槁木庵，今犹无恙，其寺额尚山谷笔迹也。

> 寿昌院，在城北甘泉门外。东坡过戎州，舣舟游此，壁间留题，所谓"江山古燹之雄观"是也。有浮图，高二百尺[25]。

其言城北有寺有塔，城南有寺无塔。但今之城北，并未发现有佛塔存在，地下堆积情况不清。由于旧州塔位于城墙西南外，从方位上而言也可是"州南门外"，所以其周边建筑也有可能就是文献记载的无等院，即黄庭坚初到戎州寓居处。按莫宗江先生考证该塔为崇宁至大观三年（1102~1109 年）即北宋末年所建，学界基本无异议。苏轼过戎州约在 1059 年，则此时还未有旧州塔。但"有浮图，高二百尺"应是南宋时人撰写，现旧州塔高约 30 米，仅为"二百尺"之一半。

岷江东北岸边崖壁上有一处大佛陀摩崖造像，为我们理解这一问题提供了一种解决思路。该造像年代约在唐宋时期。受限于周围现代建筑，我们在有限区域的调查勘探中暂未发现有建筑遗存。其位置属于西侧城墙外，若有人泛舟而来，则在江面上就能看到崖壁上的造像。"壁间"二字，既可理解为寺庙的建筑墙壁，也可理解为天然的崖壁。大佛陀与旧州塔直线距离约 150 米，二者原为一体亦有可能。则所言"浮图"即是大佛陀旁的旧州塔，"城北"或为"城南"误记，至于文献记载高度与实际高度不符，应是文学夸大的修辞手法所致。

在塔下围墙边还存有一石碑，正反两面皆有题刻。现朝外一侧有明卞伟撰《重修白塔记》，朝内一侧为南宋绍兴年间刻的《叙州贡院记》，倘若碑的位置未移动，则旧州塔周边在宋代还设有贡院。

总之，旧州坝区域的唐宋城墙、旧州塔、大佛陀摩崖造像及相关地下遗迹等文物点构成了一处丰富的文化景观资源，其之间的联系，如有无道路或其他建筑遗存，应在后期工作中予以重视。

关于唐宋时期宜宾地区发展情况，还需指出在东鑫和遗址中能看到唐以后到宋元时期地层是连续叠压，说明三江口区域仍有人在此区域生活。

宋元战争之际，宜宾州治自旧州坝迁移至登高山，是为登高城。现登高城区域有部分新建墙体，据当地文物部门人员介绍，是按原有城墙位置及走向修建。由于底部位于断坎且杂草丛生，未能进一步求证。此城情况有待更多工作充实。

四 三江口元明清叙州城

至元十三年（1276 年），宜宾城自登高山城迁往三江口后，宜宾主城的发展就一直在这一区域。嘉靖《四川总志》卷八《叙州府》载：

> 元至元中，废山城，复城于三江口，即今地也。明玉珍时城皆坍塌。洪武初，曹国公设守卫千户所，仍增外城，包旧城于内，砌以砖石，

高二丈七尺五寸，厚一丈八尺，周一千八十七丈，为门六，丽阳、合江、建南、七星、文昌、武安，东南以蜀江、马湖江为天堑，西北则凿壕，广五丈，深一丈五尺[26]。

自明以后，有清一代，在乾隆、咸丰年间又有比较多的扩建[27]。元明清城墙是在元代复城的基础上发展起来的，主要分布在翠屏山和真武山两山以东区域。元明清城墙离山远而离江较近，形成背靠真武山，翠屏山为天然屏障，三面环江的格局。

元代城墙有无利用唐代或汉代城墙，现有考古证据暂未能解决。《读史方舆纪要》载元代复城三江口为"元时复寻旧址筑城"[28]，《嘉庆重修一统志·叙州卷》中"叙州府城"下亦载："明洪武初因旧址建。"[29] 元时旧址者，按前文分析，应是唐代城墙。

明初"增外城，包旧城于内"说明城市范围扩大，外城包括了内城。考虑到"元时复寻旧址筑城"的记载，某种程度上也说明了明清城市范围大于唐代城市范围。

另一方面，从"韦南康纪功碑"位于明清城墙填土内的情况，可见明清乃至元代城墙部分区域与早期城墙绝非重合，而是有一定移位。但其余部分是否有直接利用早期城墙的情况，如成都历代城垣建设体现的晚期城墙直接压在早期城墙上[30]，因其唐末至元中期有移治

的事实，且相关考古工作开展较少，暂未能尽详。值得注意的是，从东鑫和遗址的汉代地层、到唐代韦南康纪功碑和东楼，再到明清城墙东墙，皆分布于岷江一线，考虑到该区域临江且地势较高的特点，汉以后宜宾各时期城墙的西墙应大体一直在这一区域。

这一时期的城墙，地表仍有残存，主要分布在顺河街（东墙）、女学街、合江门等区域。大部分只保留有外侧墙壁。从现保留情况看，底部主要为丁砌，顶部以顺砌为主，兼有丁顺互补。这应是不同时期修建城墙的体现。暂未发现砖墙，"砌以砖石"之"砖"应是城墙上城楼、角楼一类建筑所用材质。

前引嘉靖版《四川总志》言及叙州城西北有壕沟分布，现宜宾市区有东浩街，为"东濠街"之改写，街道原为明清时期城外壕沟，后填沟为街[31]。虽言东，然考虑其实际位置，是位于北侧城墙以外。我们近年在该区域进行有限的考古勘探工作中，发现有较深的淤土，为沟内填土性质，应是方志记载所言壕沟的体现。

王彦玉女士指出："明代初步形成了宜宾城的街道布局，清代经民国屡有增加，但框架并未改变，主干道一直沿用。"[32] 可知自元以后，城市格局基本未变。随着近年对"东鑫和酿酒作坊遗址"考古发掘工作的开展，我们对一些细节问题有了更准确的把握。

在该遗址中，我们发现了一段南北向长达20余米的城墙，已暴露部分高两

层（图四），未揭露部分从剖面可见最高层有5层，墙体被民国以来的建筑完全叠压。城墙仅发现内侧立面的条石和部分墙内夯土，石条的砌法为丁砌，与现宜宾叙州城城墙底部砌法相同，条石之间用糯米浆进行黏合。遗址中发现的叠压在城墙上的堡坎题刻有"陈姓东鑫和界"（图五），其纪年为"民国廿六年（1937年）"，这表明最晚在1937年晚期建筑已完全覆盖这一段城墙。从宜宾博物院收藏民国三十年（1941年）《宜宾县第一区东城镇地籍原图》看，这一段城墙没有标出。明清叙州城共有城门6座，但位于主城圈上的城门现皆不存，唯一保留下来是清末加修的"固圉"门。六座城门中，"丽阳门"是东门。王彦玉推测东门是在匡时街东侧，明代"百二河山"的牌坊之间[33]，这一认识是准确的。该遗址中，城墙北端戛然而止，从断面分析看不是后期破坏形成，而是有意留下的缺口。结合已有道路布局，可以确定这就是原东门即丽阳门的遗存，准确地说是东门的南侧壁或过道的南墙。

图四　明代城墙（底部）

图五　陈姓东鑫和界题刻

同时，在紧贴城墙一侧，与东西向出城主干道平行方向还发现一条石砌排水沟，已清理出长度约 30、宽 0.3~0.5、西部深 0.6、东部深 0.4 米。考虑到城市布局及发展，这一排水沟是政府统一规划修建的城市排水设施，并通向城外岷江。嘉庆《宜宾县志》载："城内水道各有暗沟，宽二尺，深三尺。"[34] 文献记载其宽度、深度皆与发现遗迹不符，应是在城市发展中对旧有设施改造利用的结果。

在该遗址内还发现早至元代的酿酒相关遗存、清至民国时期的商铺遗址，也为我们认识宜宾自元以来城市发展、布局提供了全新的资料。

五　结语

宜宾自汉高后六年（前 182 年）筑城，拥有 2200 多年悠久的建城历史。城市发展围绕长江、岷江、金沙江三江六岸区域，相关历史文献记载较为丰富。从城墙形态而言，包括土墙、石包夯土墙等不同形态。其中，江北旧州坝戎州城址是不多见的唐宋时期土城墙遗址，这些为我们研究长江沿岸城市发展史提供

了一处重要参考标本。

现阶段通过考古调查尤其是发掘方面取得的资料仍然较少，使得我们对宋元以前宜宾地区几个主要城址的认识还停留在大体位置等比较初步的层面。相信随着后期相关考古工作和研究工作的进一步开展，尤其是对江北旧州坝区域开展更多的考古工作，我们必将获得对宜宾地区各时期城址更加全面的认识。

注释

[1] ［晋］常璩著，任乃强校注：《华阳国志校补图注》，第 141 页，上海古籍出版社，2009 年。

[2] ［清］刘元熙等修，［清］李世芳等纂：《宜宾县志》（嘉庆本），第 91 页，陕西师范大学出版社，2016 年。按"韦皋开都督府于三江口创筑土城"有"韦皋开都督府/于三江口创筑土城"和"韦皋开都督府于三江口/创筑土城"两种断句读法。

[3] ［晋］常璩著，任乃强校注：《华阳国志校补图注》，第 175 页，上海古籍出版社，2009 年。

[4] ［唐］李吉甫：《元和郡县图志》，第 790 页，中华书局，1983 年。

[5] ［清］刘元熙等修，［清］李世芳等纂：《宜宾县志》卷三《建置沿革志》，第 61 页。

[6] 资料现藏于四川省文物考古研究院。

[7] 蓝勇、彭学斌：《古代重庆主城城址位置、范围、

城门变迁考——兼论考古学材料在历史城市地理研究中的运用方式》，《中国历史地理论丛》2016 年第 2 辑，第 60 页。

[8] 资料藏于宜宾市博物院。

[9] 宿白：《武威行》，载于《魏晋南北朝唐宋考古辑丛》，第 80 页，文物出版社，2011 年。

[10] [明] 刘大谟等修、杨慎等纂，周复俊、崔廷槐等编：《四川总志》，《北京图书馆珍本图书丛刊·史部·地理类》42 册《四川总志卷八》，第 1 叶，书目文献出版社，1988 年。

[11] [清] 何源浚纂：《四川叙州府志·城池志》，第 20 叶，光明日报出版社，2014 年。

[12] [宋] 王象之撰，李勇先点校：《舆地纪胜（一）》，第 4945 页，四川大学出版社，2005 年。

[13] 蔡永旭：《宜宾出土唐戎州〈韦南康纪功碑〉初探》，《四川文物》2024 年第 2 期，第 99 页。

[14] 《新唐书》卷一五八《韦皋传》，第 4936 页，中华书局，1975 年。

[15] [宋] 王象之撰，李勇先点校：《舆地纪胜（一）》，第 4960 页。

[16] 蔡永旭：《宜宾出土唐戎州〈韦南康纪功碑〉初探》，《四川文物》2024 年第 2 期，第 99 页。

[17] [明] 曹学佺著，刘知渐点校：《蜀中名胜记》，第 216 页，重庆出版社，1984 年。

[18] [唐] 段成式：《西阳杂俎》，第 459、460 页，中华书局，2018 年。

[19] [宋] 乐史：《太平寰宇记》，第 1589 页，中华书局，2008 年。

[20] [清] 刘元熙等修，[清] 李世芳等纂：《宜宾县志》，第 91 页。

[21] [宋] 李心传等编，刘琳等点校：《宋会要辑稿·兵六·修城下》，第 9458 页，上海古籍出版社，2014 年。

[22] 莫宗江：《宜宾旧州坝白塔宋墓》，第 9 页，四川省文物管理委员会翻印，1979 年。

[23] 史洪：《试论僰道城金沙江 842 年洪水》，长江流域规划办公室油印资料。

[24] 莫宗江：《宜宾旧州坝白塔宋墓》，第 9 页。

[25] [宋] 王象之撰，李勇先点校：《舆地纪胜（一）》，第 4943 页。

[26] [明] 刘大谟等修、杨慎等纂，周复俊、崔廷槐等编：《四川总志》，《北京图书馆珍本图书丛刊·史部·地理类》42 册《四川总志卷八》，第 1 叶。

[27] 王彦玉：《明代宜宾城考》，宜宾市博物院编：《西南半壁 2021》，第 123～130 页，文物出版社，2021 年。

[28] [清] 顾祖禹：《读史方舆纪要》，第 3314 页，中华书局，2005 年。

[29] 《嘉庆重修一统志》，第 19859 页，中华书局，1986 年。

[30] 雷玉华：《唐宋明清时期的成都城垣考》，《四川文物》1998 年第 1 期，第 69、70、71 页。

[31] 宜宾市翠屏区文化广电局编，罗平编著：《宜宾市翠屏区街道史话》，第 130 页，四川民族出版社，2016 年。

[32] 王彦玉：《明代宜宾城考》，宜宾市博物院编：《西南半壁 2021》，第 123～130 页。

[33] 王彦玉：《明代宜宾城考》，宜宾市博物院编：《西南半壁 2021》，第 123～130 页。

[34] [清] 刘元熙等修，[清] 李世芳等纂：《宜宾县志》，第 93 页。

话说蜀地木偶艺术

李祥林　四川大学教授

在联合国教科文组织国际木偶联会第 20 届代表大会暨国际木偶艺术节上，成都以 51 票对 45 票胜出（对方为俄罗斯叶卡捷琳堡市），获得第 21 届国际木偶联大会暨国际木偶艺术节（2012 年）主办权。对于四川来说，这是国内外文化交流的好事。借此话题，就来聊聊蜀地木偶艺术。

一

中国木偶种类多，因地而异，各具风采。蜀地有大木偶、中木偶、精木偶、被单戏等类型。川北大木偶属杖头型，造型与真人不相上下，角色分文武两堂。演出时又以人、偶同台，世谓"阴阳班"。中木偶稍小，操作更灵活。精木偶更小，流行于成、渝等地，表演动作细致优美。被单戏属于手掌木偶，近代《成都通览·成都之游玩杂技》载："被单戏：小儿多乐观之，一人演唱，并能动锣鼓。所演戏必有一段《打老虎》。"又载"木肘肘"，曰："俗呼棒棒戏也。有名京肘肘者，甚妙。即木偶人也。"

川北大木偶始创于 1914 年的祥福班，起班于仪陇，几经演变后为南充木偶剧团，剧目有《双莲花》《判双钉》《三义图》《放白蛇》《松木剑》《访贝州》《访湖广》《铜桥渡》《稽阳山》《无底洞》《大青观》《斗牛宫》《西孤配》《三顾茅庐》《四下河南》《劈山救母》等。此外，在南充所辖营山，过去民间也有演木偶戏的同乐班、大雅乐班及骆市李元斌木偶班、西桥雷清和木偶班。剧目及表演多借自川剧，用当地艺人的话来说，我演的是"木脑壳"，你演的是"肉脑壳"。不仅如此，有的艺人在木偶戏演出淡季时，还可以直接穿角上台去演川戏，甚至是既能唱能演（表演）又能吹能打（乐器）的"全挂子"。地处川中的资中木偶自清光绪以来盛行，据老艺人讲，彼时西乡有高楼场的金泰班、万祥班，走马场的玉祥班、春林班，归德场的万银班，东乡有太平场的龙泉班，活跃在城乡。中华人民共和国成立后，在整合民间资源的基础上，建立了资中县木偶剧团并保留至今。资中木偶以中型杖头为主，因地处川剧资阳河流派腹地，唱腔或剧目多从地方戏借取，也根据神话传说编剧，如《双槐树》《三还魂》《斗妖记》《花田错》《银棠送行》《桂姐修书》《包文正出世》《赵五娘行孝》《水涌金山寺》等（见下图）。木偶皮影在表演艺术上颇具灵活性，借助大戏的唱腔及剧本来演戏是常见现象，如最近该团为我们编纂《中国民间文学大系·小戏·四川卷》提供的手抄剧本《银棠送行》，开篇即标示是川剧高腔，显然这是借川剧高腔来演唱的木偶戏。剧演韩文玉、赵银棠夫妻悲欢离合故事中的一段，剧中人物按戏曲方式分行当，唱腔亦挂曲牌如"驻云飞"等。韩、赵故事实为中国通俗文艺领域里流传甚广的题材，弹词有，花灯唱，川剧演，木偶来呈现，艺术形式不同，表演各有千秋。至今蜀地木偶剧团仍称他们能借川剧、京剧乃至歌剧等来表演。成都木偶早在唐代已有名，民国时期木偶戏班争相竞演，有荣华班、祥瑞班、字均班等，名艺人有黄从云、彭洗生、吴耀光等，至今成都有木偶皮影剧院。

资中木偶剧团收藏的老剧本（剧团提供）

提线木偶在四川亦见，如融入川北傩戏者，但未成主流。

省会成都的木偶艺术，滋生于平原民俗土壤中。"九天开出一成都，千门万户入画图""喧然名都会，吹箫间笙簧"，从古代诗人流光溢彩的笔下，我们不难想象巴蜀古都的繁华景象。据唐人李冗《独异志》卷上记载："蜀人杨行廉精巧，尝刻材为僧，于益州市引手乞钱。钱满五十于手，则自倾泻下瓶。口言'布施'字。"又据《太平广记》卷一百二十三引《逸史》：天宝年间，一位姓张的剑南节度使曾"遣之众工绝巧者，极其妙思，作一铺木人，音声关戾在内，丝竹皆备，令百姓士庶，恣观三日"。无论单个木偶还是一铺木人，其制作及表演技艺如此高超精巧，实在令人叹服。籍贯四川仁寿的五代词人孙光宪，撰有笔记《北梦琐言》，书中载录唐及五代社会风俗不少，该书卷三写道："唐傅宗乾符年间（874～879年），崔侍郎安潜……镇西川三年……而濒于使宅堂前，弄傀儡子，军人百姓，穿宅观看，一无禁止。"诸如此类史料，都说明了成都木偶历史悠久，源远流长。及至清代，川西坝子上的木偶戏已遍及城乡。当时活跃于农村的小木偶班，设备较简陋，常为庆丰收、赶庙会的农民群众献艺。而演出于城镇的大木偶班，则行当齐全，行头讲究，造型更生动、服饰更华美。如行当有生、旦、净、末、丑，服装有鳞袍、官衣、靠子、折子、软硬头帽等，道具有小扇、小伞、小拂尘、小蜡烛等。这类班子常"出堂会""赶庙会"，丰富着百姓的民俗生活。成都被单戏又见于清道光年间画家钱廉成的画本《廛间之艺》，且有附诗云："糊口江湖走，一人即戏班，手中多傀儡，自喜掌王权。"这种看似简单却不简单的被单戏，最受孩子们青睐。

民国时期，蜀地木偶戏班争相竞演，如成都有"荣华班""祥瑞班""瑞乐班""燕华班""字均班"等，黄从云、彭洗生、吴耀光等名噪四方的艺人。20世纪三四十年代，国民经济困顿，木偶艺术的发展一度受挫，戏班解散，艺人流失。中华人民共和国成立后，木偶艺术得到党和政府的重视和扶持，成都、资中、南充相继成立专业木偶剧团，修建了剧场，添置了道具，使木偶戏从行走江湖的"坝坝戏"发展为能登大雅之堂的"剧场艺术"。如新编大型神话木偶剧《孙悟空三调芭蕉扇》，就在表演、舞美、音乐诸方面继承传统技艺的基础上做了大胆创新尝试并取得成功，当年在成都市艺术节上亮相后大受观众欢迎，被誉为"古老的故事新鲜的戏"。又如从优秀传统剧目《打老虎》《收八戒》等戏中吸取技巧，编演了《猴子改过》《半夜鸡叫》等戏，为少年儿童喜闻乐见。新编的童话剧、讽刺剧、寓言剧及其他不少剧目也都富有新意和审美感染力，如《三只鸡》《渔翁得利》《猎狗侦探》《胖大嫂回娘家》等。随着改革开放步步推进，蜀地木偶走向全国，飞向世界，以文化交流使者的身份频频亮相于不同地区和国度，播下美名，赢得赞誉。如1986年，成都木偶剧团携大型神话木偶剧《沉香救母》赴欧洲献艺并参加第30届国际木偶艺术节，引起轰动，欧洲新闻媒体和木偶艺术界同行称赞这是"真正正规完美的剧场艺术"！不仅如此，成都木偶艺术剧院还与日本影法师剧团合作，精心制作了大型木偶剧《三国志》，巡演于多个国家和地区。

"蜀戏冠天下"，向来有美誉。中国有悠久历史，木偶是中国文化史上源远流长的民族艺术。作为中国木偶艺术的一个分支，作为四川地方艺术的一支劲旅，蜀地木偶深受华夏民族文化哺育和地域特色文化蕴养，在其漫长的生长、演化、发展过程中形成了魅力独具的审美特征和艺术风貌。

二

一般说来，就人物造型及动作表演而言，西方木偶多夸张变形，中国木偶重肖实写真。唐玄宗诗咏傀儡即有"鸡皮鹤发与真同"之语，宋代《梦粱录》谈及当时有名艺人的木偶表演时亦每每誉之"如真无二""变化夺真，功艺如神"。这种在人物造型和动作表演上追求"如真"的传统，在蜀地木偶艺术身上得到鲜明体现和发扬光大，如已故成都木偶艺术家吴耀光就擅长表现人物角色的内在气质，使之活灵活现，而他表演的水袖、扇子，风流潇洒，耍脚步、抖髯口功夫过硬，恰到好处，其出色技艺曾赢得苏联戏剧界的赞扬。川北大木偶造型美观、气派，1.6米高的个头，重10多公斤，其头部和身体与真人相差无几，而且眼睛能动，手指灵活，能自若地解带宽衣，摘花转帕，乃至献上一段不亚于真人的红绸舞，让观众看得拍案叫绝。川西平原的精木偶体态秀美，动作细腻传神，如1955年推荐上北京参加全国木偶皮影观摩会演的《小放牛》（吴耀光主演）中，牧童与村姑的表演充满愉悦欢快的情调，感染了台下观众。该戏大量采用舞蹈动作，通过"捉迷藏"的种种优美身段将乡村小儿女天真活泼的性格表现得活灵活现，赢得大家交口称赞。

"如真"的准尺对一般歌舞、戏剧等来说也许不算什么，因为那是真人表演的艺术。然而，木偶艺术是需要借助木偶这一表演媒介的，要使木偶同真人一般灵巧，这对木偶制作者和表演者来说都绝非易事。常言道："看似平常最奇崛，成如容易却难辛。"与一般舞蹈、戏剧演员不同，木偶演员只能以手中的木偶而非让自己直接同观众见面，因此，他们的表演难度更大，必须具备唱、做、念、舞的基本功，除了得像舞蹈、戏剧演员那样领会人物角色的喜怒哀乐外，还必须得练就本行中操纵木偶的特殊技能方面的"硬举功""手指功"等。为此，木偶演员往往一练就是数年。数年时间才能练就出一手过硬的本领，唯有如此，操纵表演起来方能得心应手、举

重若轻。正因为有过硬的功夫和娴熟的技巧，蜀地木偶艺术家们在发扬"如真"的民族艺术传统时又百尺竿头更进一步，提出了他们更高的追求目标和引以自豪的信条——人能做的木偶能做，人不能做的木偶也能做。

立足于"如真"的美学观念，蜀地木偶艺术又提出表演艺术上的"人偶情感同一"论。蜀地木偶向以技、意并重行艺，主张操纵者贯"七情六欲"于手中偶人。木偶表演往往似真而假、以假饰真，在真与假的辩证处理中巧妙地传神达意。剧场实践可证，唯有当木偶操纵者（表演者）借技行意、融情入艺而使手中木偶脱去"木气"而像真人一般迅速"进入角色"，才能真正从审美上使台下观众动情而兴奋。也就是说，欲使台下观众动情，先得让台上木偶"动情"，而欲使手中木偶"动情"，又首先要求操纵木偶的演员自己"动情"。如此这般"精神连贯，感情递接"的过程，正是"人偶情感同一"表演论的精髓所在。唯其如此，在葡萄牙举办的波尔图国际木偶节上，成都木偶剧团的《人间好》等节目一经推出，便以其优美的表演和动人的情意赢得异邦观众喝彩。当年，苏联戏剧家奥布拉佐夫著《中国人民戏剧》一书，对来自蜀地的木偶也曾评价说它有着无与伦比的气派和优美，在世界上是"独一无二"的。成都、资中、南充等地木偶曾应邀出访了亚、非、欧、美许多国家和地区，被海外媒体誉

为"世界木偶艺术的佼佼者"。2017 年 6 月，在第二届南充国际木偶节上，木偶大戏《东方丝韵》亦让国际木偶联合会的官员以及 20 个国家 46 支木偶皮影队伍的同行看得兴奋不已，赞叹连连。

中国木偶品类繁多，它们在保持共同的民族文化传统的大前提下，其个性特征往往又因地而异。不同的地域造就各具特色的文化，各具特色的地域文化氛围又使不同地区的艺术带有了自己特有的浓厚的乡土味儿，蜀地木偶艺术也凭借地方文化优势铸就了她那洋溢着"川味"的审美个性。

首先，从剧目内容看，过去蜀地舞台上的《焚香记》《群仙会》《引凤楼》《白蛇传》等木偶戏实为传统戏曲以及川剧传统剧目的搬演。如今亮相在蓉城观众面前的《沉香救母》《古岛奇花》《秋夜离别》《三打白骨精》等戏，也是木偶艺术工作者从传统川剧移植、改编而来。这方面例证甚多，恕不列举。当然，在剧目搬演方面，视野开阔的蜀地木偶也从其他方面获取养分。

其次，从表演技艺看，借鉴传统戏曲的人物脸谱造型，化用传统戏曲的舞台表演程式，也是蜀地木偶艺术的地方特色所在。蜀地木偶能像戏曲演员一样在台上表演高难度动作，如掸水袖、丢帕子、甩口条、耍翎子、抖帽翅、摘花戴花，乃至当场"变脸"，这是观众有口皆碑的。如大型神话木偶剧《沉香救母》中，借戏曲变脸特技使剧中沉香的面容

眨眼之间连变绿、金、红三色，刻画出沉香劈山救母时的激动心情和不畏艰险的坚强意志。资中木偶从制作到表演讲究"灵、神、精、美"，也就是要求木偶有"灵气"，能"传神"，并且制作"精细"，形象"美化"，给人留下栩栩如生的印象。

第三，从音乐设计看，为了体现地方特色，蜀地木偶剧往往又从蜀地戏曲及曲艺中汲取音乐养分。追溯史迹可知，最初的木偶剧并无固定的声腔和音乐伴奏，其表演近乎杂耍，采取民间说唱形式，谓之"歌腔"，是一种口语化的自由板式，用一课子（类似梆子）敲打拍子作为伴奏，凭借简单旋律反复演唱，按民间话本搬演故事。随着历史脚步迈进，各地木偶渐与地方戏曲音乐联姻而各具风貌，蜀地木偶音乐亦在地方戏曲和地方曲艺中寻找到了它的立足点和生长点。蜀地木偶工作者在发扬传统的基础上又展开更广泛的横向借鉴，有意识地引川剧、清音等曲调入木偶剧音乐设计，从而在洋溢着"川味"的乡音乡调中让观众尽情感受巴蜀地方的文化风韵。

三

"守正创新"是作为非物质文化遗产的蜀地木偶艺术恪守的信条。对于蜀地木偶的艺术特色，我们除了应从传统文化、地域文化角度观照外，还宜从现代审美意识高度上加以审视。木偶是古老的传统艺术，如何使之跟上时代前行步

伐以更好地满足当今观众的审美需求，这是蜀地木偶艺术工作者时常思考的问题。为此，蜀地木偶在舞台创造上有着自己不懈追求的目标。

一方面，是对"美"和"雅"的境界孜孜求取。

"美是造型艺术的最高法律"，美学家此言对于注重舞台形象塑造的木偶艺术来说亦是务必奉守的法律。无论木偶还是皮影，都要力求造型美和表演美。《人间好》一剧婉柔流畅，凭借戏曲程式套子刻画人物恰到好处，堪称表演美的典范。剧中运用慢步、磨步、梭步、轻盈步、趱趱步、鳊鱼上水等，有似微风拂柳，婀娜多姿；加之下腰闻花、投石戏水、抛巾舞巾、左右搬邻等一系列程式化动作，将来到人间的白鳝仙姑对大自然的鸟语花香和尘世间的男耕女织的百般新鲜感受和愉悦之情表现得淋漓尽致。该戏又辅以唱词来描绘仙姑所见景物，让视觉艺术和听觉艺术互为补充，相得益彰，给观众以心旷神怡的审美享受。就造型言，木偶在舞台上是活灵活现的艺术形象，在生活中又是精巧别致的工艺品。蜀地木偶注重肖实绘真、以形写神，制作精巧，造型美观，达到了相当高的艺术水准。当年，由成都木偶皮影剧院的美术工作者制作的《观音菩萨》在全国民间工艺品大赛上一举夺奖，即是证明。

过去，木偶艺术以"坝坝戏"的形式流传于民间。今天，时代发展使人们的物质和精神需求提高，步入剧场的木偶艺术唯有在求美求雅上不断进步才能适应现代观众的审美需求。为此，从木偶造型到舞台表演，从音乐设计到灯光布景，蜀地木偶艺术都力求美观大方、色彩鲜明、风格独特。不惜代价地从各个艺术环节入手，不搞出成绩决不罢休。就拿舞美设计来说，在继承传统的基础上，他们大胆地将古老而制作考究的"万年台"形式运用于木偶舞台，让台周浮雕直接取材于演出节目内容，从而使内容和形式浑然一体，而整个艺术风格又自具中国的特色和气派。与此同时，他们又采用清丽淡雅的芙蓉大幕并充分发挥现代舞台声光技术的优长，在传统文化与现代技术的融合中向观众托出别致优雅的舞台艺术形式。这方面努力的结果，从《沉香救母》《孙悟空三调芭蕉扇》等戏中历历可见。正因为怀有这种求美求雅的"精品意识"，蜀地木偶被观众誉为"精美的艺术""正规完美的剧场艺术"。

另一方面，是对"新"和"奇"的技艺着意创造。

好新鲜爱奇异，这是观众作为艺术消费者的审美意识一大特征。观众是戏剧的上帝，前者的消费态势决定着后者的创作趋向。蜀地木偶艺术的锐意求新，在大型神话木偶剧《孙悟空三调芭蕉扇》中得到鲜明体现。就题材而言，该剧表演的是一个古老而又妇孺皆知的神话故事。然而，恰恰是这古老的故事，经过木偶艺术编导者的慧心熔冶和妙手点化，变成了一台不同凡响、别致新颖的戏。他们在充分发挥木偶艺术优长的基础上，努力从二度创作的新奇化、舞台处理的陌生化角度去说点子想办法，并且采用了大木偶这一本地不多见品种，攻克了神奇的芭蕉扇随风渐长的技术难关，并且吸取戏曲的精华，化用皮影的特技，借鉴电影的手法，终于将一台既有门道又很热闹的戏推到广大观众面前，赢得普遍好评。凡是观看过此剧的观众，想必不会忘记那新奇的舞台表演和新颖的舞美造型的。这种立足传统基础上的创新，也体现在当今四川各地木偶的文创产品中。

创新少不了胆识，但创新不等于全凭主观妄意为之，它是建立在对传统的深刻理解之上的。杖头支撑的大木偶，体形高大沉重，表演不易。大型神话剧《孙悟空三调芭蕉扇》中有时让真人饰悟空亮相，是为了弥补大木偶演猴戏灵巧性不足的弱点，但这并不出格。须知，"以小儿后生辈为之"的"肉傀儡"在宋代已同木偶一道登台，见于前人笔记。今天，蜀地木偶界推出的这出"西游戏"以真人上戏台，可谓于史有稽，而该戏不用小儿而以成年武生演员饰齐天大圣来强化舞台表演效果，较之原始的"肉

傀儡"则又大大迈进了一步。在后来推出并获得第六届文化新剧目奖的《哪吒》一戏中，精美的舞台制作再次体现出蜀地木偶艺术工作者如何借鉴现代科技以出新求美的追求。今天，步入现代社会的蜀地木偶在继承传统的基础上，又创编出科幻环保剧《红地球·蓝地球》等剧目，使木偶的表演形式有了新推进。资中木偶让演员走到台前，将川剧"变脸""吐火"绝技以及书法、长绸舞、彝族舞、新疆舞等元素都融入木偶戏之中，以"人偶合一"的表演丰富了舞台表现力。在前述第 21 届世界木偶联大会上，从献艺的蜀地木偶身上，观众也看到创新的追求。

"若无新变，不能代雄。"这是艺术发展的铁定规律。求美求雅是为了提高艺术性，求新求奇是为了强化观赏性。正是在守正创新中凭借"美"和"新"，蜀地木偶艺术才能不断推出新作品，亮出多姿多彩的风貌，赢得观众喜爱。蜀地木偶艺术作为非物质文化遗产，是中国木偶艺术也是巴蜀地方艺术的重要组成部分。目前，在由民协组织编纂、笔者担任主编的《中国民间文学大系·小戏·四川卷》中，蜀地木偶作为民俗艺术遗产也是一道不可或缺的靓丽风景线。

《西南半壁》征稿启事

《西南半壁》是立足西南、面向全国的研究文集，内容涵盖博物、文物、历史和非物质文化遗产等诸多领域，坚持学术性和普及性，同时兼顾资料性。2018年10月，文集正式出版，暂定每年一辑。现就相关问题，做如下说明。

章节设置

1. 酒都酒文化　研究酒都宜宾及中国白酒的起源、发展、酒风和酒业。

2. 博物馆建设　博物馆建设、运行、陈展、教育、文创等方面的实践和理论。

3. 文物研究　对重要文物进行研究，挖掘历史、艺术和科学价值。

4. 文史探索　文博和历史领域创新性的新信息、新经验、新观点、新成果。

5. 考古发现与研究　考古发掘、清理和勘探简报，对新发现进行研究的成果。

6. 古迹追踪　介绍西南地区优秀的、有影响力的历史人文，包含地方特色文化、杰出人物和民风民俗。

7. 非遗保护　对非物质文化遗产的保护、利用和传承进行的探索。

征稿要求

1. 来稿格式

（1）题名。包括文章的要旨，一般不超过20字。

（2）作者。作者简介包括姓名、单位、职务或职称，主要研究方向、通讯地址、电子信箱、联系电话。

（3）摘要。摘要内容为文章的浓缩，突出自己的观点，不超过200字。

（4）关键词。3~8个文章主要内容的名词性术语。

（5）正文。要求立意新颖，观点明确，内容充实，论证严密，语言精练，资料可靠。字数以3000字左右为宜（重大学术文章除外），尤为欢迎有新观点、新方法、新视角的稿件。图片最好彩色，分辨率为300dpi以上，并附说明文字。

（6）注释。采用尾注形式，需注明引文出处、作者、出版社、页码，为宋体5号。如[1]马承源：《中国青铜器》（修订本），第289页，上海古籍出版社，2003年。

2.文章稿酬

来稿保证无抄袭、署名排序无争议，文责自负，请勿一稿多投。来稿一经采用，将发出《用稿通知单》，稿费为200元／千字，并赠送当年文集2册。

3.投稿方式

文集实行无纸化办公，来稿一律通过电子邮件（WORD文档，题目用宋体3号，其余宋体5号）。30个工作日未见通知可自行处理。欢迎来电查询，以免影响正常发表。

投稿邮箱：xnbb2018@163.com

咨询电话：0831—8248375